湖北省教育厅人文社会科学研究项目17Y116
贵州中医药大学博士启动基金

Economics Ethcis Thoughts of

Samulson

萨缪尔森
经济伦理思想

裴圣军 著

天津出版传媒集团

天津人民出版社

图书在版编目（CIP）数据

萨缪尔森经济伦理思想 / 裴圣军著. -- 天津：天
津人民出版社，2020.1
ISBN 978-7-201-15610-1

Ⅰ.①萨… Ⅱ.①裴… Ⅲ.①萨缪尔森(Samuelson,
Paul Anthony 1915-2009)-经济伦理学-思想评论
Ⅳ.①F091.348.1②B82-053

中国版本图书馆 CIP 数据核字(2019)第 259691 号

萨缪尔森经济伦理思想
SAMIUERSEN JINGJILUNLI SIXIANG

出　　版　天津人民出版社
出 版 人　刘　庆
地　　址　天津市和平区西康路 35 号康岳大厦
邮政编码　300051
邮购电话　(022)23332469
网　　址　http://www.tjrmcbs.com
电子信箱　reader@tjrmcbs.com

责任编辑　伍绍东
装帧设计　汤　磊

印　　刷　高教社(天津)印务有限公司
经　　销　新华书店
开　　本　880 毫米×1230 毫米　1/32
印　　张　10.875
插　　页　2
字　　数　210 千字
版次印次　2020 年 1 月第 1 版　2020 年 1 月第 1 次印刷
定　　价　68.00 元

目　录

绪　论

一、选题意义

保罗·萨缪尔森(Paul A.Samuelson)是美国现代经济学的代表人物,其不同版次的《经济学》教材可视为美国现代经济学发展史的一个缩影。历经美国近百年的风雨,见证了世界"冷战"时期计划经济"其兴也勃焉,其亡也忽焉"、罗斯福新政、工业经济向知识经济的嬗变、克林顿"第三条道路",以及市场经济在世界范围内的复兴,萨缪尔森始终坚持:"在个人的创造性与最优社会规则之间,寻找一条中庸之道。"①他认为,作为一个经济学家,需要有"冷静的头脑",但绝不能就此而"令人信服的证明,一颗冷静的头脑必定需要一颗冷酷的心"。②一个成功把数学分析引入经济学研究的"神童"却始终怀疑经济学具有像物理学科那样的精确性,认为:"那些希望将政府缩减为警察加灯

---

① ② 〔美〕保罗·萨缪尔森:《中间道路经济学》,何宝玉译,北京:首都经济贸易大学出版社,2000 年,中译本序言。

1

塔的人只能生活在梦幻的世界之中。"①同时他也对计划经济保持高度的警惕,他"从麦卡锡事件中发现的是单一雇主的危险。当你被政府职业拒之门外时,市场上还有成千上万不知名的雇主存在,这为你提供了很大的安全性"②。

因此,萨缪尔森既反对计划经济,又反对市场原教旨主义,认为:"在刻画自由放任市场机制和民主政府规制干预之间的黄金分割线的问题上,经济学是能够帮助社会的必不可缺的基本工具……每个有效率并且讲人道的社会都会要求混合经济的两面——市场和政府都同时存在。"③如果我们将西方主流经济学发展趋势视为一束光,那么萨缪尔森无疑就是为我们映射这束光的理论之镜。在他身上,美国所独有的新教伦理精神与实用主义哲学得到了充分的展现;在他身上,集中体现了欧美国家在面对资本主义制度带来的经济危机乃至整个西方现代性危机面前艰难探索,逐步走向安东尼·吉登斯所谓"第三条道路"的思想历程。所以,研究萨缪尔森经济伦理思想具有重要的理论、现实和方法论意义。

首先,研究萨缪尔森经济伦理思想具有重要的理论意义。

有利于我们认识实用主义伦理学对美国主流经济学的深远影响。虽然实用主义不是美国的官方哲学,但我们不可忽视其在美国人思想中的地位。回顾美国经济发展历程,我们会发现其经济政策向来遵循"有用即真理"的实用主义原则。不论是

---

①③ 〔美〕保罗·萨缪尔森、诺德豪斯:《宏观经济学》,萧琛译,北京:人民邮电出版社,2008年,第36页。

② 〔美〕迈克尔·曾伯格:《经济学大师的人生哲学》,侯玲等译,北京:商务印书馆,2001年,第332页。

凯恩斯主义、货币主义,抑或制度经济学等等诸多经济学派,都曾在美国经济政策中发挥过重要影响,但无一例外都需要经受政策实施效果的检验。正因如此,萨缪尔森特别注重从其他学派中吸收理论素养,海纳百川,终于形成自己的新古典综合经济学派,成为美国主流经济学的代表人物。

有利于我们理解现代经济伦理中的基本问题。萨缪尔森的《经济学》曾经风靡全球,有 40 多种译本,总销量达 1000 多万册①。该教材具有如此深远的影响,足以表明它代表甚至主导了世界现代经济学的发展主流,涵盖了现代经济核心理论。研究《经济学》中的这些理论显然是我们把握现代经济伦理思想的最佳渠道。该书既反映了微观经济领域中生产、交换、分配和消费伦理思想,也蕴含了对宏观经济学中经济周期、就业、通胀、政府职能、经济增长,以及国际收支平衡等诸方面的伦理考量,为我们勾画了最全面、最系统的现代经济伦理图景。

有利于我们更好地批判继承西方经济伦理思想。萨缪尔森是一位优秀的西方经济学家,但不可否认,他也是资本主义制度的忠实拥护者。无论我们说他是折中主义也好,中庸之道也罢,他所提倡的新古典综合体系以及中间道路理论,无不是为了维护资本主义制度作出的妥协与修正,无不是为了维护资本主义核心价值观,终究还是资本主义与自由主义的代言人。他的整个理论体系终究依然建立在"经济人假设"之上,遵循的是"原子式个人主义"方法论原则,沿袭着自马歇尔以来的所谓纯

---

① 胡代光:《漫谈萨缪尔森的〈经济学〉最新版中文译本问世》,《宏观经济研究》,2000 年第 5 期。

粹经济学理论路径。该理论路径将经济学从历史情景与制度背景中抽离出来,缺乏一种为市场良法提供伦理支撑以及为政府决策论证价值维度的伦理学视角,终究也无法根治资本主义社会经济危机的痼疾。我们研究他的经济伦理思想,既要汲取精华,更要弃其糟粕。

其次,研究萨缪尔森经济伦理思想具有重要的现实意义。

从职业伦理角度来说,萨缪尔森在解释他为何会编写教材以及撰写经济评论文章时(除去解决经济困境之外),他如是说道:"对我来说,这既是一种责任,也是一种享受。说它是一种责任,是因为我相信,要成为一个不抱任何偏见的专家,客观地对待商业周期、国际贸易和宏观经济领域的残酷现实,确实需要一颗冷静的头脑。同时,我也认识到,人们不能令人信服地证明,一颗冷静的头脑必定需要一颗冷酷的心。一个博学多识的人一定能够造福于人类和社会。"[1]肯尼迪曾经力邀他担任总统首席经济顾问,他不愿就此失去学术的自主性,婉言谢绝,但肯尼迪时期经济变革的成功离不开萨缪尔森在幕后的鼎力相助。他反复公开宣称自己站在中下阶层,"我的准则很简单,就是支持处于劣势的人们,且(在其他条件相同的情况下)憎恶不平等"[2]。他不断撰写文章为他们的利益呼吁,对损害弱势群体利益的政策进行猛烈抨击,他对尼克松经济政策的批评直接导致萨缪尔森"荣录"其"黑名单"。但他也宣称:"我的收入超过平均

---

① 〔美〕保罗·萨缪尔森:《中间道路经济学》,何宝玉译,北京:首都经济贸易大学出版社,2000年,中译本序言。
② 〔美〕迈克尔·曾伯格:《经济学大师的人生哲学》,侯玲等译,北京:商务印书馆,2001年,第329页。

数之后,我并未产生什么负罪感。我也没有将我所有多余的外衣送给只穿着衬衣的陌生人的冲动;这么做的话父母可能会认为我愚蠢,如果因为没有这样做而在夜里辗转反侧更是神经过敏了。"[1]这些言行既能帮助我们理解萨缪尔森身上体现出来的新教伦理精神,也能为中国经济学家提供一面反省自己职业伦理的镜子,回答所谓中国"经济学家应替穷人说话还是替富人说话"[2]的争论。

从国内经济学发展来看,也需要我们认真研究萨缪尔森的经济伦理思想。一方面,萨缪尔森"这套体系经由在改革开放之后最早从美国获得博士学位的一批学者的传扬,而成为中国经济学教育的主流话语"[3]。这种主流话语权表明,中国经济政策会间接受到萨缪尔森理论体系的影响,这种影响也凸显了研究萨缪尔森经济伦理思想的必要性和紧迫性;另一方面,让经济学重回伦理学的母体,已经成为中西经济学家的普遍共识。2012 年 10 月 31 日,中国著名经济学家茅于轼倡议成立了人文经济学会,该学会旨在用日常语言来讲述经济学道理,认为数理经济学缺少人文关怀。比如讲,数理经济学只讲效率,不讲公平。人文经济学需要在考虑效率的同时研究公平的实现,因为分配的公平性也是我们追求的目标。经济学回归成为人文科学,就不像数理经济学那样讲究纯粹逻辑,而是综合其他社会科学的内容。所以,它又包含了经济学所需要的社会学、政治

① 〔美〕迈克尔·曾伯格:《经济学大师的人生哲学》,侯玲等译,北京:商务印书馆,2001 年,第 329 页。
② 刘涛:《像萨缪尔森那样关注弱者》,《广州日报》,2009 年 12 月 15 日,第 018 版。
③ 王曙光:《金融伦理学》,北京:北京大学出版社,2011 年,序言一。

学、史学、伦理学等内容①。无独有偶,在《经济学》中,萨缪尔森就始终把效率与公平问题视为经济学必须进行重大权衡的核心问题之一。正如美国经济学家阿瑟·奥肯所说:"公平和效率(的冲突)是最需要加以慎重权衡的社会经济问题,它在很多的社会政策领域一直困扰着我们。我们无法按市场效率生产出馅饼之后又完全公平地分享它。"②研究萨缪尔森经济伦理思想显然有利于我们吸取西方经济伦理思想的精华,师夷之长技,来解决中国经济发展中面临的诸多现实问题。

从世界经济发展趋势来看,正如他所说,"纯而又纯的资本主义,只是在本世纪 20 年代的美国才能看到……现在它已经成了一个灭绝的物种;在即将到来的 21 世纪里,无论哪里也找不到它了。"③萨缪尔森认为,中国的经济改革就是他所宣传的混合经济模式之一,他称之为"混合市场经济",认为这种经济转型模式是成功的。但是,我们一方面要认可萨缪尔森针对中国经济体制的客观评价,对中国发展模式充满信心;另一方面也要保持高度警觉,充分认识这种"混合市场经济"的诸多弊端:贫困、财富观、消费伦理、经济外部性造成的环境伦理、经济增长的价值限度、政府的责任伦理以及国际金融的伦理秩序等等。目前中国政府在经济活动中处于强势地位,这种地位有没有价值极限?如果有,需不需要伦理维度的论证与支持?以及如何从伦理角度说明政府应该适当减少对经济活动过度干预的

---

① 茅于轼:《为什么要建立人文经济学?》,英国《金融时报》中文网。
② 〔美〕阿瑟·奥肯:《平等与效率》,王奔洲译,北京:华夏出版社,2010 年,第 2 页。
③ 〔美〕保罗·萨缪尔森:《中间道路经济学》,何宝玉译,北京:首都经济贸易大学出版社,2000 年,中译本序言。

合理性？这些问题再次凸显了研究萨缪尔森经济伦理思想的现实意义。

西方金融危机爆发后，理论界基本达成了一个共识，认为西方经济学，尤其是金融领域缺乏监管机制以及从业人员丧失职业道德是主要诱因。基于此，日本生命保险公司主席宣称："通往经济复苏之路最重要的一步就是让我们的企业重建正直的品质和'中庸'的道德观。"①萨缪尔森经济体系具有中庸的方法论特点。因此，笔者认为，研究其经济伦理思想还具有重要的方法论意义。

第一，从西方经济学发展史来看，萨缪尔森的新古典综合经济学理论体系是西方近代经济学产生以来第三次成功的理论综合。第一次综合是穆勒在1848年出版的《政治经济学原理》。该书在论证了斯密的"看不见的手"原理的基础上，综合其他学派的成果形成了通过收入再分配来改善资本主义市场经济的方案，完成了经济学体系的第一次综合，成为19世纪后半叶英语世界中必读的经济学教科书。第二次综合是阿尔弗里德·马歇尔1890年首版的《经济学原理》，此书到1920年共计出版了8次。在该书中马歇尔把供求论、节欲论、生产费用论、边际效用论等当时不同经济理论有机结合，并在此基础上形成"新古典经济学"理论体系。在当时西方经济学中，马歇尔的《经济学原理》在19世纪末期到20世纪早期，一直被奉为经济学中的"圣经"。第三次综合就是萨缪尔森的《经济学》，该书1948年首版问世，迄今此书已出版了19次。萨缪尔森将马歇尔的新

---

① 王曙光：《金融伦理学》，北京：北京大学出版社，2011年，序言二。

古典经济学以及凯恩斯经济学纳入他称之为微观经济学和宏观经济学的理论体系，并综合了迄今为止所形成的货币主义、理性预期学派、制度经济学等学派的思想，创建了"新古典综合经济学"的理论体系。西方经济学中这种不同流派不断冲突、综合的演进历史告诉我们，马克思主义经济学也必须结合国情，科学借鉴并吸纳西方经济理论素养，才能符合与时俱进的理论品质。同理，这种综合方法也有助于中国经济伦理理论的研究与发展。

第二，从西方传统伦理思想史来看，中道或者中庸思想具有深厚的理论渊源。早在古希腊时期，亚里士多德就提倡中道原则，虽然他仅仅是从伦理学角度来说的，由于经济学的雏形——家政学仅仅是他伦理学的一个部分。所以，中道原则可以视为未来经济学必须遵循的价值原则。但是近代经济学从伦理学中分离出来后，功利主义所奉行的"最大多数人的最大利益"原则成为经济学的主导性价值理念。这种原则在资本主义早期自由竞争阶段还是发挥了积极的作用。但随着资本主义成熟，逐渐进入垄断阶段之后，其负面影响一直为众多思想家所诟病。正是基于现代性危机的反思，英国当代著名社会理论家安东尼·吉登斯提出了第三条道路的政治主张，为西方国家实行宏观经济干预政策提供了社会学支撑。在这种历史背景下，萨缪尔森提出走中间道路，既可视为对英美等国经济政策的理论总结，从某种程度上来说，也预示了世界经济伦理秩序的未来趋势。这对于中国学界构建经济伦理体系不无借鉴意义。

第三，中庸思想是中国传统伦理思想史的精神内核。中国传统经典之一《中庸》就集中体现了中国古代思想家崇尚中庸之道的价值理念。中庸思想对中国传统义利观产生了重要影响。虽然由于中国传统社会具有宗法血缘与小农经济特点而造成道义论占据义利观的主流地位，但人们依然会根据中庸原则认可合理利益的合法性，例如"以义幅利""居利思义"思想。近代以来，由于受到西方思潮的强烈冲击，而且失去了赖以生存的政治经济结构，传统思想逐渐失去了往昔的影响力，但中庸的理念仍然浸淫于人们的伦理习俗和理论思维之中。改革开放之后，中国认识到走极左或是极右的道路都会给人们带来深重的灾难，将中华民族置于岌岌可危的险境。在经济发展中，中国一方面坚持社会主义基本制度，例如，在所有制中以公有制为主、在分配上坚持按劳分配为主等等，确保公平分配的手段；另一方面引入市场机制，解决资源配置的效率问题。改革开放初期，鼓励一部分人先富，促进经济又快又好的发展，把效率放在经济发展的首要地位；随着中国经济迅猛发展，初步进入小康社会之后，开始转变发展理念，提出了用科学发展观来统筹政治、经济、文化、生态协调发展，构建和谐社会。在这一系列经济发展理念的演进中，中庸思想起到了至关重要的作用。要言之，无论是从现代经济学的演化逻辑，还是从中西方思想传统来看，萨缪尔森经济伦理思想所体现出来的中庸理念既有其逻辑必然性，也符合中国传统理念，必能拓展中国经济伦理研究方法的视野。

二、文献综述

萨缪尔森是美国第一位诺贝尔经济学奖获得者，这既是对他个人在经济学领域理论成就的肯定,也可视为美国在世界经济中霸权地位的昭示。自他之后,美国经济学家几乎垄断了这个奖项。因此,他在美国经济学界占有举足轻重的地位,成为许多学者论辩、批判、研究的对象,给我们留下了丰富的素材;除了纯粹理论研究之外,萨缪尔森还通过他编写的《经济学》教材以及撰写的经济学评论来实现经济启蒙的个人愿景,在国内外产生了巨大的影响。他尤其关注中国,对中国的改革开放以及经济学家寄予厚望,而且中国自改革开放以来有几代经济学家都是从阅读其《经济学》教材开始成长起来的。所以,在中国也有众多学者对萨缪尔森进行了多角度、全方位的研究。现将有关萨缪尔森理论研究的国内外现状综述如下:

国内学界对萨缪尔森的研究始于改革开放初期①。由于萨缪尔森的《经济学》是最早作为中国经济学科了解西方经济学的入门教材。所以,中国经济学研究人员以及工作人员从某种意义上来说都是萨缪尔森的学生。"尽管经济学派别林立,但没有任何一个经济学家否认自己是萨缪尔森的信徒。"②总体而言,国内学者针对萨缪尔森的研究涵盖了两个方面,即经济理论研究和经济伦理研究。

从经济理论研究角度来看, 主要包括专题研究和系统研

---

① 商务印书馆在 1964 年出版由高鸿业教授摘译的该书第 5 版中的部分章节。12 年后,中国开始出版《经济学》的全译本。1976 年,高鸿业翻译了《经济学》第 10 版,主持并翻译了第 12 版(1985 年),先后由商务印书馆与发展出版社出版;胡代光主译了《经济学》第 14 版(1992 年),由首都经贸大学出版社出版;1998 年,萧琛先后主译了《经济学》第 16 版、17 版(2004 年)、18 版(2008 年)、19 版(2012 年),先后由华夏出版社,人民邮电出版社出版。

② 马光远:《我们都是萨缪尔森的信徒》,《经济参考报》,2009 年 12 月 16 日,第 002 版。

究。专题研究主要侧重于对萨缪尔森经济学理论中的模型、观点以及他在诸如公共支出纯理论等具体领域的研究与批判，主要包括由商务印书馆结集出版的《西方经济思想评论(第一辑)——评萨缪尔森的经济学说》，其中收录了高鸿业、胡代光、厉以宁以及吴易风等学者的评论性文章，他们从马克思主义立场出发，运用辩证唯物主义和历史辩证法对萨缪尔森经济理论给予了客观评价与理性批判。作为国内最早系统介绍的学者，高鸿业先后对萨缪尔森经济学理论的主体框架、微观经济学、宏观经济学以及新古典综合等专题发表了十几篇评论性文章。厉以宁从萨缪尔森经济学的主要论点、理论来源与综合途径、理论缺陷以及如何指导中国经济学学生阅读其理论进行了深度剖析。吴易风从异化概念、劳动价值理论、剩余价值理论、资本积累、经济危机以及社会发展一般规律与资本主义社会特殊规律等六个方面对萨缪尔森歪曲历史、曲解污蔑马克思主义经济学的理论要点进行了逐一驳斥，正本清源，从反面论证了马克思主义经济学理论的深刻性与科学性[1]。胡代光则认为萨缪尔森经济学理论是经济学史上的第三次综合，他提出的混合经济理论对中国经济发展具有重要借鉴意义[2]。

此外还有萧琛、陈平等学者，他们也从不同方面对他的理

---

① 商务印书馆编辑部：《西方经济思想评论(第一辑)——评萨缪尔森的经济学说》，北京：商务印书馆，1984 年。

② 胡代光：《漫谈萨缪尔森的〈经济学〉最新版中文译本问世》，《宏观经济研究》，2000年第 5 期。

论价值以及学术理念进行了介绍和研究。萧琛对萨缪尔森的人生经历、学术历程进行了分析，认为他具有经世济民的心胸和博学睿智的头脑，博采众长、善于折衷，具有博爱的师长情怀和非凡的沟通才能，是一位海纳百川的高手。这些促使他成就了多彩人生与不朽著作①。陈平认为，萨缪尔森在主流经济学家中最早意识到市场原教旨主义和凯恩斯经济学的局限，也最早发现中国改革的创新和美国霸权地位的不再。作者还认为，萨缪尔森对科斯定理的批评是最为尖锐的，他认为，科斯理论用交易成本这样含糊不清的概念，来取代市场不完全、信息不对称、技术获得的障碍和分散定价的技术等前提，将给市场原教旨主义带来反对监管和大众参与的武器②。尹伯成认为，综合、折中是经济学家构建自己新理论的重要方法之一。他以经济学说史上三次经济学重大综合的代表人物穆勒、马歇尔和萨缪尔森为例，通过分析他们的理论形成逻辑，可以发现：将前人的各种学说进行综合，并不是简单混合，而是可发展出新理论；将前人不同甚至对立的学说进行折中，并不是调和矛盾，而是可实现理论创新③。孙立坚不仅介绍了萨缪尔森消费者偏好理论以及乘数理论和加速度理论，而且认为他对经济学规律执着的热爱和至上的尊重以及宽大的胸怀和教学相长的育人理念奠定了他

① 萧琛:《经济学的昨天、今天和明天》,《经济学动态》,2004 年第 4 期;《多彩的人生,不朽的著作》,《社会观察》,2010 年第 7 期。

② 陈平:《论保罗·萨缪尔逊对数理经济学和经济学变革的贡献——纪念经济科学家保罗·萨缪尔逊》,《经济学动态》,2010 年第 2 期。

③ 尹伯成:《"综合"、"折中"与经济学的创新——以约·斯·穆勒、阿·马歇尔和保罗·萨缪尔逊为例》,《江海学刊》,2008 年第 5 期。

经济学泰斗的世界地位[1]。

　　系统研究则着重对萨缪尔森经济理论进行整体性、全方位、系统性的研究，主要包括范家骧、韩德强、赵艳等学者的理论研究专著。在《一部世界性的经济学教科书：解读萨缪尔森〈经济学〉》中，范家骧首先从古希腊、古罗马以及中世纪经济思想史出发，先后介绍了重商主义、古典经济学派、德国历史学派、边际学派、新古典学派以及凯恩斯经济学理论，力图从经济思想史中梳理萨缪尔森经济学体系的理论渊源与逻辑进路，然后着重论述了《经济分析基础》的基本内容和理论创新以及新古典综合理论，最后简述了主流宏观经济学的演进[2]。韩德强则从矛盾论的角度，充分运用现实案例材料，逐一批判了萨缪尔森《经济学》中的基本经济概念，如工资、利润、地租、价格、竞争、垄断等，并做了独特的解释。通过这种批判，他力图否定西方主流经济学奉为理论基石的两大法宝——"看不见的手"信条和"竞争的优越性"，论证只有道德市场经济才是最佳选择。最后，他构建了自己的"竞争经济学"理论框架[3]。赵艳首先介绍了萨缪尔森的生平和著作，阐述了萨缪尔森的经济学方法论，并对萨缪尔森新古典综合及其对微观经济学和宏观经济学的发展、对西方国际经济学的发展进行了详细的论述。另外，该书还介绍了萨缪尔森与两个剑桥之争、萨缪尔森与马克思主义经

---

[1] 孙立坚：《萨缪尔森的大师风范》，《光明日报》，2009年12月22日，第010版。

[2] 范家骧：《一部世界性的经济学教科书：解读萨缪尔森〈经济学〉》，济南：山东人民出版社，2004年。

[3] 韩德强：《萨缪尔森〈经济学〉批判：竞争经济学》，北京：经济科学出版社，2002年。

济学等内容。最后,她还对萨缪尔森在微观经济学、宏观经济学和国际经济学等领域的研究成果进行了评述①。

从经济伦理研究角度来看,国内学者涉足不多,主要包括韦正翔、肖仲华、刘威、张露以及傅耀等学者的论文。其中,韦正翔在《萨缪尔森微观经济理论的伦理分析》中,在研究西方微观经济理论的基础上,提出了一种把微观经济学和伦理学融合起来研究的思路。他认为,萨缪尔森的微观经济学理论具有代表性。因此,主要把他的理论作为评析的对象,其中主要对其基本概念、市场机制和供求规律等进行了伦理分析,力图在微观经济理论中注入精神价值②。肖仲华和沈昊驹在《萨缪尔森经济伦理思想述评》中,认为萨缪尔森具有实用主义和折中主义的特点,他的经济伦理本质来自于功利主义,主要体现为财富和爱并重、科学与良心并重、效率与公平并重、经济发展与人民福祉并重③。刘威在《萨缪尔森的效率与公平观探析》中,认为古典经济学、新古典经济学到凯恩斯经济学和新古典综合派的代表萨缪尔森,在效率与公平的取舍上,他们都主张效率第一,只是在如何实现效率优先这一目标的手段上各有区别。萨缪尔森认为,当仅仅依靠市场不能有效配置资源的时候,政府应当发挥作用,但在市场已经恢复到了有效率的轨道上来的时候,政府则需要自动退出。只有混合经济才能运用政府调控和市场机

---

① 赵艳:《萨缪尔森经济理论研究》,北京:首都经济贸易大学出版社,2005年。

② 韦正翔:《萨缪尔森微观经济理论的伦理分析》,《首都经济贸易大学学报》,2006年第5期。

③ 肖仲华、沈昊驹:《萨缪尔森经济伦理思想述评》,《金融教学与研究》,2010年第1期。

制,建立一个效率与人道并存的现代社会①。张露在《萨缪尔森〈经济学〉的经济伦理解读》中,分析和解读了萨缪尔森《经济学》中的若干经济学核心范畴的伦理维度、全球化与国际贸易的利益冲突、环境保护与全球气候的伦理关怀以及经济发展之人力资源要素的道德审视②。傅耀则在《试析萨缪尔森与弗里德曼的经济学方法论之争》中,对萨缪尔森与弗里德曼在经济学方法论上的争论从时代背景、主要内容、实质以及产生的影响等几个方面对双方争论进行全面的考查,并对争论的作用做了评价③。

由于萨缪尔森还在读书时就已经享誉经济学界,尤其是他出版《经济学》之后,一时洛阳纸贵,在美国引起了巨大反响。该书首次将凯恩斯经济理论编入教材,第一次将经济学分为微观经济学和宏观经济学两个板块,形成日后他称之为新古典综合的经济体系,成为当时最具影响力的凯恩斯主义者。这种倾向显然背离了当时美国经济学界新古典经济学的主流价值取向,必然会招致众多经济学家的质疑与批判。这种质疑与批判一直伴随着《经济学》的所有版本,最终成就了伍德与乔·坎宁安(Wood, John Cunningham)主编的四卷本《萨缪尔森:批判性评价》(*Paul A. Samuelson: critical assessments*)。此外,还有学者出版了对萨缪尔森的研究专著,主要包括:美国马克思主义经济

---

① 刘威:《萨缪尔森的效率与公平观探析》,《经济与管理研究》,2004 年第 6 期。
② 张露:《萨缪尔森〈经济学〉的经济伦理解读》,《伦理学研究》,2011 年第 1 期。
③ 傅耀:《试析萨缪尔森与弗里德曼的经济学方法论之争》,《内蒙古师范大学学报》(哲学社会科学版),2003 年第 1 期。

学家马克·林德的《反萨缪尔森论》;布朗(Brown)和埃德加·卡里(Edgar Cary)合著的《萨缪尔森与现代经济理论》(*Paul Samuelson and modern economic theory*);布莱特(Breit)和威廉(William)合著的《荣耀人生:七位诺贝尔经济学奖获得者的人生故事》(*Lives of the laureates : seven Nobel economists*);迈克尔·森伯格、阿隆·戈特斯曼与拉尔·拉姆拉坦合著的《保罗·萨缪尔森小传:经济学家成长之路》;迈克尔·曾伯格、拉尔·兰姆拉坦和阿隆·戈特斯曼(Michael Szenberg、Lall Ramrattan and Aron A. Gottesman)合著的《萨缪尔森主义经济学与二十一世纪》(*Samuelsonian Economics and the Twenty–First Century*);乔治·阿·费威尔(George R. Fei-wel)的《萨缪尔森与新古典经济学》(*Samuelson and Neoclassical Economics*);保罗·萨缪尔森和 威廉·巴耐特合著的《经济学家之经济学家:与诺贝尔获得者和候选者的对话》。其中,《反萨缪尔森论》共两册,分六编,其篇幅和《经济学》几乎相当,该书从《经济学》的基本理论概念、危机与马克思主义、货币与信用、价值和价格理论、生产要素以及世界市场等六个方面,以马克思主义为指导,抓住资产阶级经济学理论脱离生产关系研究生产力、采用超历史主义分析方法、缺乏阶级分析视角、用现象描述取代本质分析以及宣扬资本主义制度等软肋,对以萨缪尔森为代表的资产阶级经济学进行了系统分析和批判①。

此外,还有学者从不同角度分析了萨缪尔森对新古典经济学的形成、发展以及走向的影响,甚至还认为以萨缪尔森为首

---

① 〔美〕马克·林德:《反萨缪尔森论(上、下)》,梁小民译,上海:生活·读书·新知书店上海分店,1992 年。

的经济学流派将会对未来21世纪保持持久的影响①。特别值得一提的是,有些专著还对萨缪尔森成长经历、学术历程、人生理念、哲学思想以及价值取向进行深度分析,透视他治学处世背后蕴含的价值取向与伦理精神。在迈克尔·森伯格、阿隆·戈特斯曼与拉尔·拉姆拉坦合著的《保罗·萨缪尔森小传:经济学家成长之路》中,作者就力图从萨缪尔森的青年时代、哲学和理论研究视角、研究方法、个人成就以及学生们对他的回忆来全方位、多角度为读者呈现一个立体凸现的经济学家和思想家②。布莱特(Breit)和威廉(William)合著的《荣耀人生:七位诺贝尔经济学奖获得者的人生故事》中,萨缪尔森通过自己的一篇文章,深情回忆了在芝加哥大学,经济学如何进入他的心灵,如何开始起飞,经历了哪些考验以及最终取得的成就③。保罗·萨缪尔森和威廉·巴耐特合著的《经济学家之经济学家:与诺贝尔获得者和候选者的对话》中,他们两人进行了一次深度交流,主要包括1929—2003年宏观经济学的发展历程、1936年之后萨缪尔森自己在宏观经济学理论中的成就、失败、个人信念以及变革、对弗里德曼货币主义学派的评价、作为芝加哥大学的一名学生如何看待自己走向中间道路、在哈佛大学求学时的学术氛围以

① George R. Feiwel, *Samuelson and Neoclassical Economics*, Kluwer Nijhoff Pub, 1981.Lall Ramrattan and Aron A. Gottesman, *Samuelsonian Economics and the Twenty-First Century*, Oxford University Press, 2006.

② 〔美〕迈克尔·森伯格、阿隆·戈特斯曼、拉尔·拉姆拉坦:《保罗·萨缪尔森小传:经济学家成长之路》,刘庆林、徐荣丽译,北京:人民邮电出版社,2012年。

③ William Breit And Barry T. Hirsch, *Lives Of The Laureates Eighteen Nobel Economists*, The MIT Press,2004, pp.49—65.

及反犹太主义思潮对他的影响①。

综上所述,国内外学者主要侧重于对萨缪尔森经济学理论的研究,尽管其中不乏对其经济伦理思想略有涉及,但总体来说对于萨缪尔森经济伦理思想的研究还是缺乏应有的深度与广度,没有从他赖以构建其整个经济学体系的价值取向、伦理精神、哲学基础以及方法论等方面深度挖掘,系统梳理其经济伦理思想,把握他走向中间道路的心路历程与逻辑脉络。这显然与萨缪尔森在经济学思想史上的地位是远不相称的。

三、研究方法

为了厘清蕴含于萨缪尔森经济体系中的哲学思想、伦理精神、价值取向以及经济伦理研究方法论,把握西方主流经济伦理思想,本书拟运用历史唯物主义方法,遵循诠释学原则,对萨缪尔森的经典著作进行深度解读,通过与国内外经济伦理理论的比较研究,力图达至一种"视域融合",借以拓展中国经济伦理的研究维度,深化学界对西方经济伦理思想的认识,为我国构建和谐社会提供经济伦理的价值支持。

1. 历史唯物主义方法

从马克思主义立场出发,运用历史唯物主义方法,力图将萨缪尔森思想体系置于美国乃至世界政治经济社会发展史之中,综合运用历史学、社会学、经济学以及伦理学等诸学科视

---

① Paul A. Samuelson and William A. Barnett, *INSIDE THE ECONOMIST'S MIND: Conversations with Eminent Economists*, Blackwell Publishing, 2007, pp.143-164.

角,形成一个多视角、跨学科的历史视野,分析萨缪尔森思想体系产生的必然性。笔者认为,萨缪尔森的新古典经济综合体系是以美国为首的西方世界政治经济文化结构发生深刻转型的历史产物;是资本主义社会为了摆脱经济危机,向社会主义制度妥协与学习,逐步走向福利国家,即第三条道路,试图摆脱资本主义制度痼疾的理论尝试;既是近代以来经济学发展成果的结晶,也反映了自亚当·斯密首次构建经济学框架之后,经济学与伦理学逐渐分离而后力图融合的主流趋势。

2.经典文献阅读法

充分利用萨缪尔森的经典文献,包括《经济学分析基础》《经济学》以及《中间道路经济学》等文本,对萨缪尔森经济伦理思想进行深度挖掘与条分缕析,力图准确把握他的伦理精神和价值取向,梳理西方主流经济伦理思想的主要问题以及发展趋势。

3.比较研究法

《牛津高级英汉双解辞典》解释说:比较研究法就是对物与物之间和人与人之间的相似性或相异程度的研究与判断的方法。中国林聚任、刘玉安主编的《社会科学研究方法》认为:比较研究方法,是指对两个或两个以上的事物或对象加以对比,以找出它们之间的相似性与差异性的一种分析方法。第一个系统采用比较研究法的学者是法国托克维尔,他在《论美国的民主》中第一次使用了比较分析模型。经典社会学家涂尔干、韦伯以及哲学家穆勒都非常推崇比较研究法,并做了系统论述①。笔者

---

① 林聚任、刘玉安主编:《社会科学研究方法》,济南:山东人民出版社,2004 年,第151 页。

认为萨缪尔森经济伦理思想与国内经济伦理研究具有很强的可比性,拟遵循横向比较和纵向比较相结合,以及相同性和相异性相结合的两大原则对萨缪尔森和国内学者经济伦理研究进行系统比较研究,凸显萨缪尔森经济伦理思想的优劣,以便更好地推动国内学术界开展对现代经济伦理的理论研究,为中国经济发展赋予全面的道德维度和提供科学的伦理旨归。

四、研究重点、难点和可能的创新点

1.研究重点

本书的研究重点包括:

(1)按照马克斯·韦伯的观点,新教伦理精神在资本主义兴起中发挥了至关重要的作用,也成就了独特的美国政治经济文化传统,深深地浸淫于所谓的"美国精神"之中。而实用主义则是最能体现美国本土文化特色的哲学思想。萨缪尔森作为美国主流经济学家的一个代表人物,作为一个犹太人,他既接受科学主义,把数学成功引入经济学理论,又听从良心的指引,通过新编写教材、撰写评论来实现经济启蒙。本书力图从他的这些学术旨趣、人生信念中寻找犹太伦理、新教精神以及实用主义伦理学的影响因子,为我们更好地理解西方主流经济伦理思想提供一个崭新和全面的视角。

(2)在经济日益一体化的开放时代,中国经济伦理研究需要有更为开阔的视野,需要借鉴西方经济政策处理宏观调控与微观自主等诸多现代经济问题时所秉持的价值理念与伦理考量。通过阅读萨缪尔森,我们就能更好地分析与批判西方经济伦理的理论成果,诸如消费伦理、分配正义、经济周期以及政府调控的伦理困境与抉择等等,为我们解决国内所谓"道德滑坡""富二代""官二代"等问题反映出来的经济伦理问题提供参考。

(3)当然我们也要批判分析西方经济伦理问题,本书拟从西方自由主义内部、马克思主义两个角度,综合国内外学者对萨缪尔森的批判与借鉴,力图达到对萨缪尔森经济伦理思想形成一个比较全面与客观的认识与理解。

2.研究难点

(1)萨缪尔森的新古典综合经济理论体系吸纳了众多西方经济学流派的理论精华,而且经济伦理属于交叉学科,笔者尽管在经济学和伦理学知识储备上做好了充分准备,但如何充分凸显萨缪尔森经济伦理思想的综合性与前沿性,还有待进一步深入思考与挖掘。

(2)萨缪尔森是一个美国经济学家,笔者是一个中国知识分子,在研究其经济伦理思想时,难免会受到自身文化背景和思考方式等因素的影响。如何消除这种异质性和主观性,努力保证研究成果的科学性与客观性,显然有待笔者进一步努力。

3.可能的创新之处

(1)在国内学界首次对萨缪尔森经济伦理思想进行系统研究;

(2)结合犹太精神、新教伦理与实用主义伦理学来解读西方经济伦理思想。

第一章　萨缪尔森经济伦理思想的价值取向

"只有当社会经济航船平稳驶向'有限的折衷'这个新的海域，我们才有可能确保全球经济恢复到充分就业的理想境界。在那里,社会经济进步的果实将能更加公平地为栽培它的人们所分享。"[①]萨缪尔森在其第 19 版《经济学》序言中,重申现代"混合经济"对于推动世界经济发展的重要意义,并将他奉行的经济理念修正为"有限的折衷主义",认为在这种理念指导下的现代混合经济能够"将严厉冷酷的市场运作规律与公正热心的政府监管机制巧妙地糅合成一体。"[②]终其一生,萨缪尔森都在致力于建构现代混合经济理论,冀以实现充分就业与公平分享的人类理想。这其中凝结了何等浓厚的济世情怀! 究竟是一种什么样的伦理精神孕育了这种情怀,并指引和驱动着他如此孜孜以求? 如何理解萨缪尔森的"有限折衷主义"? 我们需要结合萨缪尔森的个人经历、犹太精神、新教伦理以及他所处的美国文化和西方文明中寻找答案。

---

①② 〔美〕保罗·萨缪尔森、威廉·诺德豪斯:《萨缪尔森谈效率、公平与混合经济》,萧琛主译,北京:商务印书馆,2012 年,第 24 页。

第一节　萨缪尔森经济伦理思想的心路历程

保罗·萨缪尔森(1915—2009)于 1915 年 5 月 15 日出生在印第安纳州的加里镇一个波兰犹太移民家庭,其父亲法兰克·萨缪尔森是一名药剂师。这个小镇出了数个知名经济学家,其中包括约瑟夫·斯蒂格利茨。随后,1923 年举家搬到芝加哥居住。萨缪尔森在加里小镇和芝加哥公立学校完成基础教育,其中在海德公园中学学习期间,一位名叫尤拉·休史密斯的保守派女数学教师对他影响很大。

一、自由的困惑:萨缪尔森经济伦理思想的生发

自由主义是西方世界占据主导地位的意识形态。作为一个美国人,萨缪尔森的经济伦理思想也会烙上当代自由主义思潮的印记。经过数百年的发展历程,自由主义先后历经了政治自由主义、经济自由主义、社会自由主义以及哲学自由主义等四个阶段①。从整个西方自由主义思潮来看,萨缪尔森见证了自由主义在"二战"之后的兴衰历程:经济自由主义进入衰退,社会自由主义逐步兴起以及哲学自由主义重新回归。自由主义的发展历程出现了两个转向:一是从强调个人价值(权利)向社会正义的转

---

① 李强:《自由主义》,北京:中国社会科学出版社,1998 年,第 16—18 页。

向,也就是在权利优先的前提下认可了社会善的地位;二是从激进式地批判旧制度、重构新社会,向承认价值多元、宽容接纳他者的转变。这种转向始终贯彻于自由主义关于个人、社会和国家之间关系的理论之中。这种转向也深刻地影响了萨缪尔森的大学经历,引发他对自由主义经济伦理思想的质疑与思考。

1931年,年仅16岁的萨缪尔森进入芝加哥大学经济学院,在这里,他接触到了许多重量级的经济学家,如芝加哥学派的创建者之一弗兰克·奈特、早期货币主义者亨利·西蒙等等,他的导师之一保罗·道格拉斯则从经济学家转向政治家,后来成为纽因州的一名参议员。这些人点燃并奠定了他对经济学的热情与兴趣。仅仅还是一名本科生,萨缪尔森就因为在课堂上指出"魔鬼教授"雅各布·瓦伊纳的错误而声名鹊起。本科阶段,他的同学中有芝加哥学派的未来领袖乔治·斯蒂格勒和米尔顿·弗里德曼,赫伯特·西蒙当时也在芝加哥大学学习,他们先后都获得了诺贝尔经济学奖。

从某种意义上来说,此时的萨缪尔森还是新古典自由主义经济的拥趸者,诚如他自己所说,如果他继续留在芝加哥,他可能成为另一个弗里德曼。但从萨缪尔森在课堂上对老师的挑战性可以看出,新古典自由主义经济学并没有让他真正感到满意。这或许与他儿时的生活经历有关,昔日繁华的加里小城随着市场大萧条而破败不堪,大量无家可归的失业人员给萨缪尔森留下了抹不去的记忆。显然,他不可能在芝加哥大学找到答案。毕业时萨缪尔森获得了社会科学研究生奖学金,但该奖学金要求获得者不得在本校完成学业,在哥伦比亚大学和哈佛大学之间,他选择了后者。真正的思想转折发生在就读哈佛大学期间。

二、干预的可能：萨缪尔森经济伦理思想的转向

在一次个人回忆录中，萨缪尔森曾经说："经济学是一个等待着梅纳德·凯恩斯的强有力的亲吻的睡美人……但是……经济学还等待着数学方法的强有力的亲吻。"[①]在他看来，经济学还不是一门真正的科学，数学则是促使其科学化的有效工具之一。但从经济伦理的视角来看，解决萨缪尔森对自由主义经济学的困惑，除了引入数学方法之外，还需要凯恩斯的强有力的亲吻。

1935 年，萨缪尔森进入哈佛大学继续研究生阶段的深造，先后取得了经济学硕士和博士学位。在他看来，当时的哈佛经济学院正处于"从消沉时期到伊丽莎白时代的文艺复兴"。为了逃离战争，许多欧洲学者背井离乡来到了这里。这批学者就包括约瑟夫·熊彼特、哥特弗里德·冯·哈勃勒、埃德温·比德韦尔·威尔逊、阿尔文·汉森以及后来的诺贝尔经济学奖获得者瓦西里·里昂惕夫。他的导师阿尔文·汉森就是当时美国著名的凯恩斯主义经济学家，曾在罗斯福实行"新政"时期任政府经济顾问。正如他所说"哈佛成就了我们，我们也成就了哈佛"[②]。他的博士论文《经济理论操作的重要性》获得哈佛大学威尔斯奖，这

---

①② Samuelson,Paul A., Economics in a Golden Age: A Personal Memoir, in Brown, Cary E. and Solow, Robert M., Edited, *Paul Samuelson and Modern Economics Theory*, Mc-Graw-Hill Book Company, 1983, p.6.

也是让他日后得以获得诺贝尔经济学奖的代表作《经济分析基础》的雏形。他在哈佛的同学几乎都成为有所建树的经济学家，其中詹姆斯·托宾和罗伯特·索洛分别获得 1981 年和 1987 年的诺贝尔经济学奖。在这一时期，萨缪尔森参加了瓦西里·里昂惕夫的数理经济学研讨班，而且深受埃德温·比德韦尔·威尔逊的影响，该学者对"用人云亦云的方法来研究精密科学的社会科学家"①非常蔑视。

真正让萨缪尔森受益匪浅的是他在 1937 年参加了哈佛大学的"学者协会"，该协会是哈佛前大学校长阿伯特·劳伦斯·洛厄尔创办的，他认为博士学位"在一系列限制条件下，压抑了创造力"②。另一位创建者劳伦斯·亨德森将协会宗旨定位为："提供一条更利于培养稀缺的、独立的、天才的可选择途径。"③该协会作为哈佛大学博士项目的补充，吸纳该校最优秀的学生，并提供探索任何让他们感兴趣的研究课题的机会，为期三年，但在此期间禁止撰写博士论文。萨缪尔森在这三年时间里，发表了几篇重要的学术论文。在哈佛期间，一方面，萨缪尔森充分发挥了自身的数学天才，创造性地将数学引入经济学，成为数理经济学的奠基者之一；另一方面，在熊彼特和汉森等导师的影响下，萨缪尔森系统地接受了凯恩斯的经济理论，成为一名凯恩斯主义者。

毕业之后，由于犹太背景以及时任该校经济学院院长哈德

---

① 〔美〕迈克尔·森伯格、阿隆·戈特斯曼、拉尔·拉姆拉坦：《保罗·萨缪尔森小传：经济学家成长之路》，刘庆林、徐荣丽译，北京：人民邮电出版社，2012 年，第 23 页。
②③ 同上，第 25 页。

罗·赫钦斯·伯班克的阻挠,萨缪尔森没能留在哈佛大学,他于1940年在麻省理工学院开始执教,并在那里度过了他的整个职业生涯。在他的领导下,不到四十年时间,麻省理工学院成为与哈佛大学、芝加哥大学并驾齐驱的美国三大经济学研究重镇之一。1941年,他受聘到美国能源计划局工作;1944年成为麻省理工学院经济系副教授和辐射实验室经济系研究员;1945年,"二战"结束之后,任职于美国战时生产局和战争动员重建办公室,并担任美国财政部经济顾问,这些工作有利于他把经济理论运用于实际工作;1947年晋升为教授,成为美国经济学会克拉克奖的首位获得者。在这个时期,萨缪尔森积极参与"二战"时期美国实行的战时经济管理,积累了丰富的宏观调控实践经验,从一个纯理论的凯恩斯主义者变成对国家宏观调控经济生活有着深刻认识的经济学家。一方面,他认识到古典自由主义经济理论的局限性——它无法解决市场失灵、经济周期、大规模失业、通货膨胀以及经济增长等问题;另一方面,他也意识到国家干预经济生活可能带来的巨大风险。要言之,萨缪尔森开始思考并逐渐形成自己的理论体系。

三、有限的折衷:萨缪尔森经济伦理思想的形成

保罗·萨缪尔森曾长期为美国《新闻周刊》的经济学栏目撰稿,曾担任美国总统约翰·肯尼迪的经济顾问,属于那种能够同普通民众进行交流和沟通的为数极少的经济学家之一。萨缪尔森经常出席国会听证,并为联邦储备委员会、财政部、许多私人机构和非营利机构担任咨询专家。

在萨缪尔森的著作中①，《经济分析基础》是一项高级研究成果，出版此书时他才 30 岁，这让他在而立之年就已经在经济学界赢得了声誉。25 年之后，该项成果为他带来了诺贝尔经济学奖。该书及以后陆续发表的科学论文对数理经济学做出了众多开创性贡献，几乎在经济学的所有领域都留下了奠基性的工作，包括微观、宏观、金融、外贸、财政等许多基本的理论模型。萨缪尔森对经济问题的数学分析，使经济学家超越了传统的历史描述和哲学论证，不再局限于静态的几何图像，而是上升到动态的动力学分析②。

但真正让萨缪尔森为普通大众所熟知的成果还是他于1948 年开始发行的《经济学》教科书。该书大约每三年更新一次，迄今已有 19 个版本。该书是自经济学之父亚当·斯密的《国富论》问世以来，继约翰·穆勒的《政治经济学原理》和阿尔弗里

---

① 萨缪尔森一生著述颇丰，主要包括：在 1947 纪念凯恩斯逝世一周年发表的《经济分析基础》，这本著作成为他日后获得诺贝尔经济学奖的代表性成果；在 1948 年首次出版《经济学》教科书，并基本遵循三年一版的惯例持续到 2010 年，至今已经是第 19 版；在 1958 年与 R.索洛和 R.多夫曼合著了《线性规划与经济分析》一书，为经济学界新诞生的经济计量学作出了贡献。这部书成功地把价格理论、线性规划和增长理论结合起来；在 1966 年陆续出版了七卷本的《萨缪尔森科学论文集》（该数据来自于麻省理工学院出版社网站，目前国内仅有前四卷）；此外他还给《纽约时报》《新闻周刊》等报刊撰写时评专栏，并于 1998 年将部分文章结集出版，名为《中间道路经济学》；国内经济学界很早就翻译了萨缪尔森的《经济学》，先后有高鸿业、胡代光和萧琛主译的三种版本，《经济分析基础》也有何耀主译的中文版本，另有叶秋南的译本《经济分析之基础》，其中的时评专栏先后有胡承红译的《充满灵性的经济学》和何宝玉译的《中间道路经济学》两个版本；在萨缪尔森逝世之后，国内出版了萧琛主译的《萨缪尔森最后的宣言译丛》，含《萨缪尔森谈效率、公平与混合经济》《萨缪尔森谈金融、贸易与开放经济》《萨缪尔森谈失业与通货膨胀》以及《萨缪尔森谈财税与货币政策》。

② 陈平：《论保罗·萨缪尔逊对数理经济学和经济学变革的贡献——纪念经济科学家保罗·萨缪尔逊》，《经济学动态》，2010 年第 2 期。

德·马歇尔的《经济学原理》之后举世公认的里程碑之作,被誉为西方经济学界的"圣经"。该书第一次把凯恩斯主义经济学和传统的新古典经济学结合起来,形成了由微观经济学和宏观经济学构成的新古典综合经济学体系。在《经济学》这 19 个版本中,萨缪尔森不仅具有海纳百川的心胸,吸收各个流派的最新经济学思想,而且紧扣时代旋律,时刻保持对最前沿经济问题的高度关注[①],成为西方尤其是美国经济学主流思想的代表。

---

① 在第 1 版(1948 年)中,国民收入是贯穿全书的中心主题,此外还包括许多具有重大现实意义的论题:国债、失业、通货膨胀、社保和经济大萧条等等;在第 2 版(1951 年)中,依然保留了对国民收入分析,但已纳入经济学的总体概念分析,增加了收入分配、劳动与农业等内容;在第 3 版(1955 年)中,强调了有效率增长与安全,首次提出"新古典综合"这一范畴,还增加了对价值与分配、货币政策、战争经济学和欠发达国家经济等问题的研究;在第 4 版(1958 年)中,侧重强调了微观经济学中市场在资源配置中的作用,同时也继续关注货币和通胀问题;在第 5 版(1961 年)中,关注了发达国家的增长、美国国际地位变化及其对黄金、国内政策问题的影响、成本推动型通胀等问题,详细分析了微观经济学中的价格、资本、国际相对优势以及供求等原理;在第 6 版(1964 年)中,首次区分了在完全竞争和不完全竞争条件下的定价理论,以中印俄为例分析了增长理论,分析了结构性失业、平衡增长、美元与黄金问题,关注了自动化以及社会资本在经济社会中的影响,提出分析工具在经济学中的作用;在第 7 版(1967 年)年中,增加了各种成本、垄断以及折弯了的寡头需求曲线等内容;在第 8 版(1970 年)中,关注经济不平等问题,诸如丰裕中的贫穷和生活质量问题,分析了种族、环境污染对经济学的影响,吸收了菲利普斯曲线以及福利经济学的经济工具和理论,提出了价值、公共产品、人际公平和经济效益等经济范畴;在第 9 版(1973 年)中,增加了政治经济学、马克思经济学以及经济学说的演进等内容,注重强调了现代经济学尚未彻底解决的诸如成本推动型通胀、福利与国民生产总值、零人口增长、种族歧视以及经济外在性问题;在第 10 版(1978 年)中,介绍了主流经济学派如货币主义,关注粮食能源短缺、国际金融、经济不平等、增长有限性以及滞涨等问题;在第 11 版(1980 年)中,继续关注滞涨、货币以及生存质量等问题,增加了欧佩克定价、随机游走等内容;在第 12 版(1985 年),首次把经济学分为微观经济学和宏观经济学两个部分。在宏观部分,关注了竞争性经济学派诸如凯恩斯折中主义、货币学派、理性预期派、芝加哥自由主义、马克思主义和激进经济学派,采用总供给与总需求分析,强调了赤字与债务问题。在微观部分,分析了效率、消费者剩余、效

　　《经济学》和《中间道路经济学》标志着萨缪尔森经济伦理思想的成熟。在自由主义与凯恩斯主义之间艰难探索之后,萨缪尔森形成了自己的理论体系。从经济学来看,他将新古典自由主义经济学和凯恩斯经济理论综合在一起,将经济学分为微观经济和宏观经济两个部分,形成了"微观自主,宏观调控"的现代经济理论,奠定了现代经济学基本框架;从经济伦理来看,他既认识到市场经济的伦理合理性和价值限度,又接受了宏观调控在现代经济生活中的道德价值,完成了现代经济伦理的知识性启蒙。

用可能性边界、自然垄断、市场结构、工业组织、寡头理论、规模经济、博弈论、反托拉斯、收入分配与要素价格、公平与效率、经济增长、国际贸易、公共选择、税收等问题;在第13版(1989年)中,关注了国际经济学中的城市与区域、保护主义、博弈论、债务危机、比较优势、汇率浮动、赤字贸易、对外债务问题,提出了宏观经济学的微观基础、总供求理论基础、非自愿失业理论,还关注了货币与银行体系,综合论述了要素市场、生产与成本、历史与政策以及智力市场问题;在第14版(1992年)中,分析了经济增长理论中长期因素、开放经济等问题;在第15版(1995年)中,提出了混合经济范畴,认为要效仿亚里士多德的中庸之道,在市场与政府之间寻找最佳结合点,提出稀缺性与效率是经济学的核心范畴,继续关注长期经济增长因素;在第16版(1998年)中,强调在混合经济中政府有监管、保持稳定与再分配的职能,强调世界在变小,分析了经济周期、经济创新等问题,认为市场经济在世界经济发展理论中取得了胜利;在第17版(2001年)中,强调经济活动的创新诸如新材料、计算机和互联网以及国际经济学问题,关注了人力资本在技术变革中的重要意义,增加了"排污(许可证)交易"在环境经济学中运用,界定了"网络经济学"等新经济学概念;在第18版(2005年)中,强调环境经济学、金融经济学和货币经济学,分析了反贫困的两难境地以及全球化问题诸如国际经济学与国内经济变动之间的相互影响,还强调了宏观经济学中预期、市场出清和总需求等新特征以及经济增长中创新与新科技知识的作用等问题;在第19版(2010年)中,则更多地探讨了当代金融经济学、真实商业周期理论、全球公共品等重大课题,其中,该版本用三个重点章节介绍了现代金融体系出现的新变化,如不再强调货币发行量是中央银行影响经济的唯一主要因素,认为短期利率和流动性也是其中之一。此外,还探讨了全球化的相关问题,诸如移民、互联网、国际贸易、国际金融以及恐怖主义等等。

第二节　萨缪尔森经济伦理思想的理性精神

法国启蒙思想家孟德斯鸠在《波斯人信札》这样告诫世人："记住,有钱的地方就有犹太人。"在世界经济最发达的国家,美国人也认为自己的"钱装在犹太人的口袋里"。何止如此,在美国,犹太人的影响几乎无处不在。想要真正理解萨缪尔森,就需要从他犹太人身份开始。此外,萨缪尔森的第一任妻子马琳·克劳福德·萨缪尔森(Marion Crawford Samuelson)是一位虔诚的清教徒①。正是在她的支持与鼓励下,萨缪尔森完成了博士论文,奠定了日后获得诺贝尔经济学奖的基础。且不说妻子对他的影响,作为在美国精神中孕育而生的知识分子,萨缪尔森所秉持的价值取向还必然会烙上新教伦理的印记。

一、新教伦理成就萨缪尔森的商业智慧

在《新教伦理与资本主义精神》中,马克斯·韦伯试图论证"西方民族在经过宗教改革以后所形成的新教, 对于西方近代资本主义的发展起了重大的作用"②。韦伯在论述何为资本主

---

① Karen Ilse Horn, *Roads to wisdom, conversations with ten Nobel Laureates in economics*, Edward Elgar Publishing Limited,2009, p.48.

② 〔德〕马克斯·韦伯:《新教伦理与资本主义精神》,于晓、陈维刚等译,北京:生活·读书·新知三联书店,1987 年,第 1 页。

精神时,选择了一篇在他看来最能表现这种精神的文献,它就是美国著名政治家本杰明·富兰克林关于时间、信用、金钱、节俭和理财的论述。韦伯认为,这篇文献表达了资本主义精神的基本原则:理性获利成为人生的最终目的;遵循职业伦理的自主劳动;以簿记为特点的理性经济组织以及职业伦理。在此基础上他将资本主义精神理解为西方理性主义整体发展的一部分①。

作为一个美国人,萨缪尔森也继承了新教伦理中的经济理性,颇具商业智慧。为了解决生计②,萨缪尔森决定撰写《经济学》教材,他花费三年时间,广泛吸收同时代的经济理论,确定了书稿,初版就获得巨大成功——卖出 121453 本。此后,萨缪尔森首创经济学教材每三年一个版本的惯例,这一举措既满足了读者对最新经济理论动态的需求,也极大地拓展了该书的利润空间。短短数十年,《经济学》各版本售出已达数千万册,成为有史以来销量最高的经济学教科书。该教材既给他带来了丰厚的利润,也使他迅速成为世界经济学界的名人,可谓名利双收。萨缪尔森不仅具有精明的商业头脑,而且善于把握机遇,敢于创新。在与麦格劳–希尔出版社签约时, 他从不收取稿费预约

---

① 〔德〕马克斯·韦伯:《新教伦理与资本主义精神》,于晓、陈维刚等译,北京:生活·读书·新知三联书店,1987 年,第 23～57 页。

② 〔美〕迈克尔·森伯格、阿隆·戈特斯曼与拉尔·拉姆拉坦:《保罗·萨缪尔森小传:经济学家成长之路》,刘庆林、徐荣丽译,北京:人民邮电出版社,2012 年,第 26 页。该页中有个注释,如此说道,"当萨缪尔森被问及有多少个孩子时,他的反应是:'第一次我们得到一个,第二次两个,第三次三个,然后我们就害怕了。"萧琛为了缅怀萨缪尔森,在《社会观察》2010 年第 1 期发表了《多彩的人生,不朽的著作》。该文章中也提到了孩子给萨氏家庭带来的经济困境:"从此,他们家不得不每周给洗衣店送去 350 条尿布。他的朋友们纷纷劝他出本能够多挣钱的书。"

款,促使他与该出版社长期保持着良好的合作关系。当出版社决定编写国际英文版时,萨缪尔森主动降低版税,他说:"和赚稿费相比,我对影响人们的思想更感兴趣。"[1]他显然更看重《经济学》教材在现代世界经济理论中的深远影响,体现了犹太人着眼于未来收益的商业道德智慧。

此外,萨缪尔森重视《经济学》教材,以经济启蒙为己任,也与犹太人重视教育有关。根据犹太人的商业理念,教育是未来收益最高的投资。犹太民族是一个崇尚智慧的民族。据《圣经》记载,当所罗门王登上权力之巅时,智慧是他向上帝的唯一诉求。犹太人从小就在崇尚个性与鼓励创造的教育理念中成长。这种理念孕育了萨缪尔森精明强干、善于开拓的商业精神,这也是为何在《经济学》中他分外推崇企业家精神的原因之一。还在学生时代,萨缪尔森就专注学术,敢于挑战。在旁听奈特(Frank H.Knight)教授的研讨课时,他盛气凌人,频频发问,直至奈特情绪失控,"萨缪尔森先生,还是让你来教吧。"说罢拂袖而去[2]。在纪念《经济学》五十周年序言中,他如此解释作为一位诺贝尔经济学奖获得者为何钟情于给大学本科生编写教材:"我还是看准了时机:经济学研究的权威早就应该回到普及性的教育事业中去。"[3]

---

[1] 〔美〕迈克尔·森伯格、阿隆·戈特斯曼、拉尔·拉姆拉坦:《保罗·萨缪尔森小传:——经济学家成长之路》,刘庆林、徐荣丽译,北京:人民邮电出版社,2012年,第125页。

[2] 〔美〕保罗·萨缪尔森、威廉·诺德豪斯:《萨缪尔森谈金融、贸易与开发经济》,萧琛主译,北京:商务印书馆,2012年,第7页。

[3] 〔美〕保罗·萨缪尔森:《金色的诞辰》,萧琛译,载《宏观经济学》中译本(第16版),北京:华夏出版社,1999年,第2页。

二、犹太精神促使萨缪尔森恪守契约伦理

犹太民族自称"契约之民",可见契约精神已深嵌于犹太人的文化理念之中。"假若犹太人信守耶和华的约,耶和华就护佑犹太人。"在《旧约》中,犹太人是与神立约的选民,按照约定,犹太人成年男子必须实行割礼,达成犹太人与耶和华神的契约。据传说,摩西带领犹太人逃离埃及,寻找"流奶与蜜之地",途经西奈山,电闪雷鸣之中,耶和华通过摩西向以色列人颁定了"十诫",它成为犹太人的最早律法,确定了后期《塔纳赫》以及《塔木德》的核心内容,奠定了犹太人的律法精神。这种精神"促使犹太人形成了一套极赋特色的经济伦理思想体系,在经济活动中特别重视契约和法律的作用……"①这种经济伦理思想在萨缪尔森的身上也有生动的表现。

萨缪尔森从哈佛毕业后,并没有在母校获得理想的职位。麻省理工学院向他伸出了橄榄枝,该校成为他毕生耕耘的家园。他的整个学术生涯都忠诚于麻省理工学院。哈佛大学为此后悔不已,哈佛经济学家奥托·埃克斯坦(Otto Eckstein)认为,哈佛大学失去了这个时代最出色的经济学家。他的博士论文指导老师、哈佛大学教授熊彼特也曾经为此而萌生去意。据统计,麻省理工学院大学在萨缪尔森加盟之后,其经济系的出版物数量在 1949—1989 年期间跃居美国前四位 (该研究只持续到

① 黄云明:《试论犹太教的经济伦理思想》,《河北大学学报》(哲学社会科学版),1999 年第 3 期。

1989 年)①。萨缪尔森出色的学术成就给他带来了巨大声誉。面对母校哈佛大学和芝加哥大学先后数次的加盟邀请,萨缪尔森都婉言谢绝,对患难之际收留他的麻省理工不离不弃,恪守着犹太人特有的契约精神。

三、科技理性奠定萨缪尔森的学术旨趣

犹太教是一神教,上帝是一种理性的意象,是人类在变动不居的世界中寻求确定性的结果, 是人类理性智慧的高度结晶。犹太人的理性精神在经济伦理中体现为高度重视科技进步对经济发展的促进作用。近代以来,数次工业革命表明,经济发展离不开科技进步,科学技术是第一生产力。重视科技理性的犹太精神使得犹太人成为科学家的摇篮,他们为推动人类科学事业发展作出了重要贡献。据统计,"在诺贝尔奖获奖者名单上,犹太人是世界其他民族的 28 倍, 经济学奖中三分之一的得主是犹太人。"②

作为一个犹太人, 萨缪尔森从小就显示了非凡的数学天赋,中小学期间数次跳级,年仅 16 岁就考入芝加哥大学。在芝大,他的平均成绩是 A,在哈佛则是 A+! 萨缪尔森非常重视数学在澄清经济理论中的作用。按规定,哈佛大学博士论文需要口试,教授们都不太愿意参加萨缪尔森的这次考试。因为他的

---

① 〔美〕迈克尔·森伯格、阿隆·戈特斯曼、拉尔·拉姆拉坦:《保罗·萨缪尔森小传:经济学家成长之路》,刘庆林、徐荣丽译,北京:人民邮电出版社,2012 年,第 31 页。
② 黄云明:《试论犹太教的经济伦理思想》,《河北大学学报》(哲学社会科学版),1999 年第 3 期。

博士论文通篇都是数学方程式和数学分析,很少有人能真正读懂他的论文。此论文正是经济学数理化的滥觞之作。在他看来,经济学还不是一门真正的科学,数学则是促使其科学化的工具之一。他认为经济学家需要有"冷静的头脑",也就是需要以一种理性精神客观地对待现实生活中的经济问题。

如上文所述,无论是商业智慧与契约伦理,还是科技理性,都是理性精神的运用,凸显了萨缪尔森具有犹太人与美国人典型的理性主义精神。理性的坚守成为萨缪尔森价值取向的一个重要特征。

第三节　萨缪尔森经济伦理思想的救世情怀

在《圣经》中,创世既是宇宙的诞生,也是时间的出现。上帝既是存在,又是生成。换言之,上帝既超越存在,又无处不在。"上帝与尘世的关系并不是神话的,而是历史的。"①这种联系将照管上帝之城的责任留给了历史的创造者——人类。作为上帝的选民,犹太人不仅以此为傲,而且会自然孕育出一种强烈的拯救世界的历史使命感。

《五月花公约》集中体现了美国精神中的新教伦理思想。显然,这份公约凸显了这批新教徒的宗教意图:不是征服新大陆,

---

① 〔法〕路易·加迪等:《文化与时间》,郑乐平、胡建平译,杭州:浙江人民出版社,1988年,第202页。

建立殖民地,而是逃离宗教迫害,追求信仰自由,弘扬基督精神,寻找自由天堂①。但这种弘扬基督精神的价值取向很快演变成美国霸权主义的扩张。美国人具有强烈的古罗马帝国情结,总是以世界警察自居,想实现所谓"美国治下的世界和平"。

要言之,萨缪尔森作为一个犹太人和美国人,具有强烈的救世情怀。一方面,他相信历史叙事的正义性,具有强烈的社会责任感,讲究个人良心与人道主义;另一方面,他又潜意识地将西方社会中的基本理念视为一种普世价值,并力图通过《经济学》教材的世界影响力来传播与推广西方社会的核心价值观。

一、萨缪尔森对历史正义的敬畏之心

犹太人历史上曾经多次为异族所征服,最后失去了物质空间,成为流落世界各地的"客民"。民族存亡的达摩克利斯之剑始终高悬于犹太人头上,迫使他们强化时间概念来弥补空间的匮乏,爱因斯坦的相对论中就蕴含了犹太人对于时空的特殊理解,也培育了犹太人特有的历史正义观。犹太人虽然长期客居异乡,遭受所在地统治者的歧视和凌辱,但他们一直以上帝的选民自居,深信眼前的苦难终将过去,弥撒迟早会出现,上帝会指引着他们回到故土,让他们重建家园。这种宗教叙事不仅为犹太人构建了一个心灵家园,成为凝聚民族共识的精神支柱,而且通过这种方式形塑了犹太人强烈的历史感,上帝或许是虚幻的,但历史是公正的,它必将为犹太人伸张正义。

----

① 许爱军:《〈五月花号公约〉和美国精神》,《国际关系学院学报》,2012 年第 1 期。

　　萨缪尔森曾经说起犹太人特有的时间观念:"我是个性急的年轻人,祖辈有限的生命给了我警示。"①他还说:"多产的作家都有写作瘾。开会花一天时间对我来说就损失了一天。禁食一段时间,你会感到饥饿。一段时间不进行分析研究,你体内就会有(打个比方说)一些流动的东西要求获得自由。"②萨缪尔森喜欢网球和侦探小说,不爱下棋和数学游戏,认为只有前者才会让他的大脑得到真正充分的休息。幼年经历大萧条的情境给他留下了异常深刻的印象,在他看来,作为一个经济学家,不能在有限的生命里为普通大众谋福利,不能伸张正义,显然是一种良心的缺失。他在批评一位只关心帕累托最优的自由主义经济学家时,如此说道:"不知道他是否知道自己还有颗心:自他上一次用它至今已经好久了。器官不用就会萎缩,'要么使用要么丧失'是自然法则。"③

二、萨缪尔森对学术使命的自觉践履

　　根据新教教义,加尔文宗宣称《圣经》是信仰的唯一源泉,主张绝对预定论,人类存在的全部意义在于服务于上帝的荣耀与最高权威, 只有一小部分人可以被选召而获得永恒的恩宠。唯有上帝才可以信赖,个人只有根据神的旨意,理性地组织尘

---

① 〔美〕迈克尔·森伯格、阿隆·戈特斯曼、拉尔·拉姆拉坦:《保罗·萨缪尔森小传:经济学家成长之路》,刘庆林、徐荣丽译,北京:人民邮电出版社,2012 年,第 25 页.
② 〔美〕迈克尔·曾伯格:《经济学大师的人生哲学》,侯玲等译,北京:商务印书馆,2001 年,第 342 页。
③ 同上,第 331 页。

世生活,通过伦理行为的系统化,以及职业生涯的成功来增加上帝的荣耀,达到获得拯救的自我确信。绝对信仰、预定论和上帝的绝对超越性,三者的完美结合,引出了新教伦理的核心教理,即"天职观":上帝应许的唯一生存方式,不是要人们以苦修的禁欲主义超越世俗道德,而是要完成个人在现世所处地位赋予他的责任和义务①。

这种"天职观"也可以转化为现代职业生活所需的责任伦理。通过理性地组织日常生活,新教徒往往会自然地把对上帝的信仰投射到日常工作中,热爱工作,在世俗生活中追寻精彩,取得职业上的成功,就获得上帝的恩典。这样,新教徒就会格外珍惜自己的工作,无论职业贵贱,始终保持着对工作的热情与忠诚。"人因虔诚而承领恩典,虔诚的表征便是他从事职业一丝不苟,颇有条理。上帝所要求的并非是劳作本身,而是人各事其业的理性辛劳。"②

这种责任伦理同样体现在萨缪尔森对经济学的热爱之上。无论是求学期间,还是职业生涯中,他始终兢兢业业,致力于学术研究。还在哈佛大学读书期间,他就发表了几篇重要学术论文,获得诺贝尔奖之后依然坚守学术阵地,不断开拓研究领域,成为美国经济学界的最后一位通才。他的这种责任感不仅局限于对自己职业的忠诚,而且把这种责任伦理引入其经济学理论,强调政府在经济生活中的伦理职责,成为其宏观经济伦理

---

① 〔美〕迈克尔·曾伯格:《经济学大师的人生哲学》,侯玲等译,北京:商务印书馆,2001年,第331页。

② 〔德〕马克斯·韦伯:《新教伦理与资本主义精神》,于晓、陈维刚等译,北京:生活·读书·新知三联书店,1987年,第126页。

的核心价值起点。由于他的犹太背景,在美国麦卡锡主义盛行的年代里,萨缪尔森遭受了许多冲击,哈佛大学拒绝给其提供正式职位;《经济学》出版之前,就受到了保守派的激烈反对,并警告时任麻省理工学院校长卡尔·康普顿(Karl Compton),但这位校长坚决站在萨缪尔森这一边,并提出如果萨缪尔森受到审查,他将立刻辞职,以此确保了《经济学》的顺利出版。这些事件无疑加深了萨缪尔森对于政府应该在市场中扮演何种伦理角色的理解。

三、萨缪尔森经济伦理思想的人道主义精神

"每个有效率并且讲人道的社会都会要求混合经济的两面——市场和政府都同时存在。"① 为了建构一个既有效率又讲人道的现代经济学体系,萨缪尔森不仅首次将凯恩斯纳入《经济学》教材,而且将市场与政府之间的伦理关系视为现代经济伦理的核心问题。如何才能制定出人道主义的经济决策呢?萨缪尔森认为现代政府应该为此负责,维护社会的公平正义是现代政府的伦理职责之一。

有鉴于此,对于那些鼓动现代政府制定非人道主义经济政策的经济学家,萨缪尔森也并非一味地谦逊和善。贾格迪什·巴格瓦蒂(Jagdish Bhagwati)回忆萨缪尔森与英国经济学家托马斯·巴洛夫(Tomas Balogh)在希斯罗机场的一次偶遇:"他径直走向巴

---

① 〔美〕保罗·萨缪尔森、诺德豪斯:《宏观经济学》,萧琛译,北京:人民邮电出版社,2008年,第36页。

洛夫:'托米,我正在读《金融时报》,我发现有一篇很糟糕的文章署着你的名字,你必须做点什么！'这吓坏了巴洛夫。"[1]

　　萨缪尔森的父母属于"自由派"。受他们影响,在如何看待个人财富与社会慈善的关系问题上，他认为,"自己对分配上的公正负有某种个人义务：但比私人的慈善行为重要得多的是,在任何涉及公共政策的时候,要在公平原则的指导下来考虑有关效率与公平关系的截然相反的观点。"[2]显然,在他看来,经济学家们需要将人道主义精神更多地注入于学术理论之中,仅仅单凭个人乐善好施无法证明自己是一个真正成功的人道主义者。

　　当然,我们也必须指出,在潜意识里,萨缪尔森认为西方社会尤其是美国最能体现这种人道主义精神。例如,在他的《经济学》中,萨缪尔森不时会将美国或者西方发达资本主义国家的民主制度和市场经济联系起来。他认为这些国家不仅经济发达,而且有民主制度的保障,因而民众也享受到了高水平的福利;而在某些发展中国家,由于专制政府的存在,民众很难分享经济发展带来的财富蛋糕。换言之,西方民主制度下的市场经济是最有人道主义精神的。

　　这种观点显然是有片面性和界限性的。一方面,在以美国为首的西方发达国家中，人们普遍享受比较高的福利待遇,但我们也要看到,这种雄厚的物质基础是依靠早期资本主义国家

---

①〔美〕迈克尔·森伯格、阿隆·戈特斯曼、拉尔·拉姆拉坦:《保罗·萨缪尔森小传:经济学家成长之路》,刘庆林、徐荣丽译,北京:人民邮电出版社,2012 年,第 40 页。

②〔美〕迈克尔·曾伯格:《经济学大师的人生哲学》,侯玲等译,北京:商务印书馆,2001 年,第 329 页。

对殖民地或第三世界国家进行血腥压榨甚至掠夺积累起来的。另一方面,就在这些国家内部来看,经济发展也导致了财富差距的拉大,西方社会的大量失业人员、少数族裔以及黑人长期生活在社会最底层,他们根本享受不到最起码的人道主义待遇。

总而言之,在萨缪尔森的身上,我们可以看见犹太精神和新教伦理的影响因子,他不仅具有强烈的历史正义观、社会责任感,而且是一个有良心、有一定人道主义精神、具有强烈救世情怀的经济学家。

第二章 萨缪尔森经济伦理思想的方法论

萨缪尔森的理论体系独具特色,"他能将经济学中看似毫无关联的且互相矛盾的方面统一并整合起来,并给予这些理论以数学基础。"①他在《经济学》中首次将这个体系称为"新古典综合",不久又改称"主流经济学",最后他以"一个折衷主义者的宣言"作为其《经济学》终结版的导言,这代表着他将自己的理论体系定格为"有限的折衷主义",他推崇的经济形态是既能提供法治规则,也允许有限度自由竞争的混合经济。从某种程度上来说,"有限的折衷主义"表明了萨缪尔森对现代经济理论发展趋势的思考,也凸显了其经济伦理思想的方法论特点。萨缪尔森处在新古典经济理论成熟和凯恩斯主义形成的交汇点,他敏锐地把握到了现代经济理论的发展方向,充分地运用了他的数学天才,将市场经济理论和宏观调控理论糅合在一起,并巧妙地借鉴了当代其他经济学派的理论精髓,构建了一个庞大而精妙的现代经济理论体系。这种"有限的折衷主义"绝不仅仅只是简单的理论综合与思想拼装,而是建立在对现代经济理论

---

① 〔美〕普塔斯瓦马哈:《萨缪尔森与现代经济学基础》,曲亮、陈宇峰等译,北京:华夏出版社,2011 年,第 4 页。

需求的深刻理解基础之上的一种哲学思考,一种极为高明的中庸之道。

第一节　萨缪尔森经济伦理思想
方法论的发生机制

保罗·萨缪尔森诞生于 1915 年,其生活经历贯穿了随后整个 20 世纪,直至 21 世纪初,他几乎见证了美国一个世纪的经济发展历程。在这个世纪里,美国的经济结构发生了深刻转型,先后经历了罗斯福新政、新自由主义以及克林顿的"第三条道路"等经济政策的演变。同时,实用主义作为美国的本土哲学也逐步成熟,并迅速成为影响该国主流知识分子的哲学思潮。萨缪尔森在这种政策演变中捕捉到现代社会对经济发展的伦理诉求,认识到单凭古典经济学和凯恩斯主义是无法解决现代经济发展中遇到的诸多问题,他充分吸收实用主义的理论素养,在构建自己的经济伦理体系中形成了独特的方法论特点。

一、美国经济政策的伦理变迁对萨氏经济伦理思想方法论的影响

在《经济学》的不同版本中,萨缪尔森都有新的修改,这种修改体现了他对现代西方经济学发展的思考与回应,其中的第 2 版、第 9 版、第 10 版以及第 12 版具有阶段性意义。在第 2 版

(1951年)中，萨缪尔森首次提出"新古典综合"这一范畴，并认为他的导师阿尔文·汉森——"美国凯恩斯"，是这一学派的奠基者。在随后几个版本中，萨缪尔森基本上沿袭了凯恩斯主义传统。但是这种传统在20世纪70年代出现了变化。在第8版(1970年)中，关注经济不平等问题，诸如丰裕中的贫穷和生活质量问题，分析了种族、环境污染对经济学的影响，吸收了菲利普斯曲线以及福利经济学的经济工具和理论，提出了价值、公共产品、人际公平和经济效益等经济范畴；在第9版(1973年)中，增加了政治经济学、马克思经济学以及经济学说的演进等内容，注重强调了现代经济学尚未彻底解决的诸如成本推动型通胀、福利与国民生产总值、零人口增长、种族歧视以及经济外部性问题；在第10版(1978年)中，介绍了主流经济学派如货币主义，关注粮食能源短缺、国际金融、经济不平等、增长有限性以及滞涨问题。在这三个版本中，萨缪尔森先后开始吸收其他学派的理论，意识到现代经济学理论的缺陷并表现出对凯恩斯主义的某种退却，例如他将"新古典综合"改为"主流经济学"，预示着他开始寻求新古典自由主义和凯恩斯主义的综合，尝试自己的理论研究路径。在第12版(1985年)，首次把经济学分为微观经济学和宏观经济学两个部分。这标志着萨缪尔森经济伦理思想的初步形成，在自由主义与凯恩斯主义之间寻找一个中庸的契合点，成为他的方法论特点。

经过19世纪的经济增长与结构变迁，尤其是伴随着西进运动，美国农业与工业均获迅猛发展，"到'一战'前，美国不仅拥有极具吸引力的丰富的农业资源，还拥有了世界上最强大的工业部门。当然，其农业部门也是世界上最大的农业部门之一，美国的经济总量超过了'一战'时期三个主要交战国经济总量之和。"①

进入 20 世纪之后，两次世界大战以及持续时间长达十年的大萧条，对世界经济结构以及政策产生了深远的影响，欧洲经济极度凋敝，陷入衰退，从此一蹶不振，丧失了昔日的霸主地位，而美国则通过建立以美元为核心的"布雷顿森林体系"，逐步确立了在世界经济体系中的领导地位。联合国、国际货币基金组织以及世界银行等国际政治经济组织在美国落地生根，标志着世界经济中心从西欧转移到了美国，"马歇尔计划"就是美国主导西方世界经济的典型案例之一。同时，美国自身的政治经济结构也发生了急剧转型。这种转型也深刻地反应在美国不同时期的经济政策的伦理变迁之中。

根据美国经济政策的伦理变迁史，结合萨缪尔森的《经济学》教材演变，我们可以将美国经济政策变迁对萨氏经济伦理思想方法论的影响分为三个时期：怀疑与确信时期，冲击与争锋时期，成熟与自信时期。

1.怀疑与确信

萨缪尔森真正进入经济学领域始于芝加哥大学，而该大学当时是自由放任经济思潮的大本营，新古典主义经济学派领导人弗兰克·奈特正值壮年，是经济学界的明星。米尔顿·弗里德曼和乔治·斯蒂格勒也在此研修。"萨缪尔森刚入学时，经济学基础不好，由此他选择了艾伦·迪莱克特的经济学基础这门课。

---

① 〔美〕恩格尔曼等编：《剑桥美国经济史（第二卷）：漫长的 19 世纪》，高德步等译，北京：中国人民大学出版社，2008 年，第 40 页。

艾伦·迪莱克特也许是整个经济学系当中最频繁鼓动言行自由的学者……艾伦·迪莱克特和其他学者在挑战着萨缪尔森内心的改革主义思潮，而此时的美国经济体系似乎也将分崩离析，改革势在必行。萨缪尔森喜欢这种思想上的碰撞，但是他并未改变自己的想法。与此相反，随着胡佛政府的日益衰败，他便愈是走上凯恩斯主义的道路。因此，萨缪尔森就读本科时，在学术思想上颇有些形只影单，而他似乎对此毫不在意。"①显然，萨缪尔森对新古典主义经济学是抱着怀疑态度的。这种怀疑来自美国当时的经济政策给民众造成的伦理后果。

"一战"之后，受益于战争订单、流水生产、信贷消费以及泰勒制科学管理，美国经济进入繁荣时期。但是空前繁荣之中却孕育着巨大危机：资本集中造成贫富悬殊；农业长期处于萧条状态；信贷销售助长畸形消费；股票市场投机盛行。这些潜藏的危机在 1929 年 10 月 23 日突然爆发，史称美国经济大衰退。当时美国总统胡佛始终恪守自由放任主义，认为"政府的干预会毁了美国人的那种创新精神和特殊个性"。②

美国人将摆脱恐惧的希望寄托于曾在大衰退时期担任纽约州州长并取得明显成果的罗斯福总统。在罗斯福主导下，与英国凯恩斯主义遥相呼应，美国政府实行"新政"，甚至建立了以所谓"军—工混合企业"为代表的指令性经济体系，一方面增强了对企业的监管，另一方面也通过各种财政与货币工具加强对市场的干预。"新政"不仅扩大了总统和联邦政府的权力，而

---

① Samuelson,Paul A., *The Worldly Economists*, The Free Fes, 1980, pp.96–97.
② 何顺果：《美国历史十五讲》，北京：北京大学出版社，2007 年，第 217 页。

且积极采用允许有限膨胀、兴办国家工程、增加个人及企业所得税、构建社保体制、抑制市场垄断等措施来确保充分就业和经济增长，国家成为经济的发动机①。

在罗斯福"新政"时期，萨缪尔森进入哈佛大学。他曾经诗意地描述这段求学历程："经济学本身就如同一名沉睡的公主，等待着梅纳德·凯恩斯的活力之吻。"②在哈佛大学，他师从汉森、熊彼特以及里昂惕夫等经济学家，系统地接受了凯恩斯经济理论。毕业之后，他曾经在"二战"时期服务于政府宏观经济调控部门，认识到凯恩斯理论在美国经济发挥的巨大影响，逐步成为一名坚定的凯恩斯主义者，并在20世纪60年代直接参与了美国宏观经济政策的制定。

1960年，保罗·萨缪尔森成为肯尼迪政府的首席经济顾问，正是在他的建议下，肯尼迪力排众议，实施以减税为核心的长期赤字财政政策，并对物价和工资实行了非强制性管制，为后期高度繁荣奠定了基础。肯尼迪还号召"向贫困开战"，从1961年开始实施区域发展条约，开发阿巴拉契亚山区，在1962年8月27日提出第24条宪法修正案(1964年2月4日才获批准)，从立法上解决了黑人民权的问题。这些政策进一步扩大了"福利国家"的内涵。肯尼迪遇刺后，约翰逊宣布继续肯尼迪开创的事业，让肯尼迪遗留下来的减税法案和民权法案在国会获得通过。随后在1965年1月的国情咨文中，他正式提出以消除贫

① 何顺果：《美国历史十五讲》，北京：北京大学出版社，2007年，第230—233页。

② Samuelson, Paul A., Economics in a Golden Age: A Personal Memoir, in Brown, Cary E. and Solow, Robert M., Edited, *Paul Samuelson and Modern Economics Theory*, McGraw-Hill Book Company, 1983, p.6.

困、特权和歧视为突破口的"伟大社会"施政纲领,进一步扩展反贫困计划,力图解决"丰裕社会的贫困"问题,继续推进民权立法、缓和种族矛盾,还通过立法扩大联邦政府对教育医疗卫生事业的干预,加强了城市建设和环境保护,提高社会福利水平与质量。可以说,萨缪尔森的宏观经济调控政策奠定了美国经济 60 年代高度繁荣的坚实基础。

2.冲击与争锋

虽然经过罗斯福"新政"以及 60 年代的经济繁荣,凯恩斯主义在美国经济政策中并不是一枝独秀,古典自由主义经济理论始终在与之进行对抗,这与美国自由主义传统有关。在萨缪尔森的母校芝加哥大学,就有一批人始终坚守着这种传统。著名英国新自由主义经济学家哈耶克的代表性著作《通往奴役之路》于 1944 年 3 月在英国出版,同年 9 月就在芝加哥大学出版。由此可见自由主义经济学理论在芝加哥大学的影响力。两年之后,萨缪尔森的主要论敌兼好友米尔顿·弗里德曼重返芝加哥大学,成为芝加哥经济学派的领袖人物。

在萨缪尔森担任肯尼迪政府经济顾问期间,他倡导的经济政策就受到了弗里德曼的猛烈抨击。他认为政府最重要的职责就是保护人们的自由。对自由最大的威胁是权力的集中,所以政府的职责必须有限度,必须分权。政府管理意味着统一的、标准化的行为,它会伤害个人自由行为的多样化和差异性,让文明陷入平庸甚至是停滞。所以,"竞争的资本主义——即通过在自由市场上发挥作用的私有企业来执行我们的部分经济活动——是一个经济自由的制度,并且是政治自由的一个必要条件。"①唯如此,才能促进文明的进步。由此,他对萨缪尔森主导的宏观经济调控手段持强烈批评的态度,担心这样会导致政府权力越来越集中,不仅会阻碍市场机制的活力,更会伤害人们的自由,这就违背了人们设立政府的初衷。但是,通过对自由主义的分析,弗里德曼也承认,20 世纪的自由主义的价值诉求已经开始从自由放任转向福利与平等,有限政府的存在是必要的。国家应该把对市场的干预限制在最少的程度,而且最好是通过价格机制和货币政策来进行和实现干预,这样才能最大限度地保护人们的自由。

这种批判并非空穴来风,是有着深刻历史背景的。美国正在遭受着经济史上一场史无前例的冲击,这就是"滞涨"危机。进入 20 世纪 70 年代后,美国有史以来第一次出现经济停滞与通货膨胀并存的"滞涨"现象,这是历届奉行凯恩斯主义的美国政府难以解决的问题。理查德·尼克松在 1968 年上台之后,他首先采纳了阿瑟·伯恩斯以及芝加哥学派的货币主义者米尔顿·弗里德曼的建议,削减公共开支,减少货币供应,提高银行利率,试图通过紧缩性财政和货币政策来抑制通货膨胀。不料事与愿违,触发了美国的第五次经济危机,在 1970 年年底,通货膨胀与经济衰退同时显现,直接宣告了尼克松反通胀措施已经破产。1971 年 1 月 4 日,尼克松宣布采取凯恩斯主义的赤字财政政策来实现充分就业。在滞胀出现之前,传统观点认为通胀是需求拉动造成,而滞胀使政府与企业界转变了这种认识,认为在工

①〔美〕米尔顿·弗里德曼:《资本主义与自由》,张瑞玉译,北京:商务印书馆,2006年,第 5 页。

会压力下工资的提高是导致通胀的主要原因,提出了成本推动型通货膨胀概念。于是,物价与工资管制成为尼克松政府的新政策。这些政策在一定程度上缓和了通货膨胀。政府在经济领域的扩张只是总统权力膨胀的一个缩影,它引发了许多国会议员对这种政府干预的强烈不满,"水门事件"成为这种斗争的爆发点,该事件直接导致尼克松总统下台,标志着政府开始在经济生活中回缩,保守自由主义经济思想开始抬头。

从60年代起,受美国《新闻周刊》之邀,萨缪尔森与弗里德曼同时成为该刊经济专栏的写手,开始他们两人之间长达数十年的思想交锋。他们的论辩主题涉及经济学的许多方面,包括经济政策、财税与货币政策、通货膨胀、国际贸易与金融、经济增长;人口与劳动力;股市与投资;公平与效率;政治与经济;战争经济;马克思主义;经济学与民主;政府的经济职能;汇率;市场、分配与福利等等。在与弗里德曼的争锋中,萨缪尔森开始看到凯恩斯主义的缺陷,开始重新定位市场与政府之间的关系,开始形成自己的理论体系。具体而言,萨缪尔森通过阐发混合经济这个概念,将市场与政府纳入现代混合经济体系之中,将经济学理论分为微观与宏观两个部分,混合经济的目标就在于在自由放任市场机制与民主政府规制之间寻求平衡,在效率与人道之间达至一种中庸的理想境界。

3.成熟与自信

经过"滞涨"危机的冲击和与新自由主义经济学家的思想交锋,萨缪尔森经济伦理方法论开始成熟,其标志性事件就是《经济学》第12版(1985年)的面市。随着弗里德曼为首的自由主义经济学诸理论在解决"滞涨"问题上的失败,混合经济开始凸显它的优势,逐渐占据了美国经济政策的舞台中心。在随后的各个版本的《经济学》中,萨缪尔森娴熟地运用中庸的方法论,直击现代西方经济发展在全球化、信息化条件下面临的诸如金融危机、国际贸易、经济发展、环境保护以及效率与公平等问题,博采各家学派的理论精华,形成了更具生命力、更符合现代经济发展需求的理论体系。

　　萨缪尔森的中庸理念不仅在理论上奠定了其在西方主流经济学中的地位,而且对美国经济政策产生了深远的影响。1993 年,民主党候选人比尔·克林顿大选获胜,成为美国第 42 任总统。他继承了"新政"的主要传统,同时又吸收保守主义、新自由主义思想,在美国内政上开辟了所谓"中间道路"。他既强调市场机制的重要性,也支持政府的宏观调控;他重视政府、企业和劳工之间的利益调节和伙伴关系;他既支持通过加大收入分配刺激消费,更强调在教育和研发尤其是信息技术等领域的长期投资来提高美国经济的生产效率和核心竞争力;他力主通过扩大就业渠道来解决失业问题,在提供救济的同时鼓励个人自食其力;通过所谓"双管齐下"的经济振兴计划,即在短期内刺激经济,解决就业和通过增加投资和削减赤字来保证美国经济的长期稳定①。在任八年,他取得"两低一高"(即低通胀、低失业和高增长)的经济成就。1996 年 7 月 26 日,时任美国总统克林顿向萨缪尔森颁发美国国家科学奖,随后萨缪尔森出版了一本名为《中间道路经济学》的著作。与其说这是一种巧合,倒不

―――――――――――

　　① 刘绪贻主编:《美国通史》(第 6 卷),《战后美国史,1945—2000》,北京:人民出版社,2002 年,第 545 页。

如说萨缪尔森与这位政治家惺惺相惜,是一个具有历史意义的牵手宣言。

在最后一版《经济学》中,萨缪尔森充分表达了对自己理论的自信,他如此说道,"漫游了经济学领域之后,我们的心得是,无论是无管制的资本主义制度还是过度管制的中央计划体制,二者都不能有效地组织起一个真正现代化的社会……只有当社会经济航船平稳驾向'有限折衷主义'这个新的海域,我们才有可能确保全球经济恢复到充分就业的理性境界。在那里,社会经济进步的果实将能更加公平地为栽培它的人们所分享。"[①]

二、世界经济伦理的发展趋势对萨氏经济伦理思想方法论的启发

萨缪尔森的《经济学》之所以在世界影响如此广泛,成为西方主流经济学理论的代表,不仅是因为他对美国经济政策的伦理走向有着深刻的理解,而且来自于他对世界经济发展困境的思考。在他看来,在经济全球化、信息化的背景下,现代经济发展出现了许多亟需解决的新问题,单凭新古典自由主义、凯恩斯主义或者其他任何一个学派的经济理论已无法满足现实社会经济发展的需求。现代混合经济秉持"有限折衷主义",可以博采诸家所长,"始终怀着一种公正博大的胸怀去阐释来自左

---

① 〔美〕保罗·萨缪尔森、诺德豪斯:《一个折衷主义者的宣言》,载《经济学》,萧琛译,北京:商务印书馆,2013 年。

翼和右翼的各种批判意见"①,具有明显的方法论优势。具体而言,萨缪尔森主要关注了现代经济中以下几个方面的问题,并吸纳了一些学派理论的思想,构建了自己的经济伦理体系。

1.机会平等

在分析机会平等的问题上,萨缪尔森主要吸纳了马歇尔的新古典微观经济学中关于市场供求均衡理论,并借鉴了熊彼特的"创造性破坏"理论以及博弈论等经济理论。

根据新古典自由主义经济学理论,市场机制是迄今为止最有效率的资源配置方式,而且也是确保"经济人"公平交易的最佳载体,效率意味着机会平等、经济发展和人类生活质量的提高,因此市场经济获得了经世济民的伦理合目的性。但是,萨缪尔森站在凯恩斯主义立场上,指出这种市场只是一种完全竞争的理想状态,在现实生活中则会出现"市场失灵"现象。这种现象会扭曲市场机制,造成严重的机会不平等,主要包括不完全竞争及其极端形式——垄断和就业歧视等问题。

在现实市场中,完全竞争的市场经济是不存在的,由于成本和市场的不完全性以及进入壁垒的限制,市场中总是表现为寡头竞争甚至垄断的经济形态,这自然会侵犯其他市场主体公平参与竞争的机会。在信息经济条件下,创新具有很大的投资风险,在这里,萨缪尔森吸收了熊彼特的"创造性破坏"理论,来说明知识产权对保护创新的重要性以及垄断的某些效率优势。他还借用博弈经济学理论来论证垄断不能长期存在,因为"随

---

① 〔美〕保罗·萨缪尔森、诺德豪斯:《萨缪尔森谈效率、公平与混合经济》,萧琛译,北京:商务印书馆,2012年,第23页。

着不合作或竞争性寡头数量的增加,一个产业的价格和产量趋向于完全竞争市场的产出情况"①。

萨缪尔森还注意到要素市场中的机会平等问题。他从美国工会历史入手,分析工会在提高工资以及对就业的影响。在他看来,工会通过谈判博弈取得的工资上涨并没有真正带来很高的收益,没有提高劳动在要素市场中的分配份额,反而经常限制非工会成员的进入和竞争,真正造成机会不平等的最大原因在于经济、种族、性别的歧视以及统计性歧视。

2.分配正义

萨缪尔森认为分配正义是现代经济发展中遭遇的伦理困境之一。他认为收入取决于诸多因素,包括个人的努力程度、受教育水平、继承权、劳动在要素市场的分配以及运气等等。"市场并不必然能够带来公平的收入分配。市场经济可能会产生令人难以接受的收入水平和消费水平的巨大差异。"②在分配正义问题上,他主要关注了税收、转移支付和反贫困等问题,先后吸收了斯密、福利经济学、供给学派、穆勒以及奥肯等理论和思想。

萨缪尔森在税收原则上首先继承了斯密开创的两个原则:收益原则和支付能力原则。然后指出,无论遵循哪个原则,现代税收体系都必须努力体现公平正义,即横向公平和纵向公平。前者指每个人都有权得到平等待遇的原则;后者指地位不同的

---

① 〔美〕保罗·萨缪尔森、诺德豪斯:《微观经济学》,萧琛译,北京:人民邮电出版社,2008 年,第 166 页。

② 〔美〕保罗·萨缪尔森、诺德豪斯:《萨缪尔森谈效率、公平与混合经济》,萧琛译,北京:商务印书馆,2012 年,第 110 页。

人有权公平地享有相同的待遇。萨缪尔森通过分析美国的税制,认为现代国家实行的税收体系是一种正义原则与实用主义原则的折中。在他看来,个人所得税是最富争议的。这里,他借鉴了供给学派的"边际税率"来说明个人所得税(实现公平的手段)对人们创造财富积极性(效率)的影响有多重要,然后他又运用拉姆塞税收原则在现实税收政策中的得失来论证 "在税收及其他经济政策领域中,效率和公平两者很难取舍"①。最后,萨缪尔森还分析了税收归宿的问题。通过这种分析,他发现税收并不能影响收入分配,真正能够起作用的是政府的转移支付。这种支付包括了现金援助、食品券、公共养老金以及医疗保健补贴等,这些才能给最低收入者带来财富的增长。当然,这些经济政策显然是来自于福利经济学的理论。

在反贫困问题上,萨缪尔森没有马歇尔那么乐观,但也不像马尔萨斯那么悲观。他始终认为贫困是经济发展必须解决的问题,尤其是现代社会中的这一问题日益突出,它不仅发生在最富裕的美国,亚非拉等地区的欠发达国家的贫困问题更加严重。他认可阿马蒂亚·森关于反贫困的理念,认为各国政府应该努力消除这种国内和国际间的不公平现象。他认为穆勒是最早质疑早期古典经济学关于收入分配是不可改变的这一观点的经济学家。在他看来,公平具有三种观点:自由主义认可的机会平等,马克思认可的结果平等以及混合经济的公平观。在现实社会中,机会平等是很难实现的,结果平等无法实施而且损害

---

① 〔美〕保罗·萨缪尔森、诺德豪斯:《微观经济学》,萧琛译,北京:人民邮电出版社,2008 年,第 290 页。

经济效率,只能属于理想世界,只有现代混合经济的公平观能够增进社会更大程度的公平,即:"向那些暂时或永久地不能为自己提供足够收入的人提供一把保护伞。"①既然认可反贫困的理念,萨缪尔森开始分析反贫困可能付出的代价,即分配正义与经济效率之间的权衡。在这里,他赞同阿瑟·奥肯的观点:通过"漏桶"实验,奥肯说明再分配之桶是有漏洞的,它"包括对富人和穷人的经济刺激的相反作用及以税收和转移计划的行政管理成本"②。这样,从富人手中收取的一美元到穷人手中可能只有一半甚至更少。这种漏出代表着一种严重的非效率。萨缪尔森认为这种非效率包括:管理成本、被降低的工作时数或储蓄率。他认为公平与效率是一个值得重大权衡的问题,因此他对"从摇篮到坟墓"的福利国家是持怀疑态度的。

3.环境伦理

萨缪尔森认为,现代经济学的核心主题之一就是资源的稀缺性。这种人口与资源之间的冲突在现代社会中更加复杂,并日趋尖锐。他认可马尔萨斯的边际收益递减法则,但不赞同他关于让工资水平降至仅仅只能维持工人生存水平的极端观点,认为这种观点是违背人道主义精神的。他进一步指出,马尔萨斯没有看到科技进步在提高生产力的巨大作用,也没有预料现代社会对生育水平的人为控制以及自然降低的趋势。为了批判关于环境资源的两种极端观点,萨缪尔森再一次选择了中庸之

---

① 〔美〕保罗·萨缪尔森、诺德豪斯:《萨缪尔森谈效率、公平与混合经济》,萧琛译,北京:商务印书馆,2012年,第168页。

② 〔美〕阿瑟·奥肯:《平等与效率》,王奔洲译,北京:华夏出版社,2010年,第83页。

道。一方面,他认为政府肩负着对市场进行管制的伦理责任,但也要清醒地认识到这种管制的非效率;另一方面,他相信现代化科技进步能够为突破环境资源的限制发挥更大的作用,所以应该支持市场的自我矫正作用。

在政府管制方面,萨缪尔森发展了传统古典经济学关于公共品的学说,提出了"全球公共品"的概念,涵盖了全球变暖、温室效应等环境保护的内容,从而将环境保护纳入政府职责范围之内。但是政府管制又会损害市场效率,例如环保标准会对不同规模的企业产生不同的成本–收益,从而损害有些企业控制污染的积极性。

萨缪尔森认为,充分发挥市场机制的作用,也能在不损害效率的前提下保护好环境。他吸收了科斯关于产权为核心的交易成本理论和弗里曼的利益相关者理论,以美国在其环境控制计划中实施的污染许可证交易获得成功为例,说明"只有产权清晰,交易成本很低,尤其是当只有几个利益相关方时,健全的责任规则或谈判有时也能保证在存在外部性的情况下产生有效率的结果"[1]。

4.金融政策

在现代经济中, 金融系统是最重要和最富创新的部门,它能实现跨时空的资源转移、控制风险、资金的吸收与发放以及票据交易等功能。正因为金融如此重要,萨缪尔森在其《经济学》中用大量篇幅分析了金融系统,包括现代银行体系、货币传

---

[1] 〔美〕保罗·萨缪尔森、诺德豪斯:《微观经济学》,萧琛译,北京:人民邮电出版社,2008年,第326页。

导机制、股票市场、其他金融衍生品及其货币政策。尤其是在现代宏观经济调控中,货币政策发挥着重要的作用,所以萨缪尔森特别重视对货币主义理论的综合。

货币主义学派有三大基本观点:货币供给的增长是名义GDP 增长的主要的系统性决定因素;价格和工资相对灵活;私有经济是稳定的[1]。萨缪尔森认为货币主义重视凯恩斯主义的货币政策是符合现代经济发展趋势的,而且他认为价格和工资相对灵活,比古典经济学的萨伊定律甚至比"强调价格和工资的惯性"的现代凯恩斯主义更具有合理性。但是,萨缪尔森不同意把货币供给看成是经济增长的唯一因素,也不认为私有经济就具有特别的稳定性。他认为在宏观经济政策中,货币政策的确重要,但还有其他财税和转移支付政策也能在经济政策中发挥重要作用。同时,与混合经济相比,私有经济在稳定性上并没有明显优势。

萨缪尔森还借鉴了新古典宏观经济学的理论资源。该学派坚信:人们的预期是理性的,价格和工资具有灵活性以及大多数的失业是自愿的。政策无效性定理认为,可预见到的政府政策无法影响到实际产出和失业[2]。他在分析货币主义、现代凯恩斯主义以及新古典宏观经济学的异同之后,提出现代主流经济学理论呈现一种综合的趋势,从而证明他所提倡的"有限折衷主义"是符合这种趋势的。这也成为萨缪尔森确立中庸之道的方法论的理论依据之一。

---

①② 参见〔美〕保罗·萨缪尔森、诺德豪斯:《微观经济学》,萧琛译,北京:人民邮电出版社,2008 年,第 319 页。

5.国际贸易

在全球化的时代背景下,国际贸易在国际分工、专业化以及国内经济发展越来越具有战略性意义。萨缪尔森认为目前的经济学理论往往会低估甚至忽略其重要性。他认为国际贸易不仅能扩展贸易机会,而且可以促进各国生产专业化,规模化,从而提高劳动生产率,降低成本。这样就能充分发挥各国产业优势,满足本国居民经济生活的偏好,从而普遍地提高所有国家的生活水平。

在分析国家间比较优势时,萨缪尔森运用了李嘉图的比较优势说。李嘉图最早揭示了国际分工对任何国家发展本国经济都是有利的,这源于比较优势原则:如果各国专门生产和出口其生产成本相对低的产品,就会从贸易中获益。反之,如果各国进口其生产成本相对高的产品,也将从贸易中得利①。萨缪尔森还认可格里高利·曼昆对于比较优势说的进一步发展,曼昆认为外包贸易可视为比较优势原则在贸易领域的深化,日益盛行的外包贸易促进了美国和印度的服务业迅猛发展。

但是萨缪尔森也指出比较优势说有两个重要的限制条件:古典假设和收入分配。古典假设即假定国际经济是一种平稳运行的竞争状态,但是随着全球公共品出现恶化以及市场不灵时,就不能肯定可以从国际贸易中获利了。国际贸易会让跨国公司有机会将污染物排放在环保管制较松的地区和国家;国际

---

① 〔美〕保罗·萨缪尔森、诺德豪斯:《萨缪尔森谈金融、贸易与开放经济》,萧琛译,北京:商务印书馆2012年,第66页。

贸易会提高国民收入,但并不意味着每个人、企业、部门或生产要素都能从中获益,比如对某些幼稚产业就会带来冲击,造成失业。但萨缪尔森认为总体而言,长期来看,国际贸易还是利大于弊的:"尽管比较优势理论有其局限性,但它是经济学中最深刻的真理之一。那些忽视比较优势的国家在生活水平和经济增长方面会因此而付出沉重的代价。"①

此外,萨缪尔森还赞同公共选择理论中有关政府失灵的观点,并进一步论证了他所推崇的现代混合经济的伦理合理性。总之,萨缪尔森有意识地秉持中庸理念,博采众长,从而奠定了他成功构建其经济伦理体系的方法论基础。

三、萨缪尔森经济伦理思想方法论的总体性原则

不论是在探寻美国经济政策的伦理变迁中,还是在把握世界经济伦理的发展趋势上,萨缪尔森总是自觉地奉行中庸的理念,这种方法论意识不仅来自于他构建自身体系时所具备的那种深厚的历史感和广博的理论视野,而且还深受美国本土哲学——实用主义的影响,并将"有用即真理"作为其方法论的总体性原则。实用主义哲学一直在美国政治经济文化领域扮演着非常重要的角色,可以称之为该国的半官方哲学。所以,分析实用主义对萨缪尔森经济伦理思想的影响成为研究其方法论生成机制的必要环节。

---

① 〔美〕保罗·萨缪尔森、诺德豪斯:《微观经济学》,萧琛译,北京:人民邮电出版社,2008 年,第 263 页。

1.美国实用主义对萨缪尔森经济伦理思想方法论的影响

早在内战结束之后,美国就成为世界经济强国。经济成就往往会激发国民文化与思想形态的自觉与自信。哲学则是衡量"一个成熟民族的内在文明尺度"[①]。立足于英国经验论传统,在吸收进化论思想、德国古典哲学以及实证主义等思想基础之上,美国文明孕育了本土哲学流派——实用主义。尤其是经过威廉·詹姆斯和约翰·杜威的不懈努力,实用主义在20世纪30年代进入其鼎盛时期。

正是在这个时期,萨缪尔森开始了他的大学生涯。他所就读的两所高校都有着深厚的实用主义传统。詹姆斯在哈佛大学任教期间系统地阐发了实用主义哲学理论。约翰·杜威担任芝加哥大学哲学系主任长达十年之久(1894—1904),并邀詹姆斯的门生乔治·赫伯特·米德进入哲学系,创立了实用主义著名学派——芝加哥学派。在回忆在哈佛大学"学者协会"的经历时,萨缪尔森非常自豪地指出,新实用主义代表人物奎因也是该协会成员之一[②]。奎因虽然是在分析哲学的环境下成长起来的,但他努力把分析哲学实用主义化,将大量实用主义观点汲取到逻辑分析之中,促使实用主义与分析哲学结合起来。根据陈波的研究,奎因认为:"在评价与选择理论时,就不应以是否与实在相一致或符合为标准,而应以是否方便和有用为标准,实用主

---

① 万俊人:《现代西方伦理学史(下)》,北京:中国人民大学出版社,2011年,第595页。

② William Breit, Roger W. Spencer edited, Paul A. Samuelson, *Economics in My Time, lives of the Laureates——Eighteen Nobel Economists*, The MIT Press, 2004, p.54.

义于是成为奎因哲学的最后栖息地与最高准则。"①萨缪尔森与奎因的思想交集凸显了他的实用主义倾向,一方面,他崇尚科学主义,成功地将数学纳进其经济伦理体系之中,力图寻求概念与模型的科学性与确定性,另一方面,他也适时吸收不同学派的经济学思想,把理论的有用性和实践的有效性作为构建其经济伦理思想体系的总体性原则。

2.萨缪尔森经济伦理思想方法论的实用主义特征

"有用即真理"是实用主义哲学的核心原则。"用"就是检验真理的标准。在詹姆斯看来,哲学"烤不出面包",试图用理性来构造一个理念世界也是徒劳的,它无益于人生。实用性是检验真理的唯一标准,所以真理就是有利于人的经验行为的"价值指导",它在本质上就是一种善。哲学的本性只在于给人们提供一种方法,一种生活指南,使他们在实际生活中获取所需的东西②。

萨缪尔森在谈论自己的哲学方法时说:"尽管对于世界的真实面目进行实证分析指挥并束缚了我作为经济学家所做的每一步举措,但是在自我意识中我从未放弃过对于分析结果伦理含义的关注。"③他与詹姆斯的哲学态度是一致的:经济学需要实证分析,但这种分析的伦理后果同样要接受"用"的检验,

---

① 陈波:《奎因哲学研究——从逻辑和语言的观点看》,北京:生活·读书·三联书店,1998年,第343页。

② 万俊人:《现代西方伦理学史(下)》,北京:中国人民大学出版社,2011年,第603页。

③ Samuelson, Paul A., My Life Philosophy: Policy Credos and Working Ways, in Szenberg, Micheal, *Eminent Economists: Their Life Philosophies*, Cambridge University Press, 1992, p.236.

有用才是真理,才具有伦理意义。根据"有用即真理"这一原则来分析经济政策的伦理后果时,萨缪尔森经济伦理思想的方法论上具有如下两个特征:

第一,经济政策的实效性是萨缪尔森判断其伦理价值的核心标准。他非常重视实证经济学在推动经济学发展的重大作用,但与弗里德曼只强调模型的精确程度不同,他对实证分析是持谨慎态度的。他总是通过不断的检验来加强数学模型的有效性。在他看来,一个看起来漂亮的数学模型如果不能客观反映经济事实是没有用处的,它就不是一个真理,而在实用主义者看来,真理是从属于价值的,一个数学模型被证伪,那它就没有价值,从而失去了伦理意义。所以他在1944年做了一个错误的实证预测之后很快修正了自己的看法,并产生了对实证分析的质疑,他自称是那次"令人沮丧的经历让我不再相信它能产生多大的效果"[1]。

第二,萨缪尔森认为多元性的经济政策能够越来越更好地实现人类福祉。在实用主义者看来,人是充满差异和有限经验的存在,哲学不是为了寻找确定性,而在于"从不确定性中寻找多种可能性的真理和价值,为人们提供丰富的可能性机会和创造性余地"[2]。萨缪尔森是赞同这种观点的,认为不断发展的各种经济伦理思想正好展现了实现人类福祉的可能性图景,所以他提倡兼收并蓄,并由此而保持了自身经济伦理体系的开放

---

① 〔美〕迈克尔·森伯格、阿隆·戈特斯曼、拉尔·拉姆拉坦:《保罗·萨缪尔森小传:经济学家成长之路》,刘庆林、徐荣丽译,北京:人民邮电出版社,2012年,第107页。

② 万俊人:《现代西方伦理学史》(下),北京:中国人民大学出版社,2011年,第600页。

性。例如,萨缪尔森在《经济学》中就详细介绍了世界不同国家的经济发展模式。在他看来,这些模式都具有促进各国人民福利的伦理价值。他还特别关注中国的经济发展模式,并持积极乐观的态度:"基于我对微观—宏观理论以及经济史实际情况的了解,我必须建议:中国将来应该以奉行适度中间路线的经济体作为自己的发展目标。"①从他对我国经济政策的建议中,我们可以再次见到萨缪尔森经济伦理思想具有崇尚实用、中庸的方法论特点。

第二节　萨缪尔森经济伦理思想方法论的理论镜像

基于现代经济发展的现实演进和理论需求,萨缪尔森遵循"有用即真理"的原则,在构建自己的经济伦理体系中体现出独特的中庸理念。这种方法论始终贯穿于萨缪尔森的经济哲学之中,集中体现在他的《经济学》文本里。在《经济学》中,萨缪尔森把经济学分为两类:实证经济学和规范经济学。实证经济学研究经济社会的事实,利用经验例证和分析来寻找解决经济问题的答案。规范经济学则关涉价值判断和伦理信条。如果说实证经济学寻找答案的真与假,那么,规范经济学则要解决经济政策的善恶问题。在萨缪尔森看来,后者不能仅仅依靠经济分析,还需要政治辩论和经济决策。从萨氏对现代经济的类型划分来

---

① 梁小民:《萨缪尔森与中国》,《中国企业家》,2009 年第 24 期。

看,只有规范经济学才涉及价值判断,因而具有伦理学意义。

在萨氏经济学著作中,《经济学分析基础》堪称实证经济学的里程碑式文本,成为西方数理经济学的滥觞之作。瑞典皇家学院在颁奖词中评价萨缪尔森:"发展了静态和动态经济学理论并为经济学科学分析水平的提高作出了积极贡献。"[①]但是萨缪尔森似乎更看重《经济学》在现代经济学的巨大作用。多达19个版次的《经济学》成为他倾尽全部身心的工作之一,他离世前不久还在和合作者诺德豪斯商谈最后一版《经济学》的修改事宜。前文所述已经指出,《经济学》是最能凸显萨缪尔森经济伦理方法论的文本。因此,如果说《经济学基础》表明了年轻时期的萨缪尔森在经济理论研究上的实证主义兴趣,那么《经济学》则标志着萨缪尔森经济伦理方法论的成熟。该书始终在实证主义和规范主义之间寻找某种平衡,换言之,萨缪尔森力图兼收两派经济学理论之精华,来达其经世济民的道德理想。究其原因,这是否表明萨缪尔森在经济哲学上有过一次方法论意义上的转型?如果有,这种转型的伦理根基是什么?它在现代经济伦理思想中有着何种方法论意义?

一、萨缪尔森与弗里德曼方法论之争的伦理内涵

如上文所述,在哈佛大学求学期间,与奎因一样,萨缪尔森

---

① The Nobel Memorial Prize in Economics 1970, the Official Announcement of the Royal Academy of Sciences, *The Swedish Journal of Economics*, Vol.72, No.4, December 1970, p.341.

深受实用主义和分析哲学的影响,加上自身的数学天赋,他早期的理论贡献主要是将数学分析引入了经济学。在方法论上,萨缪尔森接受了操作主义,他的博士论文《经济分析的基础》就是以《经济学理论的操作意义》为副标题。

1.操作主义时期

操作主义的萌芽源于实用主义创始人皮尔士(Charles Sanders Peirce,1839—1914年),他主张以实验操作和人们的经验行为来对科学进行界定。受到皮尔士、詹姆斯、杜威、罗素等人的影响,布里奇曼综合实用主义与分析哲学,于1936年发表《物理学理论的性质》,创立了操作主义,认为实验操作是一切自然科学理论的基础。他认为逻辑实证主义是一种静态的、纯形式的逻辑分析,满足不了自然科学的方法论需求,而主张一种动态的、实践的和经验的分析。这种分析包括了物质操作(实验室或仪器等工具)和精神操作(纸笔或语言)。操作主义主张根据操作的描述来定义科学术语,通过哲学分析排除没有意义的概念和命题来净化科学语言。萨缪尔森在布里奇曼发表《物理学理论的性质》一年之后开始写自己的博士论文,试图将操作主义从物理学引入经济学,在经济学理论中推导有操作意义的定理。

2.描述主义时期

"二战"之后,大量逻辑实证主义哲学家从欧洲转移到美国,该理论思潮对美国经济学方法论产生了冲击。逻辑实证主义认为,任何理论假设能否得到直接或间接的经验证实,成为该理论是否有效的必要条件。弗里德曼在1953年发表了《实证经济学方法论》,驳斥了这一个观点,建立了自己的工具主义方法论。该论文开宗明义:原则上,实证经济学是独立于任何特别的伦理观点或规范判断的。在区分实证经济学与规范经济学之后,弗里德曼详细地论证了理论"假设"与经验之间的关系、它的重要性及其作用,集中阐述了以下观点:第一,理论的有效性与假设的现实性无关;第二,理论有效性的检验标准是它的预测能力①。由于弗里德曼认为实证经济学的理论目标就是预测,经济理论只是实现成功预测的工具,所以一般称这种方法论为工具主义。

1963 年 5 月,萨缪尔森参加《美国经济评论》编辑部召开的笔谈会,他第一次就弗里德曼的工具主义进行了批判,将工具主义的缺陷称之为"F 歪曲":如果从理论中推出的结论在经验上是有效的,那么该理论就是正确的;理论或假定的非现实性与理论的有效性无关②。萨缪尔森认为,F 歪曲甚至包含了如果不用比现实更简单的事物来解释复杂的现实,就会收效甚微,于是他得出了理论和假定与现实不符是理论的优点这一结论。对于 F 歪曲,萨缪尔森批判地指出,非现实性即使在可容忍的范围内,也一定是该理论或假设(或一系列假设)的缺点,不能说过错是优点,小错等于没有错③。在随后对工具主义的回应性文章中,萨缪尔森的方法论逐步从操作主义转化为描述主义。他认为,第一,与现实相符的经验证实才具有理论价值。如果认为不符合现实的理论反而能更好地发挥作用, 这种观点是对科学的可怕

---

① 〔美〕弗里德曼:《弗里德曼文萃》(上册),胡雪峰、武玉宁译,胡雪峰校,北京:首都经济贸易大学出版社,2001 年,第 109—165 页。

②③ 赵艳:《萨缪尔森经济学方法论评介》,《政治经济学评论》,2004 卷第 1 期。

歪曲；第二，科学家运用理论来描述观察到的现象而不是"解释"任何行为。科学发展就是一个理论描述不断完善的过程。理论的作用就是描述现象，只有该理论的假定、模型和结果都符合现实，才有价值意义[①]。

3.方法论转向的道德意蕴

萨缪尔森从操作主义转向描述主义有着丰富的道德意蕴，它表明萨氏对于唯科学主义的质疑以及对经济预测可能产生的道德风险的担忧。正如他说道："我痛恨唯科学主义的行为。我承认，作为社会科学的研究者，经济学家能研究天文学家不可能得到的详细数据。"[②]但这些数据的科学分析不仅仅只是为工具意义上的经济预测，而是为了客观描述经济事实，在忠于事实基础上为经济决策提供理论依据，而任何一项经济决策的成功与否都直接关系到人们的生活福祉。所以，萨缪尔森总是通过现实检验来加强模型的有效性。他总是喜欢分析某种经济政策后果的多种原因，而不是拘泥于某种经济研究范式。他非常自豪地说："我是一个折中主义者，因为经验已经证明大自然是折中的。"[③]

这种折衷源于萨缪尔森对现代经济理论的洞见。尽管他一直声称经济学需要保持价值中立，但从未放弃经济学作为

① Samuelson, P.A.(1964),Theory and Realism: A Reply, In *The collected Scientific Papers of Paul A.Samuelson*,vol.3, pp.761–762., Ed. by Merton, RC. Cambridge, Mass: The MIT Press.1966.

② 〔美〕迈克尔·森伯格、阿隆·戈特斯曼、拉尔·拉姆拉坦：《保罗·萨缪尔森小传：经济学家成长之路》，刘庆林、徐荣丽译，北京：人民邮电出版社，2012年，第104页。

③ 同上，第109页。

一门人文学科应该承担的人道义务。在他看来,弗里德曼宣称经济学只有保持价值中立,才能确保该学科具有物理学那样的科学性,这种观点本身就代表了新自由主义经济学家对帕累托最优的崇拜,所以才会有时时处处以道德权威示人的理论冲动。在这些经济学家看来,帕累托的任何增进,都是道德上的改善。而根据新古典主流经济学的市场理论,只有完全竞争才能达到帕累托最优,因而,这些实证经济学家们在声称保持价值中立的同时,就已经预设了只有完全竞争才是最符合道德的。就其本质而言,帕累托最优还是建立在功利主义伦理学基础上的。

在萨缪尔森看来,一个自由有效的市场并不能保证收入分配得到全体社会成员的认可。一个饿殍遍野的社会也可能达到帕累托最优,这种社会状态在道德上是绝对不可容忍的。如果经济学将功利原则作为唯一的伦理基础,它就无法摆脱功利主义的天然缺陷,无法解释维系社会正义所必需、奠定现代文明基础的美德和良善,诸如自由、权利、正义、公平、平等等这些超功利性的基本伦理价值。例如,萨缪尔森在《经济学》中就专门分析了上瘾物品的经济学。如果根据帕累托最优原则,政府应该放松对上瘾物品管制。这显然会动摇一个良性社会的道德基础。

正是因为深刻地认识到新自由主义工具主义可能造成的道德风险,萨缪尔森抛弃了青年时期的操作主义,转向了描述主义,在充分发挥实证主义经济学的理论优势下,自觉把经济学中的科学主义与人道精神结合起来,形成了自己独特的经济伦理方法论。

二、萨缪尔森经济伦理方法论的伦理根基

萨缪尔森认为,"经济科学的最终目的是改善人们的日常生活条件。"[1]显然,他的经济伦理思想带有浓厚的目的论色彩。同时,他也知道,功利主义的确出色地论证了市场经济的效率优势,但是功利原则无法涵盖现代社会赖以为继的其他基本价值,难以实现经世济民的伦理目的。所以,萨缪尔森试图修正功利主义方法论,努力形成一种中庸的、更符合现代经济伦理需求的方法论。何种方法论才能符合现代经济伦理的需求?回顾近代以来的西方经济伦理思想,我们可以看到,现代经济伦理是围绕着市场伦理而展开的。乔洪武在《正义谋利——近代西方经济伦理研究》中,开创性地将近代西方经济伦理思想分为市场经济的萌芽时期、发展时期和基本定型时期[2]。在这种划分中,作者把市场经济作为研究近代经济伦理思想发展的逻辑起点,充分彰显了作者对近代西方经济的深刻理解,也为我们研究萨缪尔森经济伦理思想方法论提供了一个视角。如果说市场经济遵循着效率原则,那么市场经济伦理则以功利原则为依归。在市场经济发展进程中,功利主义经历怎样一个与市场伦理相结合的过程?在这个进程遭受了何种伦理危机?这些问题的答复有利于我们理解萨缪尔森在现代经济全球化背景下实

---

① 〔美〕保罗·萨缪尔森、诺德豪斯:《微观经济学》,萧琛译,北京:人民邮电出版社,2008 年,第 6 页。

② 乔洪武:《正义谋利——近代西方经济伦理研究》,北京:商务印书馆,2000 年,第8—9 页。

现方法论转向的伦理根基。

1.市场经济与功利主义的结合

重商主义是西方早期的市场经济理论形态。在斯密看来，重商主义市场经济伦理具有两个特点：第一，把金银视为财富的唯一来源；第二，为了最大限度地获取金银，奉行贸易保护主义。斯密在《国富论》中详细地驳斥了重商主义的财富观和民族利己主义，第一次系统地论证了市场经济伦理，主要包括：通过"看不见的手"理论论证了市场经济的基本伦理法则——平等互利；通过批判重商主义论证了政府在市场经济中的道德准则——自由放任。同时，斯密也看到了市场经济的利己主义可能会给商业文明带来的冲击，所以他在《道德情操论》中塑造了一个中立而公正的"公正的旁观者"来确保市场经济运行的伦理秩序[①]。这样，斯密希望能借助"道德人"的同情与正义感来约束"经济人"的利己冲动。人性论成为斯密经济伦理思想的方法论基础。但这种基础是极其脆弱的，市场经济往往会成为人类利己心的倍增器，"道德人"无法形成对"经济人"的制衡。

真正为市场伦理奠定方法论基础的是功利主义。边沁在趋乐避苦的人性基础之上确立了最高的道德原则——功利原则。他主要把功利原则运用于法律领域，将"最大多数人的最大幸福"作为衡量法律合理性的标准。他的继承者穆勒不认可边沁将功利计算作为衡量一切道德价值的标准。他的功利主义体系非常重视自由、正义、公平、义务等社会价值。尤为重要的是，穆

---

① 〔英〕亚当·斯密：《道德情操论》，蒋自强等译，北京：商务印书馆，2011 年，第187 页。

勒把功利主义拓展到经济领域,让功利原则成为调和市场经济中个人利益与公共利益的道德准则。一方面,功利主义认可市场经济中个体追逐私利的道德合法性。在市场经济中,个人利益是社会利益的一部分,个人利益的最大化也就能最大程度地增加社会利益。为了解决个人之间感性幸福的比较量化以及论证个人幸福的加总就是社会幸福总额,穆勒要求"行为者在他自己的幸福与他人的幸福之间,应当像一个公正无私的仁慈的旁观者那样,做到严格的不偏不倚"①。这样,穆勒通过另一种方式继承了斯密的同情理论;另一方面,功利主义根据"最大多数人的最大幸福原则"给个人私欲设置了边界——个人利益最大化不得损害最大多数人的最大利益,因为这样有可能不仅不能增进反而减少社会利益的幸福总额,这样一来就会有利于促进公共利益的实现。这样,市场伦理与功利主义巧妙地结合在一起。市场经济的效率优势可以最大程度促进人类幸福,因而具有了道德正当性,极大地提高了市场经济的道德辩护力。

在萨缪尔森看来,功利主义不仅奠定了市场经济伦理的方法论基础,而且促进了现代效用理论的发展。功利主义者认为效用是一种个人感官的苦乐计算。杰文斯将效用概念来解释消费者行为,从而发现了边际效用递减规律,他甚至认为经济理论是一种愉快与痛苦的计算②。但是,正是因为功利主义有着自身理论上的缺陷,市场经济也因此而遭受了伦理危机。

---

① 〔英〕约翰·穆勒:《功利主义》,徐大建译,上海:上海人民出版社,2008 年,第17 页。

② 〔美〕保罗·萨缪尔森、诺德豪斯:《微观经济学》,萧琛译,北京:人民邮电出版社,2008 年,第 76 页。

2.市场经济遭受的伦理危机

18—19 世纪资本主义经济迅猛发展，商业文明成就了一个市场经济帝国，这些成就极大地刺激了人的物质占有欲，在私有制前提下，市场竞争法则使得人与人之间的交往只剩下赤裸裸的利益关系。英国功利主义从经济哲学上论证了这种利益关系的道德合理性，迅速成为最流行、最具影响力的社会思潮，并泛化为整个西方资本主义社会调解利益与道德的行为准则。

功利主义对马克思也产生了重要影响，在阅读穆勒的《政治经济学原理》过程中，马克思开始了对英国国民经济学的批判。他从中发现，"政治经济学是这种功利论的真正科学"[①]。在马克思看来，功利主义最能代表资产阶级的价值观，是资产阶级思想启蒙运动的最终结果。不过，由于私有制的存在，人与人之间的利益关系实质上是一种剥削与被剥削的关系。当功利主义者为市场经济中的资产阶级剥削关系进行道德辩护时，实际上已经预设了一种重要的理论前提：经济关系是其他社会关系的决定因素，换言之，利益决定道德。

虽然功利主义在批判封建道德、构建市场经济道德规范中具有进步意义，但功利主义代表了资产阶级维护其统治地位的意识形态，自然也成为马克思主义政治经济学的批判对象。功利主义试图利用市场经济这只"看不见的手"来论证资本家通过自由竞争谋取利益的合理性，并认为在人人理性逐利的过程中，国民财富总额也会相应增加，从而推动了整个国民的福利。

---

① 马克思恩格斯列宁斯大林著作编译局编译：《马克思恩格斯全集》，北京：人民出版社，1956 年，第 479 页。

马克思指出，资源的稀缺性必然会引发人与人之间的利益冲突。在私有制社会，"功利关系具有十分明确的意义，即我是通过我使别人受到损失的办法来为我自己取得利益。"①这种利益冲突是一种零和博弈，绝不会出现功利主义所宣传的双赢局面。功利主义给资本主义社会市场经济戴上了一层温情的面纱，掩盖了资产阶级剥削工人阶级的事实。在所谓的"自由竞争"中，资本家通过占有生产资料，无情地榨取工人阶级的劳动剩余价值。在资本主义社会，市场经济的繁荣表面上促进了整个国民经济的发展，实际上成就的是资本家的暴富，而留给工人阶级的只是日益贫困。

在萨缪尔森看来，马克思"为劳动人民的斗争所感动，并致力于改变他们的生活"②。他揭露了"私利即公益"的虚伪性，并系统地批判了市场经济的功利原则。在功利主义理论中，根据市场逻辑，人人在追求私利最大化的同时，也必然会推进人类的整体福利。但马克思在市场经济中看到的却是资本家与工人之间的贫富鸿沟。萨缪尔森还非常重视马克思的分析方法，认可"经济利益才是处在观点背后并决定着人们价值观的东西"③，并认为这种方法来自经济学之父亚当·斯密。

受惠于熊彼特的学术思想，萨缪尔森是一位具有深厚历史感的学者。在他看来，马克思不仅从理论上批判了市场经济的

---

① 马克思恩格斯列宁斯大林著作编译局编译：《马克思恩格斯全集》，北京：人民出版社，1956 年，第 479 页。

② 〔美〕保罗·萨缪尔森、诺德豪斯：《宏观经济学》，萧琛译，北京：人民邮电出版社，2008 年，第 218 页。

③ 同上，第 219 页。

功利原则,而且他的思想继承者在社会实践上也给功利主义致命的冲击。毋庸置疑,苏联在"二战"中做出了巨大牺牲与贡献,这个新生的社会主义国家由此获得了前所未有的国际声誉与道德威望,而且由于在战后重建中实行计划经济体制,国内经济迅速恢复,并很快成为仅次于美国的第二大经济体。而此时的西方世界经济危机频发,失业率居高不下,不平等状况日益严重。这些乱象都动摇了西方世界对市场经济的信心。在萨缪尔森看来,此时的功利主义日渐式微,市场经济伦理遭受到了前所未有的方法论危机。

三、萨缪尔森经济伦理方法论的价值重构

面对市场经济的伦理危机,作为坚定的自由主义者,萨缪尔森不可能选择一条马克思主义政治经济学的道路,而且鉴于市场经济与功利主义具有逻辑上的亲缘性,与其他自由主义经济学家一样,他只能选择对市场经济伦理的功利主义方法论做出修正。在萨缪尔森看来,市场经济遭受马克思主义批判之后,先后有以马歇尔和凯恩斯为首的多位自由主义经济学家对市场经济伦理的功利原则进行修正,但都没有取得令人满意的效果,正是基于对以上经济学家的理论反思,萨缪尔森奉行中庸理念,提出重回亚当·斯密体系,构建一个市场与政府的均衡体系,这样才能更为有效地避免市场经济伦理的方法论危机。

1.重回斯密体系

在芝加哥大学期间,萨缪尔森系统地接受了新古典经济学理论,马歇尔的《经济学》是他研究市场经济伦理的重要文本。

英国著名经济学家阿弗里德·马歇尔(1842—1924)是新古典经济学派创始人。他是第一个对马克思的批判进行系统回应的自由主义经济学家。他综合吸收了各派经济学理论,建立了一个具有折中主义特征的经济学体系。针对市场经济遭受的理论与现实危机,马歇尔从以下几个方面对功利主义进行了修正:第一,通过丰富"经济人"的动机内涵来完成对"经济人"的伦理定位,避免功利主义走向极端利己主义;第二,通过对合作社、规模经济等新兴经济组织形式的价值分析形成了对竞争、垄断和合作的道德判断;第三,马歇尔吸收了马克思的劳动价值理论,不仅将劳动者的尊严、福利等价值作为评价市场经济道德合法性的重要因素,而且认为提高劳动在生产要素中的分配份额是一种道德义务,消除贫困、提高每个人的福利才符合经济学的伦理目的。

在萨缪尔森看来,尽管马歇尔努力修正了市场经济伦理,但依然恪守传统自由市场理念,面对席卷西方世界的经济大危机,既无法解释其产生的原因,更不能提出有效的应对措施。拯救资本主义于危机和萧条中的历史使命落在了凯恩斯的肩上。正是基于这种强烈的使命感,凯恩斯对资本主义制度,尤其是市场经济制度进行深刻反省,并在此基础上顺利完成了经济学从微观到宏观的历史性革命,建立了一套完整的宏观经济理论体系。该体系从解决就业问题入手,以有效需求原理为核心,在分析了影响国民收入的诸多要素的基础上,认为政府可以通过控制货币数量甚至投资社会化等手段干预经济活动,来解决"非自愿失业"等经济危机带来的问题。这场思想革命的出发点就体现了对人类命运的关切。这种对人类福祉的关切不仅折射出这场思想革命的道德维度,而且促使凯恩斯开创了宏观经济伦理思想。他第一次论证了宏观经济调控的道德合法性,提出了新的消费伦理观,进一步发展了投资伦理,初步构想了国际伦理秩序。

但是,萨缪尔森也看到了凯恩斯主义的伦理局限性。第一,凯恩斯认为市场经济虽然是历史上最有效率的经济制度,成为推动社会发展、提高生活水平的中坚力量。但是市场经济的自动调节无法避免周期性危机,失业和生产过剩等问题就是这种危机的副产品。所以他坚决主张政府干预经济活动,通过需求管理来增加国民收入,认为这种干预行为是具有道德合理性的。可是他依然没有避免功利主义的窠臼,没有看到国民收入的增加并不必然会刺激消费,因为如果不解决分配正义问题,增加的财富只能再次落入少数人手中,大多数人的消费需求依然乏力,单凭政府投资拉动市场需求,不仅效果有限,而且会有引发通货膨胀的风险。第二,凯恩斯认为资本主义市场经济制度具有天然的价值缺陷,而政府的宏观调控政策也只能缓解有效需求不足的问题,自由主义与干预主义都无法单独完成彻底解决资本主义经济周期性危机问题。他试图调和自由主义与干预主义,把实证主义和规范研究结合起来,呈现出一种追求经济效率与社会正义辩证统一的中庸思想。但是,萨缪尔森认为,凯恩斯并没有明确政府在市场经济中的伦理定位,在现代经济中,政府不能仅仅被视为自由市场出现危机时的"救火队员",而应该扮演更为积极的角色。

在现代经济中,政府究竟应该扮演什么样的角色?如何克服功利主义在市场经济中遭受的伦理困境?从某种程度上来说,功利主义论证了自由市场的效率优势,却是以违背分配正义为代价的。在努力实现"最大多数人的最大幸福"的同时,如何实现消除不平等?或者说,在承认效率优先的前提下,何种程度的不平等是可以接受的?鉴于市场经济在现代经济伦理的地位和作用,这些问题是现代经济伦理必须回答的问题。20世纪初期的经济学家在马克思主义的影响下,很多都以消除不公平为己任,但真正慎重对待这一问题并诉诸理论实践的自由主义经济学家并不多见,萨缪尔森就是其中之一。他深刻地洞察到这些问题,经过艰难的探索,重回现代经济学的原点,在斯密的思想体系中找到了灵感。

2.萨缪尔森对斯密体系的价值重构

亚当·斯密是现代经济学之父。萨缪尔森认为斯密在《国富论》中"解释了自利的动机如何以一种神奇般的方式润滑了经济机器,从而形成了自我调整的自然秩序……亚当·斯密关于具有自律性的'看不见的手'的学说,是他对于现代经济学的千古不朽的贡献"①。萨缪尔森盛赞他是第一个倡导经济增长的人,认为他看到了"在一个政治修明的社会里,造成普及到最下层人民的那种普遍富裕情况的,是各行各业的产量由于分工而大增"②。

但是萨缪尔森随后提出了一个问题:"今天,假如斯密能够重新回到我们身边,那么他会对两个多世纪以来的经济增

---

① 〔美〕保罗·萨缪尔森、诺德豪斯:《微观经济学》,萧琛译,北京:人民邮电出版社,2008年,第26页。

② 〔英〕亚当·斯密:《国民财富的性质和原因的研究(上)》,郭大力、王亚南译,北京:商务印书馆,2010年,第11页。

长成就有何感想呢？"①显然，在萨缪尔森看来，斯密如果重回21世纪，他会非常失望，因为两百多年的财富增长并未如他想象的那样使得"社会各阶层普遍富裕"②。有关数据表明，以美国为例，"20世纪上半叶，不平等现象非常严重，而且日益攀升，在大萧条时达到顶峰。第二次世界大战期间，不平等程度减轻，20世纪50年代和60年代，不平等程度都很低。70年代至90年代中期，不平等程度平稳上升至第二次世界大战后的最高水平，但仍略低于20世纪上半叶的程度。"③现代市场经济在以前所未有的速度创造财富的同时，也让人们饱尝不平等的苦果。

在萨缪尔森看来，斯密对于市场经济的伦理定位基于两点：第一，从人性论出发，斯密认为人性是自利的，在"看不见的手"的指引下，人们在自由竞争的市场经济中追求个人利益时，也始料未及地增进了整个人类福利。第二，"看不见的手"理论隐含了一个"道德人"假设。"道德人"总是能够从"公正的旁观者"的视角来自我调节，从而达到一种私利与公益的均衡。

萨缪尔森认为，斯密一方面运用"看不见的手"理论来论证经济自由的伦理基础，另一方面也预见到自利动机可能会在市

---

① 〔美〕保罗·萨缪尔森、诺德豪斯：《微观经济学》，萧琛译，北京：人民邮电出版社，2008年，第26页。

② 〔英〕亚当·斯密：《国民财富的性质和原因的研究（上）》，郭大力、王亚南译，北京：商务印书馆，2010年，第11页。

③ 〔美〕斯坦利·L.恩格尔曼、罗伯特·E.高尔曼主编：《剑桥美国经济史（第三卷）：20世纪》，高德步、王珏总校译，蔡挺、张林、李雅菁本卷主译，北京：中国人民大学出版社，2008年，第182页。

场经济中被无限放大,所以斯密希望"道德人"能够形成"自我调整的自然秩序"①。换言之,斯密希望人性的道德自律不仅可以调节个人行为的合宜性,而且还可以确保人们在市场经济中自觉地遵守平等互利的伦理秩序。这就是说,斯密通过人性具有自利与自律的特点,来论证了市场经济是可以通过自我调控来增进人类福利的。但是,斯密没有考虑到,在市场经济条件下,人性的自利会膨胀,而且市场主体之间会产生不平等。这种不平等在资本主义从自由竞争阶段过渡到垄断阶段后尤为明显,它会直接破坏斯密关于自由市场平等竞争的预设。而这种预设恰好是"看不见的手"得以协调私利与公益的伦理前提。在市场处于不平等的状况下,人们即便能够根据个人行为的"合宜性"来诉诸某种正义感,但这种情感如果没有制度的支撑,显然会慢慢产生一种道德乏力感,甚至出现扭曲,进而堵塞利他的情感渠道。

正是看到人性的道德自律依然无法减缓市场经济会产生的不平等状态,萨缪尔森在斯密体系下重构了市场经济伦理。他认为斯密为了论证市场自由的必要性,忽视了政府在市场中的作用,它完全可以充当那个"中立而公正的旁观者",来维护市场的效率与秩序。而且,政府还能通过再分配,来减少不平等,真正实现社会各个阶层的普遍富裕。所以,萨缪尔森把政府的经济职能定义为三个方面:效率、公平和稳定。在他提倡"混合经济"中,人性、市场和政府可以形成一个稳定结构,通过这

---

① 〔美〕保罗·萨缪尔森、诺德豪斯:《微观经济学》,萧琛译,北京:人民邮电出版社,2008 年,第 26 页。

个结构,既可以克服市场与政府的失灵,也能保证不同阶层的个人自由流动,以实现社会各个阶层的普遍利益。在他看来,这种混合经济只是在一定程度上限制了个人权利,但并没有压制个人权利。它可以克服功利主义无法解决的分配正义问题。

在批判功利主义方法论的基础上,萨缪尔森还吸收了契约论的思想,他认为:"就外部来说,重新分配财富并不是对人们的压制,这是社会合同的一部分,是以约翰·洛克和约翰·罗尔斯的方式在进行分配。在这种方式里,每个人表面上都漠不关心,私底下却在考虑着自己的机会,在这种状况下人们往往更易于自愿制定和自身息息相关的规则。"①罗尔斯的差别原则强调在机会公平的前提下,经济的不平等必须能够给最少受惠者带来最大利益,否则,这种不平等就是不道德的。但是,萨缪尔森认为,在一个冯·诺伊曼式的两人零和游戏中,任何其中一个完美游戏者都会发现,最小最大原则不那么迷人。然后,他通过数学论证:差别原则所提倡的平等税并不是再分配的最优选择②。显然,他是用效率原则来作为衡量正义与否的标准。在其经济伦理思想中,正当从属于善,萨缪尔森仍然是一个折中的功利主义者。正是在这种批判与吸收中,萨缪尔森把市场的效率原则和政府的正义原则结合起来,修正了功利主义,实现了现代经济伦理方法论的转型。

---

① 〔美〕迈克尔·森伯格、阿隆·戈特斯曼、拉尔·拉姆拉坦:《保罗·萨缪尔森小传:经济学家成长之路》,刘庆林、徐荣丽译,北京:人民邮电出版社,2012年,第52页。

② Samuelson, P.A.(1964), Optimal Compacts for Redistribution, In *The collected Scientific Papers of Paul A.Samuelson*,vol.4, pp.707–710., Ed. by Merton, RC. Cambridge, Mass: The MIT Press.1966.

第三节 萨缪尔森经济伦理思想 方法论的精神实质

萨缪尔森在对现代经济伦理方法论进行价值重构中,始终遵循着中庸理念,努力寻找自由市场与政府规制之间的黄金分割点。这种方法论特点不仅体现了近代以来经济法理论演进的方法论特点,而且契合了功利主义发展的理论脉络,更为重要的是,他借鉴了古希腊哲学家亚里士多德的伦理智慧,为现代经济伦理发展提供了最佳的方法论视角。

一、中庸之道与经济学方法论之逻辑进路

翻开近代经济学理论的历史画卷,我们会发现西方经济学是在"危机—革命—综合"中交替推进的。正如任何理论都需要吸收和借鉴前人的思想成果,经济学的发展和创新也需要通过兼收并蓄经济学内部不同学派的理论精华,通过"综合"来实现理论的创新。萨缪尔森正是秉持了这样一种中庸理念,在综合新古典经济学和凯恩斯理论的基础上建立了自己的经济理论体系。从近代经济学"危机—革命—综合"的视角梳理其理论发展中的三次演变,能够让我们更好地理解萨缪尔森经济伦理方法论的精神实质。

1.第一次综合

古典经济学从 17 世纪中期开始, 以亚当·斯密为代表, 在

《国富论》中,他确立了劳动价值论,认为财富是物质产品而非金银,所以增加财富就必须放弃重商主义和重农主义,奉行经济自由主义,通过资本积累等途径来扩大生产,劳动生产理论是斯密的核心。李嘉图则阐述了商品价值取决于劳动时间的原理。

在吸收古典价值理论的基础上,马克思形成了劳动剩余价值理论,开展了对古典政治经济学的系统批判,即马克思主义革命。在马克思的冲击下,古典经济学的集大成者约翰·穆勒在其《政治经济学原理——及其在社会哲学上的若干应用》中,不仅系统地吸收了自斯密、李嘉图等以来的古典经济学理论,由于受到空想社会主义以及马克思主义等思潮的影响,穆勒还把功利主义成功地引入经济学,在他的经济分析中注入了人类平等、宽容等精神和福利观点,完成了西方经济学的第一次综合。

2.第二次综合

穆勒虽然对古典政治经济学进行了修正与重构,但依然无法合理解释利润的来源和差别,从而引发了门格尔等人的攻击,并提出了边际效益价值论,即所谓"边际革命"。该理论认为商品价值不是取决于客观劳动量,而是人们对商品效用的主观评价。边际革命强调产品价格与资源稀缺性相关,进而论证了边际效用递减的价格规律,数学分析方法成功进入经济学,开始了经济学方法论的一个新时期。

在边际革命影响下,马歇尔首创均衡价值理论,成功地把边际效用理论与劳动价值理论结合起来,形成一个围绕需求与供给平衡的价格理论。通过这种价值论与方法论的综合,马歇尔创建了一个依然奉行自由放任理念,从生产向消费转变,以资源配置为中心的新古典经济学理论。

3.第三次综合

马歇尔的新古典经济学坚信资本主义经济可以通过市场自由竞争来自我调节来达到充分就业的均衡状态,因此生产过剩的经济危机只是暂时现象。但是面对 20 世纪 30 年代的大萧条,新古典经济理论束手无策,出现了第二次理论危机。凯恩斯主义应运而生,它从反对萨伊定律入手,认为由于消费倾向、资本边际率和流动偏好这三大心理规律的作用,会导致有效需求不足,就会产生大规模失业、生产过剩。这说明资本主义经济存在不稳定因素和非均衡趋势。凯恩斯在方法论的重要作用是,他重回重商主义传统,开创了宏观经济分析方法。

面对凯恩斯革命,萨缪尔森发现凯恩斯理论可以有效控制失业和通货膨胀,如果一旦成功,就意味着市场达到均衡,新古典经济学就能在市场均衡状态下发挥资源配置的作用。从方法论来看,经济分析不能仅仅局限于市场个体的微观分析,而且要有国家整体的宏观分析。所以,萨缪尔森把凯恩斯理论名为宏观经济学,新古典经济学则属于微观经济学,通过"国民收入"等概念,萨缪尔森建立了一个宏观经济与微观经济、政府干预与自由市场相结合的新古典综合经济学体系。

4.三次综合的方法论启示

西方经济学的发展历程表明,萨缪尔森经济伦理思想所秉持的中庸之道本质上是一种综合创新。这种创新体现在以下两个方面:

第一,克服理论的片面性。任何理论都是时代精神的产物,这就决定了相对于现实需求,理论可能会呈现滞后性的特点。

这种滞后性就意味着经济理论会关注当下的理论需求,从而影响研究方向,导致理论旨趣的片面性。例如,为了增加国民财富,以斯密为首的古典经济学家主要把生产理论放在核心位置;当出现生产过剩之后,以马歇尔为首的新古典经济学才开始转向对消费需求的关注;但二者都把自由放任作为市场经济的核心理念,这样造成了对市场的一种极端认识,成为一种市场原教旨主义;凯恩斯革命之后,重商主义所推崇的政府宏观控制的方法进入经济学家的视野;萨缪尔森从凯恩斯主义中理解了政府在市场中的作用,并对斯密体系进行了价值重构,通过综合二者,克服了这两种理论的片面性。

第二,阐发理论的深刻性。任何理论出现针对某一问题的片面性追求,既说明该问题的理论价值,也表明了对该问题的深刻认识。古典经济学强调劳动价值论,是为了生产理论的需要;边际主义强调效用价值论,体现了对消费需求的重视。新古典经济学派崇尚自由放任,因为该理论是在市场均衡的正常状态下立论的;凯恩斯主义强调政府调节,因为该理论是在大萧条下的非常时期出现的。但是,如何体现这些不同时期和不同阶段产生的经济思想的深刻意义,更好地发挥其理论作用,萨缪尔森所提倡的中庸之道提供了可供借鉴的方法。通过综合创新,各种相互独立甚至对立的理论思想,可以形成一个有机整体,最后以一种更深刻、更全面的理论形态出现。

二、中庸之道与功利主义发展之理论脉络

从西方哲学思潮来看,功利主义总是与西方市场经济如影

随形,而且休戚与共。市场经济遭遇危机之时,功利主义也会为人所诟病。如果要推进现代经济伦理的发展,就必须正视市场经济与功利主义的这种天然的亲缘性,并回应对功利主义的批判。萨缪尔森经济伦理方法论推崇中庸之道,力图在斯密体系下,把人性中的"道德人"预设转化为制度正义,形成一个功利主义与社会正义的均衡机制,完成现代经济伦理的价值重构。罗尔斯的正义理论出现之后,虽然让功利主义遭受重创,但也促进了其理论的发展与变革,例如出现了以斯马特为首的行为功利主义和以布兰特为首的规则功利主义两大流派。萨缪尔森主张把功利原则与正义原则统一起来,这与规则功利主义有着非常相似的理论旨趣。这种相似性是建立在何种问题意识之中的? 萨缪尔森是如何从现代经济伦理视角来回答这个问题的?

1.规则功利主义

正当与善是西方伦理学理论的两个基本范畴。如何处理善与正当之间的关系成为道义论与功利论分野的标志,更是经济伦理需要回答的核心问题。如果说马基雅维利在《君主论》中实现了政治与德性的分离,那么亚当·斯密则让经济学脱离了伦理学的母体,但是他的体系只是在努力清除政府对经济生活的影响,把经济学的伦理脐带留给了个人的同情与正义感。在他看来, 人性的利己与利他能够很好地处理善与正当的平行关系。随着市场经济的繁荣,功利主义应运而生,并迅速成为主导个人德性的价值观, 而且第一次论证了世俗国家制度的正当性,"最大多数人的最大幸福" 成为个人与国家的最高价值标准,正当的价值在于最大化地增加善的总额。功利原则与市场经济的效率原则完美地结合在一起,但也给市场经济带来了一系列的伦理困境。罗尔斯从政治伦理视角给市场经济伦理提供了一条走出困境的方案,即差别原则:强调正义原则对效率原则的优先性,通过正义的制度保证最小受惠者的最大利益。显然传统功利主义是很难回到罗尔斯方案,把正当置于善之上的,新功利主义布兰特力图经过综合修正,建立一套新的功利伦理学体系。

布兰特采取一种综合方式,建立独特的道德善论和道德正当论,从而建立起一种新的规则功利主义。在布兰特看来,道德的善与正当属于实践规范问题,主要包括道德的"行为理论"(知道做什么)和"发生理论"(需要什么)。根据行为的认知理论,布兰特提出一套完整的道德善论:"第一,把道德的善规定为最佳行为或合理行为的结果(效值)。第二,以充分的行为认知理论作为合理行为选择的基础,亦即给行为以'事实和逻辑的鉴审',并提出一切有关的信息。第三,对欲望、快乐、需要等行为主体心理和情感或动机进行理性批判或'认知心理疗法(cognitive psychotherapy),使行为机制免于错误。第四,通过行为认知理论和发生理论两种标准尺度,使人们依行为法则而选择,践行合理的行为。"①

在对道德善论进行批判性重构之后,布兰特建立了一种多元论规则功利主义道德系统。布兰特认为,道德法典构成了对群体道德行为的限制与调控体系,体现为确定的社会准则②。多元论的道德法典系统具有三个基本特征:第一,它是由多种道

---

① 万俊人:《现代西方伦理学史(下)》,北京:中国人民大学出版社,2011年,第914页。
② 同上,第915页。

德规则而不是由唯一原则所组成的道德法典系统;第二,它的目标是"最大限度地实现福利",但不是所谓"总体福利";第三,虽然它的最终目标是功利的,但它强调的不是功利本身,而是达到功利目的的行为规则系统①。因此,布兰特认为,多元论的道德规则系统不仅可以实现传统功利主义的最大幸福原则,而且可以兼顾众人和个人的能力、需要和私欲等,从而发挥更广泛、更简便的作用。

2.萨缪尔森经济伦理方法论与规则功利主义的契合之处

布兰特为了修正传统功利主义,通过重构道德善理论和阐述道德法典的多元性,试图调和善与正当之间的关系,在多元价值体系中论证行为规范的合理性。这种理论重构的问题意识和解决法案与萨缪尔森经济伦理方法论具有以下几点契合之处:

第一,秉持中庸理念,调和善与正当的关系。布兰特在重构道德善理论中,吸收了分析哲学的逻辑方法和认知心理理论,把行为的善性规定为符合人类一般行为的合理性,即人的行为需要符合人类基本的心理条件和道德法则。这样,行为的善与正当就统一在人的认知实践之中。善与正当的关系同样是萨缪尔森经济伦理方法论的核心关切。在他看来,完全竞争市场可以形成最优的资源配置,从而推进人类福利,市场机制具有显著的效率优势,但是有局限性,"在两个重要的领域中,市场都无法到达社会最优。第一,当存在污染、其他外部性、不完全竞争和不完全信息时,市场便无效。第二,竞争市场下的收入分配

---

① 万俊人:《现代西方伦理学史(下)》,北京:中国人民大学出版社,2011年,第919页。

即使是有效率的,也可能不是社会想要的或能接受的。"①在这里,萨缪尔森明确指出了善与正当之间的冲突。市场虽有效率,能极大地增善的总额,却离不开制度正义的保障,否则无法避免市场外部性、不完全竞争等问题,从而失去其效率优势;而且市场下的收入分配也会因为不公平,失去其正当性。如何克服这种冲突,萨缪尔森吸收了凯恩斯的国家干预理论,认为可以通过政府的"有形之手"来矫正市场的低效率与不公平,同时,市场的"无形之手"也会促进政治民主,消除政府失灵的问题。这样,在萨缪尔森的经济伦理体系下,政府与市场联手,在一定程度上化解了正当与善的冲突。

第二,承认价值多元,维护伦理规则。在论证道德正当性时,布兰特抛弃了传统功利主义的功利一元论,建立了一个多元的道德法典系统。通过这套系统,他克服了单一功利原则的片面性,而且强调最大限度地实现福利,能够有效地避免只重视福利总额,忽视普遍福利的弊端。尤为重要的是,他不再把行为的后果作为价值评价的唯一标准,更重视达到这种后果的行为是否符合道德法典系统。在布兰特的规则功利主义中,多元性的伦理规则占据了重要地位。萨缪尔森在价值观上也是秉持西方自由主义中所谓"非建构理性"的理念,与罗尔斯力图通过重叠共识来达成他所称道的正义论不同,萨缪尔森没有认为某个理念或者模式就是普世价值,并力图在此基础上达成所谓理性共识。正因为如此,萨缪尔森才克服了新自由主义的市场经

---

① 〔美〕保罗·萨缪尔森,诺德豪斯:《微观经济学》,萧琛译,北京:人民邮电出版社,2008年,第141页。

济伦理与计划经济伦理的缺陷,形成了混合经济伦理体系。一方面,他认为现代经济伦理必须保护自由、公平、平等、正义等这些价值理念;另一方面,他也强调伦理规范在维护市场效率与秩序的作用。

三、中庸之道与萨缪尔森构建现代经济伦理的理想境界

萨缪尔森经济伦理思想中所秉持的中庸理念不仅体现了经济学理论综合创新的精神, 而且契合伦理学发展的问题意识。更为重要的是,它继承了古希腊亚里士多德的哲学智慧,代表了萨缪尔森构建现代经济伦理的理想境界。

1.亚里士多德的中道观在传统经济伦理中的作用

中庸理念在西方文明中有着深厚的历史渊源,最早可以追溯到古希腊时期的亚里士多德。在他看来,人的灵魂有三种状态:感情、能力和品质。感情无所谓善恶,能力是自然禀赋,所以道德德性是一种品质。而道德德性与人的感情和实践有关,在感情和实践中会有三种情况:过度、不及与适度。在感情和实践中,过度和不及都是一种错误,适度则意味着成功且受人称赞。这种成功和赞许正是德性的特征。"所以,德性是一种适度,因为它以选取中间为目的。"①在亚里士多德的德性论中,德性就是我们在感情和实践事务中的一种正确选择,其准确性在于命

---

① 〔古希腊〕亚里士多德:《尼各马可伦理学》,廖申白译注,北京:商务印书馆,2008年,第47页。

中对我们自身而言的适度。在他的思想体系里,德性是政治学和家政学(经济学)的起点。在他看来,经济学属于技艺,适度则是技艺的目标。适度就如射箭正中靶心,这就是中庸之道。偏离中道,就是走向某个极端,这时就需要矫正。这代表着人们日常实践生活中的一种不偏不倚的态度,其实也奠定了道德的真正基础。中道,与其说是一种方法,不如说是一种现实主义的理想或目标。

在古希腊,经济活动是城邦生活的一部分,而人的德性是在城邦这个伦理共同体的实践活动中才得以展开和完善的。所以,在古希腊,经济活动仅仅是人们伦理生活中的一个组成部分,市场秩序主要是依靠伦理习俗来维系的。中道,成为规范人们市场行为的重要原则。进入中世纪后,市场虽然扩大,但交易活动仍然主要受制于基督教伦理的制约,经济生活仍然从属于人们的伦理生活。

2.萨缪尔森对中庸之道在现代经济伦理中的阐发

近代以来,欧洲逐步进入了工商文明,由于土地、劳动和资本的自由流动,市场交易突破了地域限制,形成了规模化的工业,造成了生产与消费的分离。生产者与消费者不仅可能存在地域的差异,而且消费行为也远远滞后于生产活动。区域性、即时性的伦理习俗已经无法对这种市场行为进行有效规制,在资本逐利的驱使下,市场经济往往会蕴藏着巨大的道德风险。而且在工商文明中,劳动成为生产要素,这就引发一个悖论:人既是生产要素,也是消费者,或者说人也是经济活动的价值归宿。如果把人看作与土地、资本完全一样的生产要素,遵循优胜劣汰的市场规则,就必然会有人被市场抛弃。这显然违背了经济活动的终极目标。而且,劳动者有生存和繁衍的基本需要,这就决定了在市场自由竞争机制下, 劳动会遭受资本的压制和剥削。这会导致贫富差距和社会不公,也不符合经济学提高人类普遍福利的伦理目标。

如何走出这种伦理困境,西方经济学存在两种观点:自由主义认为市场经济具有自发生成机制,理性"经济人"会选择自我约束,维持市场秩序和社会正义。例如威廉·杜尔投机案发生后,华尔街经纪商们签订的《梧桐树协议》就是金融市场自我规范的典型案例;马克思主义认为私有制是资本剥削劳动的根源,只有实行生产资料公有制,消除市场,才能解决劳动异化和社会公平问题,这样就产生了苏联式的计划经济。

在萨缪尔森看来,这两种解决方案都有失偏颇,不符合前工商文明所遵从的中庸之道。前者过于推崇市场机制,后者则完全抹杀市场作用,二者都是一种极端观点,偏离了中道。

第一,在萨缪尔森看来,自由放任的市场经济并不是如哈耶克所认为的那样,可以自生自发地形成,制度经济学的研究表明政府的法律与政策在市场经济的建构中发挥了重要作用,例如产权制度的完善可以降低交易成本,有效促进市场经济的发展。市场经济也不会产生卡尔·波兰尼所说的"社会的自我保护运动"即社会能够自发地诉求正义,抵制市场的侵蚀。因为,萨缪尔森认为在现代社会中,市场机制并非自由主义经济学家所认为的那样,是价值中立的,而是具有腐蚀性的。强大的市场逻辑已经不再局限于经济领域, 而是渗透到现代人的日常生活,它会导致金钱拜物教和价值观的物化,进而侵蚀人类社会赖以维系的伦理底线。

第二,萨缪尔森认为,计划经济虽然通过政府计划在一定程度上解决了贫富差距问题,却是以牺牲效率为代价的。在苏式指令经济中,政策制定者决定"生产什么、如何生产和为谁生产"。在市场经济中,价格和利润可以充当消费者和生产者之间的协调机制。在计划经济中,尽管最高当局力图通过激励机制来调动积极性,协调供求均衡,却往往事与愿违,不仅造成了经济的非效率与资源浪费,而且堵塞了创新的源泉。人的理性毕竟是有限的,"试图用少数经济和政治精英的非凡智慧来实现复杂性社会经济的全面调控"①,这显然是不现实的。

从现实主义角度出发,萨缪尔森仔细研究了美国经济发展史,发现真正自由放任的市场经济时期在美国经济史上其实是很短暂的,长期来看,美国经济实际上是一种混合经济。混合经济就是在自由放任与计划经济之间选择了一条中间道路,可以克服这两种思想的片面性,它代表了萨缪尔森经济伦理的理想境界。

---

① 靳凤林:《市场经济的道德合理性及其价值限度》,《理论视野》,2011 第 10 期。

第三章　萨缪尔森经济伦理思想的
理论基石

　　翻开《经济学》，众多西方经典经济学家的思想，以及各种西方经济学派的理论，时隐时现且熠熠生辉，看似信手拈来，实则浑然天成，无怪乎该书译者萧琛把萨缪尔森称为"海纳百川的高手"。如果说萨缪尔森的方法论为我们展示了其折衷主义的显性特征的话，那么，我们需要追问，萨缪尔森如此精妙地糅合众多思想精粹而自成大家之言，支撑其理论大厦的基石究竟是什么？换言之，中庸之道只是为我们展示了萨缪尔森的"妙手"，要想登堂入室，探得其文章"天成"的奥秘，我们还须从他的文本中爬罗剔抉，方可揭橥其经济伦理思想的理论基石。

　　萨缪尔森在《经济学》第二章论及亚当·斯密的"看不见的手"理论时，不无诗意地写道："当美利坚共和国的开创人在不列颠帝国的苛政之下大声呼唤自由之时，大英帝国的亚当·斯密也在倡导一种伟大的革命信条，呼吁将贸易和工业从封建桎梏中解放出来。"[1]在这里，他把同于1766年问世的两本划时代思想成果——斯密的《国富论》和《美国独立宣言》勾连在一起，

────────────

① 〔美〕保罗·萨缪尔森、诺德豪：《微观经济学》，萧琛译，北京：人民邮电出版社，2008年，第25页。

认为它们或许不是一种巧合,而应视为人类文明进步的突破性标志。萨缪尔森还把"经济发展与政治自由"作为其《经济学》的结束语,他如此说道:"关于历史,我们有理由做如下谨慎而乐观的解读:现代民主制度,在吸纳人类智慧的过程中稳步地向前推进,势必能够将两种世界的精华熔铸于一身。它既可以修复市场经济制度最深处的裂痕,也可以提高效率和公平而不必为之付出过多的代价。"①在他看来,经济自由和政治自由正是这两种人类文明的精华,它们可以推动人类社会的持续发展与繁荣。

此外,萨缪尔森将稀缺与效率确定为现代经济学的两大主题,认为正是因为自然资源相对于人类欲望的稀缺性,才使得效率成为经济学亟须解决的核心问题。然而,经济学的伦理宗旨是推动人类社会每一个人的可持续福利,萨缪尔森认为在要素市场不存在 "看不见的手", 即便是完全竞争的自由市场也"并不能保证收入和报酬必然会分配到那些最需要或最应得的人的手中"②。所以,他赞同阿瑟·奥肯的观点:"公平和效率(的冲突)是最需要加以权衡的社会经济问题,它在很多的社会政策领域一直困扰着我们。我们无法按市场效率生产出馅饼之后又完全公平地分享它。"③

质言之,自由、效率与公平,一起成为支撑萨缪尔森经济伦理思想的理论基石,我们只有从萨缪尔森的自由观、效率观和

---

① 〔美〕保罗·萨缪尔森、诺德豪:《微观经济学》,萧琛译,北京:人民邮电出版社,2008 年,第 338 页。

② 同上,第 209 页。

③ 同上,第 331 页。

公平观入手,才能真正把握住其经济伦理思想的本义与关键。

第一节　萨缪尔森自由伦理的三重面相

在萨缪尔森的《经济学》里,自由无疑是其经济伦理思想的核心理念。在他看来,自由理念在经济生活中的最佳实现形态就是市场机制,因此,市场成为彰显其自由理念的叙述媒介。但是,在他的叙述中,关于市场机制的伦理合理性,着墨并不多;市场不灵、外部性问题、分配不公问题、经济周期等市场机制的价值局限性却成为其关注的焦点。如何化解这些因素带来的道德困境?政府在经济生活中应该扮演什么样的伦理角色?于是乎,政府职能也就进入到萨缪尔森经济伦理思想的视野之中。在比较市场经济与指令经济的优劣之后,萨缪尔森认为融合市场与指令两种经济成分的混合经济代表了当今世界经济制度的主流趋势,该制度强调自由市场与政府监管并举,可以兼顾经济效率与社会公平,能够最大限度地克服市场经济的价值局限性。但这种价值判断并不表明他偏离了作为自由主义经济学家的道德立场,他把哈耶克和弗里德曼誉为经济自由的守护神,这就充分说明了他仍然是自由市场的坚定拥护者。但作为一名温和的凯恩斯主义者,他反对任何极端的有关市场与政府的价值论断,认为在现实社会中,经济发展的路径选择都是异常复杂的,如果缺乏健全的法制环境、足够的资本积累以及完善的激励机制等这些外在条件,市场经济极有可能导致"腐败的资本主义"，进而侵蚀社会的道德基础，形成一个金钱至上的市场社会。这就是说，萨缪尔森之所以运用巨大的篇幅阐述市场经济的价值局限性，归根结底是为了论证政府的经济职能关键在于有效抵制市场经济的腐蚀性，维护自由市场的伦理秩序，其实质仍然是保护自由免于侵犯，与新自由主义理念是一脉相承的。在萨缪尔森的经济伦理思想中，自由为何如此重要？他的自由观究竟有哪些特质？

一、萨缪尔森视域下的自由、理性与传统

"市场经济、民主政治、科技理性、多元文化是现代社会生成与发展的四大动力因素。"[①]在这四大因素中，前三者都是晚近启蒙运动的历史产物，而多元文化则关涉传统，它是传统文化进入世界史并经受现代性洗礼而呈现的多样化形态。按照康德的定义，启蒙"就是在一切事情上都有公开运用自己理性的自由"[②]。如果说欧洲大陆的启蒙运动开启了科技理性和民主政治的先河，那么，紧随其后的苏格兰启蒙则揭示了市场经济的真谛。从某种意义上来说，科技理性、民主政治以及市场经济都是人类把上帝驱逐之后在科学、政治以及经济领域自由地运用理性的产物。在科学领域，人们的理性力量得到了最自由的展示，它在推动人类物质文明进步的同时，也将与传统文化渐行渐远的现代社会拖入到一系列的伦理困境之中。没有了上帝，

---

① 靳凤林：《市场经济的道德合理性及其价值限度》，《理论视野》，2011 年第 10 期。
② 康德：《历史理性批判文集》，何兆武译，北京：商务印书馆，1991 年，第 22 页。

人们继承了古希腊的理性精神与古罗马的律法传统,开始运用理性的力量重构自己的政治生活,民主政治成为人类摆脱理智不成熟状态进而实现自由的世俗化选择。亚当·斯密则将上帝重新请了回来,运用"看不见的手"的隐喻深刻地阐发了自由市场经济的魔力。然而,与科技一样,没有了传统伦理秩序的制约,市场也不能避免其作为一种工具理性而产生的负面效应,带来诸如周期性的经济危机、不公平的财富分配以及非道德的拜金主义等问题。经济基础决定上层建筑,市场经济在这四大动力因素中占据基础性地位。由此可见,如何充分认识市场经济的道德合法性与价值局限性,处理好自由、理性与传统之间的关系,成为建构现代经济伦理的逻辑起点,也是我们解读萨缪尔森自由观的不二法门。

1.自由竞争凸显了市场经济的伦理品格

在《经济学》中,萨缪尔森开宗明义,指出稀缺与效率是经济学的主题。如果在一个不存在稀缺、丰裕而理想的伊甸园里,人们可以各取所需,就既可满足所有人的任何欲望,也不必为收入分配不公而发愁了。但现实社会是"一个到处充满着经济品的稀缺的世界"[①]。人类的欲望是永无止境的,相对于无限的需求,资源总是有限的。从经济学角度来看,如何把一个社会组织起来,利用有限的资源生产出尽可能多的产品,来最大化地满足人类的需求,也即提高每个人的福利,就成为经济学科的独特价值所在。

---

① 〔美〕保罗·萨缪尔森、诺德豪斯:《宏观经济学》,萧琛译,北京:人民邮电出版社,2008 年,第 4 页。

一个社会的经济生活如何组织才是最有效率的呢？萨缪尔森从经济史视角出发，把最为典型的三种组织方式进行了比较，认为混合经济是迄今为止最为有效的组织形式。指令经济和放任自由经济分别是两个极端，前者由政府制定经济政策，发布经济指令，会严重地影响效率。他通过对东西德国经济发展历史的比较来论证指令经济的非效率特征。"二战"结束时，这两个国家拥有几乎相同的生产率水平和工业结构。但经过四十年的发展之后，东德的生产率不到西德的三分之一的水平。东德实行的是典型的指令经济模式，而西德则引入了市场经济机制。自由放任经济则是政府不参与任何经济决策，个人和厂商通过价格、市场、盈亏、奖惩等一系列机制来解决生产什么、如何生产和为谁生产的问题。在这两种极端之间，就是混合经济的各种模式，包括混合的资本主义、管理的市场经济、社会主义等等。在萨缪尔森看来，这些模式都具有混合经济的一般特征，在充分发挥市场机制自由竞争的优势下，政府也积极参与市场秩序的监管以有效维护市场效率，调节收入分配以提高贫困阶层的福利水平，提供公共品以鼓励创新并促进经济持续发展。

市场机制为何有效率，关键在于自由竞争。萨缪尔森认为，在完全竞争的市场经济中，偏好、资源和技术成为市场的主导者，偏好通过价格机制反应出不同的市场需求，资源与技术则在利润的吸引下自由竞争，采取最有效率的生产方式，生产出各种经济品来满足这种需求，并最终在产品市场与要素市场达至市场的一般均衡。在这种状态下，自由竞争实现了人尽其才，地尽其力，物尽其用，货畅其流。所以，萨缪尔森认为："这一见解——沉浮残酷的市场竞争是提高产出和生活水平的一种强有效力量——是历史上最深刻和最有力的思想观念之一。"①

　　自由竞争不仅保证了市场机制的效率优势,而且有利于经济发展的智力支持。萨缪尔森认为,在推动经济增长的四个轮子中,自然资源属于天然禀赋,而在没有技术变革的条件下,资本深化也会降低收益甚至导致经济发展停滞。所以人力资源与技术变革在经济可持续发展中就具有特别重要的意义:一方面,政府可以通过提供大学教育与职业培训等公共品来普遍地"提高劳工的知识水平、健康程度和纪律意识,"②从而提高劳动生产率;另一方面,自由竞争可以保证每一个人都有自由选择的机会,市场通过利润的激励机制,能够最大限度地发挥每一个人的智力成果,并促使人们在竞争中寻求合作,推动技术变革。"自由之所以如此重要,乃是因为我们并不知道个人将如何使用其自由。"③正是这种面向未来的不确定性与可能性让即便是一个人的自由价值也都显得弥足珍贵。所以,萨缪尔森说:"劳动力、资本、产品和思想的自由市场,被证明是创新和技术变革的最肥沃的土壤。"④

2.有限理性造成了市场经济的价值坎陷

　　自亚当·斯密以来,"经济人假设"就成为现代经济学的理论预设。萨缪尔森对他的理论推崇备至,认为其关于市场机制

---

　　① 〔美〕保罗·萨缪尔森、诺德豪斯:《微观经济学》,萧琛译,北京:人民邮电出版社,2008 年,第 247 页。

　　② 同上,第 191 页。

　　③ 〔英〕弗里德曼·冯·哈耶克:《自由秩序原理(上)》,邓正来译,北京:生活·读书·新知三联书店,1997 年,第 31 页。

　　④ 〔美〕保罗·萨缪尔森、诺德豪斯:《宏观经济学》,萧琛译,北京:人民邮电出版社,2008 年,第 336 页。

的见解最早揭示了共利与私利的和谐一致性,也即市场经济的有序性。在完全竞争的前提下,市场不仅是有效率的,而且是有序的。"市场体系既不是混乱也不是奇迹。它是一个自身具有内在逻辑的体系。这个逻辑体系在发挥作用。市场经济是一部复杂而精良的机器,它通过价格和市场体系来协调个人和企业的各种经济活动。"①

但是,萨缪尔森也看到,这种"价格和市场体系"要发挥作用,就意味着"经济人"必须掌握着充分的市场信息以及具备完全的理性精神。这在现实生活中是不可能的,原因有二:一方面,任何市场主体都不可能穷尽全部所需的市场信息,正如萨缪尔森的老师奈特所指出的那样:正是因为为了规避风险,才会有股份制、保险公司和投资基金等风险分担的资本运营方式;正是因为有了不确定性,利润与博弈才成为可能。所以,萨缪尔森在《经济学》中专门用一章的篇幅来论述风险、不确定性和博弈论经济学。另一方面,个人在经济生活中能否扮演一个始终如一的理性"经济人"角色呢?萨缪尔森的回答是否定的。他在《经济学》中提了一个问题:消费者是奇才吗?显然不是,大多数人在日常经济生活中的决策行为只是根据习惯而做出,会受到各种非理性因素的影响。这种"经济人"在理性上的内在一致性假设只是为了"能够提供一种合理的、与事实比较相符合的答案"②。要言之,"经济人"所拥有的理性是有限的,它既需要

---

① 〔美〕保罗·萨缪尔森、诺德豪斯:《宏观经济学》,萧琛译,北京:人民邮电出版社,2008 年,第 23 页。

② 同上,第 77 页。

自由来增进其智识以获取足够的信息，也离不开传统来抑制其作恶的冲动，否则它就会给市场经济带来一系列的道德风险。

第一，信息的不对称容易诱发"经济人"非理性行为。由于在市场经济中消费者与生产者或者职业经理人与股民之间存在信息不对等的情况，在逐利的冲动下，厂商或经理就会不顾消费者或股民的利益，进行各种欺诈行为。萨缪尔森主要分析了两种现象。一种是生产商根据成本分析，有可能进行财务欺诈。例如安然公司通过各种新颖业务（投资者不具备这方面的专业知识）以及虚假的财务交易明细，故意向其投资者隐瞒了利润下降的事实。他认为安然案例警示我们，"健全的会计审计制度，还有政府机构和非政府机构的警惕和审慎，应该是何等的重要！"[1]还有一种可能，就是个人的投机行为如果受到非理性因素的影响，会有极大的道德风险。萨缪尔森尽管也认为投机行为有其道德合理性，比如投机行为可以实现资产与商品的跨时空调配，完美的投机市场"不仅从时间上和空间上促进了价格及配置形式的改善，还有助于风险的转移"[2]。但是，萨缪尔森也告诉我们，过度投机也会造成市场繁荣的假象，催生各种泡沫经济，导致市场崩溃。例如荷兰历史上的"郁金香泡沫"事件。

第二，"经济人"的有限理性无法实现市场的完全竞争与财富的公平分配。有限理性意味着"经济人"关注的是成本—收益

---

[1] 〔美〕保罗·萨缪尔森、诺德豪斯：《宏观经济学》，萧琛译，北京：人民邮电出版社，2008年，第120页。

[2] 同上，第180页。

分析,遵循的是货币选票的原则,它只知追求利润的最大化,取得市场的垄断地位,不仅有损效率,而且无法兼顾公平,这样就偏离了经济学提高每一个人福利的伦理宗旨。萨缪尔森显然认识到这个问题,首先他用一章的篇幅论述了不完全竞争及其极端形式——垄断。其次,在关于"市场如何决定收入"这一章节中,他以一个问题作为小结——"收入分配中是否也存在看不见的手"。在他看来,正是因为现代"经济人"假设缺乏斯密体系中的"道德人"所具有的同情、荣誉、责任等其他价值理性因素,"看不见的手"在有限理性的指引下,脱离了伦理的羁绊,遵循着丛林法则,追求规模优势,设置进入壁垒,不仅造成了市场的非效率与资源的浪费,而且给现代社会带来了令人触目惊心的财富鸿沟,甚至于这种"收入和财富的不平等代代相传"[①]。

3.传统秩序映射了政府职能的伦理属性

无论是自由市场的现实形态,还是"经济人"的有限理性,都需要传统力量来给市场以秩序,给理性以纠偏。由此而言,自由、理性与传统之间的关系告诉我们现代政府在市场经济中应该扮演什么角色,从而映射出一个现代政府经济职能的伦理属性。萨缪尔森认为自由市场存在不完全竞争、具有外部性、分配不公等价值局限性,尤其是在全球化的时代背景下,自由市场已经将各个国家连为一体,牵一发而动全身,但是与之相应的国际伦理秩序尚未建立,前工业化时期保存下来的传统秩序已经无法对市场经济形成全方位的伦理制约,这就

---

① 〔美〕保罗·萨缪尔森、诺德豪斯:《微观经济学》,萧琛译,北京:人民邮电出版社,2008年,第209页。

给现代政府经济职能增添了新的伦理属性。如何面对传统秩序呢？萨缪尔森认为传统秩序依然值得尊重，因为他深知，自由市场也是从传统秩序中孕育出来的，一方面，自由催生了现代经济伦理的新因素，另一方面，传统秩序在某种意义上来说，是理性不及的领域，这就要求我们不要试图通过自由地运用理性的力量来构建一个全新全能的现代社会。在现代历史背景下，我们既要吸纳自由市场赋予一个现代性政府的新的伦理属性，也要继承传统秩序的有生力量，正确处理好自由、理性与传统之间的关系。

第一，现代政府经济职能的伦理属性。在前工业社会，自给自足的自然经济生产少、规模小，辐射范围窄，依靠传统伦理习俗的调节就可以完成市场交易，达成供需平衡，很少需要政府的直接干预。但进入工业社会之后，市场经济具有分工细、效率高、规模大、跨时空、易波动等特征，传统的伦理习俗显然已经不能适应市场需要，政府干预经济生活就具有了伦理合理性。萨缪尔森认为现代政府经济职能的伦理属性主要包括三个方面："提高效率、增进公平以及促进宏观经济的稳定与增长。"[①]提高效率指促进市场竞争、提供公共品以及控制负外部性问题；增进公平指通过财税政策、政府采购和转移支付等手段进行收入再分配，促进公平；最后要求政府通过财政政策和货币政策减少失业、降低通胀、维护汇率稳定等等。

第二，尊重传统秩序，促进经济发展。如果一个发展中国家

---

① 〔美〕保罗·萨缪尔森、诺德豪斯：《微观经济学》，萧琛译，北京：人民邮电出版社，2008年，第30页。

尚未构建民主政治伦理体系，但又走向了自由市场的道路，怎么处理自由与传统之间的关系呢？萨缪尔森给出了答案：尊重传统秩序，优先发展经济福利。在分析经济发展的挑战时，萨缪尔森发现，许多发展中国家，资本积累率低，人均产出低，预期寿命短，人力资源开发不足，而且人口呈爆炸性增长，在经济发展历程中往往会陷入所谓马尔萨斯的人口魔咒之中；在一些新兴市场中，穷国力图通过国外贷款来发展经济，但往往会陷入"机会、贷款、利润、投资过热、投机、危机、资金枯竭"①等循环危机之中。萨缪尔森认为提高贫穷国家的经济发展水平显然要比发展民主政治更具有急迫性。他列举了多种发展理论，包括落后假说、工业化和农业、国家和市场以及增长与开发等等。最后，他认为这些国家可以在尊重传统秩序的基础上，进行有利于自由市场发展的变革，主要包括：政府必须推崇法治，强调契约的有效性，对市场的管制必须有利于鼓励竞争和创新；通过提供教育、医疗、交通设施等公共品，既能获得投资收益，也能提高人力资源水平。总之，发展中国家需要遵循一个总体原则：市场能够办好的事情，政府就不要干预，要把精力集中于那些市场不灵的地方和市场秩序的监管等部门上。

萨缪尔森认为自由市场不仅最有效地推动经济发展，也与政治自由紧密相连，他发现，"并不是每一个实行市场经济的国家都是民主的，但每一个拥有民主政治制度的国家所实行的却都是市场经济。而且，事实上，每一个高收入国家都是既实行市

---

① 〔美〕保罗·萨缪尔森、诺德豪斯：《宏观经济学》，萧琛译，北京：人民邮电出版社，2008年，第211页。

场经济又拥有政治上的民主。"①那么,民主政治在维护自由市场上主要体现在哪些方面呢? 换言之,萨缪尔森自由观有哪些特质呢?

二、产权自由:萨缪尔森自由伦理的面相之一

产权就意味着自由,洛克把保护生命、财产和自由视为政府存在的伦理底线。黑格尔也认为财产权是个人自由意志的体现。但如果没有产权,生命失去了物质的依托,还能奢谈自由吗? 所以,萨缪尔森非常重视产权自由在市场经济中的价值导向作用,他认为财产来源于两个变量,即收入和财富。收入是流量,财富是变量。"个人收入等于市场收入加上转移支付。市场收入大部分来自工资和薪金;少数富人的市场收入来自于财产收益。"②家庭财富包括"有形资产(房屋、汽车、其他耐用消费品及土地),还有金融资产(如现金、储蓄、债券和股息)"③。萨缪尔森认为:"产权指的是个人或企业所有、购买、出售和使用资本品和市场经济中其他财产的权利。这些权利由法律制度来保证,法律制度使得经济能够在一定的范围内顺利运行。"④他认为产权自由在市场经济中的伦理意义主要包括以下三个方面:

1.产权自由是市场交易的价值前提

"市场是买者和卖者相互作用并共同决定商品和劳务的价

① 〔美〕保罗·萨缪尔森、诺德豪斯:《宏观经济学》,萧琛译,北京:人民邮电出版社,2008 年,第 337 页。

②③ 同上,第 199 页。

④ 同上,第 30 页。

格以及交易数量的机制。"①可见,市场机制的核心在于卖者与买者之间的自愿交易。市场经济之前有没有交易呢?显然是有的,如果不与其他人进行商品交换,即使在原始社会,单凭一己之力也无法满足这个人的所有需求。那么,这种交易与市场经济中的交易有何不同呢?萨缪尔森说:"那时欧洲和亚洲的多数经济活动是由贵族阶层和城镇行会所把持的。"②这就说明,前市场交易是一种特权交易,而市场经济是一种自由、自愿、平等的交易形式。

萨缪尔森认为现代市场经济具有三个显著特征:贸易与专业化、货币和资本。贸易主要依靠个人与企业的专业化分工;货币提供交易媒介和融资手段;大规模的资本运用则提高了生产效率。这三个特征都与市场交易密不可分,或者说,更加凸显了市场交易的重要性。人们为何会认可这种自由、自愿和平等的市场交易呢?换言之,两个陌生人之间为何会愿意将自己的商品或劳务进行交换呢?萨缪尔森认为关键在于对各自商品或劳务所有权的价值共识,并受法律保护,交易才可能发生。这种价值共识来自于私人产权。产权自由是市场经济的价值前提,可以说,没有交易双方对各自产权的价值共识,自由、自愿、平等的交易根本无法进行。只有在产权自由的前提下,各种生产要素才可以自由流动,生产出来的各种产品才能通过市场机制自由交换,完成最有效率的资源配置。

---

① 〔美〕保罗·萨缪尔森、诺德豪斯:《宏观经济学》,萧琛译,北京:人民邮电出版社,2008 年,第 23 页。
② 同上,第 22 页。

2.产权自由是现代企业制度的伦理支点

如上文所述,产权自由可以确保交易顺利进行,是不是在前市场经济引入产权就可以达到如此之高的生产效率呢?换言之,"为何生产通常在企业,而不是在居民的地下室进行呢?"[①]萨缪尔森认为主要是因为企业是由专业化组织所构成,在批量生产、筹集资金和生产管理等方面具有优势。他说:"公司是一个可以从事经济活动的法人。"[②]这就是说,现代企业(以有限责任股份公司为例)是一个人格化的产权代理人,它可以独立作为市场主体进行交易活动。现代企业制度是建立在产权明晰、权责统一的基础之上的。换言之,产权自由是现代企业制度的伦理支点。那么,产权自由的伦理诉求为何会选择现代企业这种市场主体形式呢?

首先,产权自由的企业制度符合现代市场经济专业化与劳动分工的需求,具有提高效率的优势。在产权明晰与权责统一的前提下,不同产业的企业组织可以保证个人或国家、资本和土地各自集中精力去从事某种职业或行业,发挥各自的比较优势,不仅极大地提高了生产效率,也可以提供各种高质量的经济品来满足人们的多样性需求,从而提高人们的福利水平;其次,"自由不仅意味着个人拥有选择的机会并承受选择的重负,而且还意味着他必须承担起行动的后果,接受对其行动的赞扬

---

① 〔美〕保罗·萨缪尔森、诺德豪斯:《微观经济学》,萧琛译,北京:人民邮电出版社,2008年,第103页。

② 同上,第105页。

或谴责。自由与责任实不可分。"①萨缪尔森认为,在自由市场中,作为独立从事经济活动的现代企业,亦复如此。在一个产权自由的法治环境下,企业必然会自觉地承担其经济行为以及对利益相关者的责任,降低短期投机行为带来的道德风险,例如,企业会注重打造品牌形象、减少经济行为带来的负外部性以及积极参加社会公益活动等等。

3.产权自由具有激励约束的道德意义

自由就代表着责任,在市场经济条件下,以产权制度为核心建立起来的现代企业制度实际上就是一种责任制度,利润就是责任考核的评价标准。产权自由之所以会给市场主体带来责任,主要是因为产权会给其带来风险与利润。众所周知,产权包含着对财产的处分权和收益权,企业效益好,收益就高,否则就面临着退出市场的风险。萨缪尔森所言极是:"正如农夫用胡萝卜来驱使驴前行一样,市场体系用利润和亏损来引导企业有效率地生产出符合人们需要的产品。"②换言之,产权自由通过利润来对企业来进行激励与约束。

萨缪尔森认为:"在很长时期内,全球的产出和财富的增长主要取决于知识水平的提高。但在人类历史上,制度因素在新技术创新、新知识传播以及激励人们投身于工作等方面的起步却比较晚:直到近 500 年以来,鼓励创新的制度才在西欧缓慢

---

① 〔英〕弗里德曼·冯·哈耶克:《自由秩序原理(上)》,邓正来译,北京:生活·读书·新知三联书店,1997 年,第 83 页。

② 〔美〕保罗·萨缪尔森、诺德豪斯:《微观经济学》,萧琛译,北京:人民邮电出版社,2008 年,第 297 页。

发展。"①无论是私人所有制,还是专利制度以及其他各种相关法律体系,产权自由都是激励技术创新的最重要的道德因素。

萨缪尔森发现,产权自由不仅能够激励创新,而且还能有效地遏制市场经济中的负外部性问题,培育市场主体形成自我约束的道德意识。这种问题的典型例子就是环境污染。通过比较政府命令—控制型管制、收取排放费、发放可交易排放许可证以及私人产权形式等这些防控环境污染的种种措施,萨缪尔森认为,"只要产权清晰,交易成本很低,尤其是当只有几个利益相关方时,健全的责任规则有时也能保证在存在外部性的情况下产生有效率的结果。"②

三、经营自由:萨缪尔森自由伦理的面相之二

从市场交易的发生机制来看,产权自由还只是市场经济伦理的起点。作为市场主体的代表,如果现代企业不能具备高度的经营自由,即便是在产权自由的前提下,也会因为不能灵活生产以适应市场需求而破产。萨缪尔森指出,在当今世界,有些国家虽然具备比较完善的产权制度,却因为政府对企业的经营行为干预过多,同样会产生非效率,而且会衍生腐败。萨缪尔森认为,政府一旦掌握了大量的市场资源,就会迫使资本依附权力,给权力寻租提供了空间,产生体制性腐败,而"体制本身的

① 〔美〕保罗·萨缪尔森、诺德豪斯:《宏观经济学》,萧琛译,北京:人民邮电出版社,2008 年,第 193 页。

② 同上,第 326 页。

腐败往往是最致命的杀手,它可以破坏游戏的规则,"①从而窒息市场经济活力。如何防范腐败,确保现代企业经营自由呢?萨缪尔森认为需要从契约精神、资本规范以及管控伦理等三个方面入手。

1.经营自由与契约精神

萨缪尔森说:"市场是买者和卖者相互作用并共同决定商品和劳务的价格以及交易数量的机制。"②从某种意义上来说,市场交易的实质在于实现买卖双方产权的自由流转,如何实现这种产权转移呢?这需要交易各方通过契约的形式规定各自的权利与义务,体现自愿、平等、诚信等道德原则。契约实质上体现了一种权责统一的伦理精神。

在计划经济中,商品交易是根据上级指令以各种配额或者既定价格来进行,企业没有生产经营的自主权力,也就谈不上对自己的经济行为负责,所以在计划经济中出现了大量浪费与投机行为。而在市场经济中,企业具有充分的经营自由,它们通过契约的形式对交易各方进行伦理制约,从而提高效率和规避风险。由此可见,契约精神是推动现代企业经营自由的道德驱动力。

萨缪尔森认为,在契约精神的推动下,企业在经过精细的成本分析之后,通过各种风险评估和定价博弈,完成最优效率的交易行为。这种恪守契约精神的经济行为会给企业带来巨

---

① 〔美〕保罗·萨缪尔森、诺德豪斯:《宏观经济学》,萧琛译,北京:人民邮电出版社,2008 年,第 217 页。
② 同上,第 23 页。

大的无形资产,即品牌效应。在论述品牌价值时,萨缪尔森指出,像可口可乐、微软这样的世界 500 强企业不仅需要通过不断的产品创新来获得专利权,以及大力的广告宣传来提升自身的品牌形象,而且更需要企业在长期的经济行为中恪守契约精神,在消费者心中树立产品质量好与社会责任感强的良好信誉。

2.经营自由与资本规范

在分析现代市场经济特征时,萨缪尔森认为,"现代工业技术依赖于大规模的资本运用:精密的机器、大型的工厂和库存。"①实际上,在很早以前,人们就已经认识到迂回生产的高效率特征,而迂回生产就需要大量资本的投入,在现代社会更是如此。所以他提醒我们:"绝大多数人并没有意识到我们的日常生活在多大程度上依赖于资本,包括我们居住的房屋、驱车行驶的高速公路,以及给我们输送电力和有线电视的缆线。"②可见,在现代市场经济条件下,如何规范资本运营成为现代企业经营自由的重要组成部分。

萨缪尔森认为,规范资本运营,首先要培养一大批德才兼备的企业家。企业家是一个现代企业的灵魂,是企业进行资本运营的主要推手,他对资本运作的战略眼光和经营理念决定企业的成败与发展方向。只有让企业家在市场经济中摸爬滚打,培育全社会"学而优则商"的文化氛围,才能孕育出一批敢于冒

---

① 〔美〕保罗·萨缪尔森、诺德豪斯:《微观经济学》,萧琛译,北京:人民邮电出版社,2008 年,第 27 页。

② 同上,第 29 页。

险、未雨绸缪、诚实守信并具备强烈的社会责任感与历史使命感的企业家,从源头上确立资本运营的伦理规范。

其次,要构建有利于培育技术变革的资本运营理念。萨缪尔森高度重视企业在推动经济增长中的作用,他引用了凯恩斯的一句话强调了这一观点:"是企业创造并增加了世界的财富。当企业顺利运作时,无论人们是否节俭,社会财富都会随之聚集起来;而当企业停滞不前时,无论人们如何节俭,社会财富也都会逐渐枯竭。"①如何能够在激烈的市场竞争中实现技术进步,不断拓展技术可能性边界,是一个现代企业能否发展壮大的关键性因素。而技术进步则离不开大规模的资本运营,如何培育有利于创新的资本运营理念呢?萨缪尔森认为:"在自由市场的框架内,政府可以通过鼓励新思想和确保技术的有效利用,来扶植快速的技术进步。政策可以同时对供给和需求两方面都施加影响。"②一方面在企业间和行业间鼓励和引入激励竞争机制是刺激创新的最基本的动力;另一方面,政府还可以通过如下措施来存进技术变革:支持基础科学以及其他应用技术的研发;鼓励外国投资或引入竞争,促进国内企业或行业的技术改造与升级;制定适度的储蓄率与实际利率来降低企业的资本运营成本等等。

3.经营自由与管控伦理

"市场是组织经济活动的非常了不起的办法,但是它需要

---

① 〔美〕保罗·萨缪尔森、诺德豪斯:《宏观经济学》,萧琛译,北京:人民邮电出版社,2008年,第336页。

② 同上,第337页。

一个成熟的监管机制。"①萨缪尔森引用了戴维·维塞尔(《华尔街日报》专栏作家)的这句话开始其有关企业管制的论述。在他看来，在全球化背景下，企业规模越来越大，有数据表明：到2009年，全球100个巨型经济体中,51个是公司,49个是国家②。这些公司富可敌国，在市场上基本处于垄断、寡头或垄断竞争的地位。所以，现代企业的经营自由必然存在着价值限度,需要政府施以合理管制。"管制是对企业无节制的市场力量的一种限制。"③

萨缪尔森认为对企业进行管控的伦理合理性体现在以下三个方面：第一，对企业进行管控可以防止垄断或寡头垄断滥用市场力量，扰乱甚至破坏正常的市场经济伦理秩序；第二，通过强制企业申报或披露有关产品的信息，可以矫正信息的不完全性，维护消费者利益；第三，可以通过社会管制手段纠正诸如污染之类的外部性问题。

然而，萨缪尔森认为管制也需要进行成本—收益分析，进行功利主义的道德评价。他认为大量研究表明：管制主要有两种方式，包括经济管制和社会管制，二者各有利弊。经济管制有可能带来很少的收益，却造成相当大的效率损失；社会管制确有收益，但是这些收益却难以衡量。总体而言，管制实际上可能是在增强而非遏制垄断权力。所以，最近二十年来，经济管制呈

---

① 〔美〕保罗·萨缪尔森、诺德豪斯：《微观经济学》，萧琛译，北京：人民邮电出版社，2008年，第296页。

② 任学安主编：《公司的力量》，太原：山西教育出版社，2010年，第4页。

③ 同①，第297页。

现逐步弱化的趋势。他以美国航空业管制为例,说明:"一个没有管制的市场，甚至在那些厂商拥有潜在的巨大市场力量的产业,也能完成好资源配置的任务。"①但是,萨缪尔森认为在现代经济中,在环境保护、保证良性竞争、杜绝欺诈、维护劳工与消费者权益等方面，政府监管和健全的法律体系还是必不可少的。

四、贸易自由:萨缪尔森自由伦理的面相之三

"贸易生财的思想是经济学的核心见解之一。"②这一点,在国内贸易中基本是可以达成价值共识的,只是在涉及地方或者区域利益时会有一定的分歧,但由于不存在国际贸易中的一些特殊问题,这种分歧一般会在这种共识中达成和解。所以萨缪尔森把国际贸易的自由问题作为其关注的焦点。

在国际市场中，不同个人和国家致力于专业化和劳动分工,可以提高资源的生产效率。然后用各自生产的物品进行自由贸易,能够极大地提供高质量和多样化的消费品,从而提高每个人的生活水平。萨缪尔森认为在全球化背景下,世界市场出现了新格局,经济一体化程度加深,呈现出两大特征:其一,进出口贸易在国家总产出中的份额剧增,各国生产商都在激励的市场竞争中谋求合作共赢。国际贸易加快了各个国家之间的

---

① 〔美〕保罗·萨缪尔森、诺德豪斯:《微观经济学》,萧琛译,北京:人民邮电出版社,2008年,第302页。

② 同上,第27页。

生产专业化和国际分工，催生了诸如外包等新的生产协作模式。其二,金融市场一体化加强,既创造了惊人的贸易收益,收益与风险并存,这种一体化也滋生了潜在的国际金融危机[①]。由之,萨缪尔森把建构公平正义的国际贸易伦理新秩序和防范国际金融体系的道德失范视为贸易自由的两大伦理诉求。

1.建构公平正义的国际贸易伦理秩序

萨缪尔森认为,建构公平正义的国际贸易伦理秩序,首先要充分认识国际贸易的道德合理性。在他看来,这种合理性至少体现在以下三个方面:第一,不同国家的自然资源、资本储备、人力资源以及技术水平存在巨大差异,由此产生了国际分工与贸易的必要性;第二,各国皆有各自独特的传统习俗,在衣食住行和文化娱乐存在不同偏好与兴趣,国际贸易可以满足这种多样性需求,达成共赢;第三,由于各国经济发展的起点不同,各国可以通过国际贸易寻找自身的后发优势,并通过规模生产的方式,发展具有成本优势的产业,从而推动本国经济发展。他以缅甸为例,认为缅甸具有自然资源和人力成本的优势,发展诸如钢铁等行业就既缺乏资本投入也无法解决就业问题,还不如做好资源开发和农业生产,既能解决就业问题,还能在国际粮食贸易中占据成本优势。要言之,"国际贸易的效益在于:生产要素能在全世界范围内被更加有效地利用。"[②]

[①] 〔美〕保罗·萨缪尔森、诺德豪斯:《微观经济学》,萧琛译,北京:人民邮电出版社,2008 年,第 28 页。

[②] 转引自〔美〕保罗·萨缪尔森、诺德豪斯:《宏观经济学》,萧琛译,北京:人民邮电出版社,2008 年,第 225 页。

其次,需要厘清国际贸易的实质、国家间的比较优势、贸易保护主义以及开发经济中的对外贸易和相互依存等诸问题,并作出准确合理的价值判断。萨缪尔森认为在开放经济条件下,国家间经济相互依存度越来越深,国际贸易由此愈加凸显其重要性,其实质是国内贸易范围的扩大,但由于主权国家的存在,产生了汇率、关税与配额等问题,从而形成了一个包括商品、服务及资本等经济品进出口的制度体系①。其中,汇率关系到国际金融体系问题;关税与配额则是出于贸易保护主义。

在萨缪尔森看来,在国际贸易的自由问题上,存在两种对立的道德评价:一种以亚当·斯密为代表,李嘉图的比较优势论是其理论代表,该派支持国际自由贸易,认为,"贸易能推进对各国都有利的国际劳动分工,自由和开放的贸易使得每个国际都能扩大其生产和消费的可能性,从而提高全世界的生活水平。"②另一派以约翰·斯图亚特·穆勒和亚历山大·汉密尔顿为代表,他们则从民族主义或爱国主义出发,提出贸易条件论或最优关税论和保护"幼稚产业"理论来反对国际贸易自由,主张通过设置关税和配额来增加财政收入、保护幼稚产业和减少失业。

萨缪尔森认为这两种观点都有失偏颇,各有优劣。比较优势理论建立在"古典假设"之上,"即假定经济是一种平稳运行的竞争经济。"③一旦宏观或微观经济出现市场不灵时,国际贸

---

① 〔美〕保罗·萨缪尔森、诺德豪斯:《微观经济学》,萧琛译,北京:人民邮电出版社,2008年,第255页。
② 同上,第263页。
③ 同上,第262页。

易会把该国推到其生产可能性边界以内。在经济不景气时,失业猛增,产出大降;在经济繁荣时,国际贸易自由有可能会让跨国公司有机会将污染物排放到大海或者转移到管制较松的国家;比较优势理论的另一个弊端在于,国际贸易自由并不能让各国的每一个人、企业、部门或生产要素都于其中受益,会暂时性对某些行业或部门造成损失。由此,萨缪尔森认为,尽管比较优势理论有其局限性,但它仍然是经济学中最深刻的真理之一。"那些忽视比较优势的国家在生活水平和经济增长方面会因此而付出沉重的代价。"①

在对关税成本进行分析之后,萨缪尔森认为关税实质上是国内某些特殊利益集团孜孜以求的必然结果,它鼓励了无效率的国内生产,提高了价格,导致消费者对征税商品的购买量低于有效率的水平。国际贸易保护主义既不能抵制国外廉价劳动力的竞争,因为"高工资来自于高效率,而不是保护性关税"②;也不能真正促进所谓幼稚产业的发展,更不能增加工作机会和减少失业,贸易自由反而可以引入竞争,促进这些产业的发展,积极运用国内货币政策与财政政策才能更为有效地解决失业问题。

最后,萨缪尔森认为建构公平正义的国际贸易伦理秩序,需要通过多边协议和区域性措施等各种自由贸易谈判来实现,其典型成功案例就是世界贸易组织。

---

① 〔美〕保罗·萨缪尔森、诺德豪斯:《微观经济学》,萧琛译,北京:人民邮电出版社,2008年,第263页。

② 同上,第269页。

2.防控国际金融体系的道德失范

随着国际贸易的迅猛发展,国际金融市场一体化程度也日益加强,大多数国家都纷纷在一定程度上解除了对国际资本流动的管制。这些举措一方面降低了融资成本,创造了惊人的贸易收益,另一方面也给投资者提供了转移资金的便利。由于某些国家金融制度不够完善,金融市场的监管机制也各不相同,许多国际金融公司可以利用这些金融制度和监管机制的漏洞,对该国金融市场进行投机以攫取高额收益,只要一有风吹草动就会大规模撤资,造成国内金融市场的剧烈震荡,甚至引发金融危机。因此,贸易自由不仅需要建构公平正义的国际贸易伦理秩序,而且要着力防范国际金融业的道德失范。

萨缪尔森在论述现代市场经济的特征时,将货币作为三个主要特征之一,并用三个章节的篇幅专门论述金融市场和货币的特殊形态、中央银行与货币政策以及汇率与国际金融体系。虽然没有像弗里德曼那样认为货币是唯一重要的,但也足以显示国际金融体系在萨缪尔森经济理论中的重要地位。在现实经济活动中,国际金融体系亦复如此。"冷战"结束后,国际金融空前繁荣,受益于宽松的国际环境和日益密切的国际贸易,债券、股票、外汇以及基金等各种金融资本得以进行大规模超越国界的持续流动,并发挥巨大的杠杆作用,极大地推动了各国的产业升级、技术变革与经济增长。但是,自20世纪90年代以来,在世界范围内爆发了一系列的国际金融危机:1991—1992年的欧洲汇率体制危机、1994—1995年墨西哥货币崩溃危机、1998年的亚洲金融危机、2008年美国次贷危机引发的全球性经济危机。萨缪尔森认为这些经济危机往往都与国际金融业的道德失范有关。如何防范国际金融体系的道德失范？萨缪尔森认为需要从制度和个人两个层面来入手。

首先，维护平稳有序的汇率制度与保持国际收支平衡是现代政府的伦理职责之一。萨缪尔森认为，在全球金融日益整合与相互依存的历史背景下，维持汇率稳定与保持国际收支平衡是政府宏观调控的主要任务之一。近年来，世界各国所采取的汇率制度主要有固定汇率制、浮动汇率制以及"管理"汇率制等三种形式。固定汇率制是一种古典金本位制，大卫·休谟认为在金本位制下，国际货币市场存在一种自动调节机制，货币供应量总是会和总体价格水平成比例的。但这种汇率制会让政府面临一个艰巨的任务："不断地调整实际产出和就业，以确保本国的相对价格水平同那些参与该固定汇率体系的缔约国相一致。"①美国、欧洲和日本主要采取浮动汇率制，这些国家的"汇率变动最终都要由私人对商品、服务和投资的供给和需求来决定"②。但是，在这种制度下，汇率在短期内会产生非常大的波动，引发金融危机。基于对这两种汇率制的价值分析，萨缪尔森比较支持第三种汇率制，即管理汇率制，在该制度下，"政府试图通过购买或出售外国货币，或间接地使用货币政策（提高或降低利率）来影响汇率。"这样，萨缪尔森就将维护平稳有序的汇率制度与保持国际收支平衡纳入其现代政府的伦理职责之中。

---

① 〔美〕保罗·萨缪尔森、诺德豪斯：《宏观经济学》，萧琛译，北京：人民邮电出版社，2008年，第237页。

② 同上，第239页。

在一个具有高度风险与不确定性的现代社会,国际金融网络已经切入每个国家部门、企业乃至个人的工资表,直接影响每个人的日常生活。汇率制度本质上是通过货币来体现政府的信用机制。在遭遇金融危机时,政府应该主动出手,香港特区政府的正义行动就是一个成功的典范。为了抗击美国金融大鳄索罗斯对本地金融市场的恶意投机行为,政府放弃自由汇率制,果断出手,通过强有力的政府干预,迫使索罗斯放弃其卑鄙行径,转投亚洲其他国家和地区的金融市场,引发了亚洲金融危机。这充分说明,政府主动承担维护金融稳定的伦理职责,可以有效遏制国际热钱或游资的投机行为。

其次,萨缪尔森通过对安然公司案例分析表明,防范国际金融体系的道德失范还需要从加强政府监管,培养金融从业人员职业道德,提高金融监管者的道德水平。在2008年华尔街的次贷危机中,金融从业人员利用信息不对称的机会,通过各种所谓的金融创新,把一些不良的房地产进行打包、分割、组合,变成全新的金融衍生品,然后与房贷公司、金融企业、证券公司、对冲基金合谋,欺骗消费者。在投机泡沫中,金融交易的链条越来越长,隐蔽性越来越强,政府监管自然就越来越乏力了,最后演化为一场席卷全球的金融灾难。这个案例表明,提高金融从业人员的职业道德素质和增强金融企业的社会责任意识是防范国际金融道德失范的必要手段。

最后,萨缪尔森也意识到,现代金融业的发展呈现纷繁复杂的趋势。一方面,随着金融工具的创新加速,各种金融产品五花八门,层出不穷,金融业日益专业化和复杂化,即便是金融业的专家唯恐也难以穷尽这些金融产品的真实面目,这就给金融监管人员进行权力寻租留下了空间;另一方面,银行、证券、保险、信托、基金等传统金融行业之间的经营界限也日益模糊,依靠分业监管的旧有体制已经无法实现对这些金融业务的有效监管,造成大量金融衍生品的投机行为。所以,萨缪尔森认为,培养德才兼备的金融监管人才,健全金融预警和监管体制也是防止金融体系道德失范所必须。

第二节　萨缪尔森效率伦理的三维透视

诚如马克思所言,市场是天生的自由派。虽然存在着某种与生俱来的价值坎陷,自由市场仍然成为现代社会谋求经济发展与增长的必然选择。究其原因,就在于市场机制具有无与伦比的效率优势。"众所周知,市场经济的基本目标模式是经济效益的最大化或最高值,而高效率恰恰是人们用以证明市场经济作为一种现代经济模式的优越性的根本理由。"[①]人们对这种效率优越性的认知肇始于近代西方古典经济学,并随后获得了系统的伦理论证,形成了不同的效率理论。根据其论证的不同视角可以分为两个历史阶段:

其一,斯密型效率理论。在西方经济思想史上,这种理论的伦理论证经过了三个时期。最早要归功于曼德维尔的发现,他

---

① 万俊人:《道德之维——现代经济伦理导论》,广州:广东人民出版社,2000年,第101页。

以著名的"蜜蜂寓言"来阐发个人逐利之"恶"成就社会财富增长之"善"的奥秘,论证了个人逐利的合理性与正当性;其次,斯密从财富的性质与来源入手,通过"看不见的手"理论深刻揭示了:在自由竞争的市场经济中,社会分工可以提高生产效率,促进财富增长,第一次将个人的逐利行为与社会的财富增长视为良性互动的伦理关系;穆勒则详细分析了各生产要素(劳动、土地和资本等)、组织方式(大规模生产和小规模生产)以及分工合作在提高生产效率中的作用,他认为生产效率受制于自然资源、人类智识、技术设备以及资本积累等客观条件的影响,而分配效率则取决于人类制度,关涉法律与习俗,但总体而言,经济效率的提高有助于增加社会财富、推动社会进步、提高劳动阶级的福利,符合功利主义所主张的"最大多数人的最大幸福"原则。斯密型效率理论主要通过个人逐利的正当性、个人自利与社会福利的协调性以及"最大多数人的最大幸福"原则来论证了自由市场在财富生产的效率优势以及由此而具备的道德合法性。

其二,帕累托效率理论。以意大利经济学家帕累托为代表的福利经济学家认为斯密型效率理论侧重财富生产效率的伦理考量,虽然功利主义也考虑了社会财富的分配,却是以牺牲少数人福利为代价的,所以提出了帕累托效率最优理论。根据这一理论,如果在某种状态或体系中,当且仅当该体系达到这样一种良好的状态,以至于在该体系中再没有一种可行的且可供选择的状态能使一个人的境况变好,而同时又不会使其他人的境况变坏时,该状态就是帕累托最优。布坎南认为帕累托效率论证的最大优点是考虑到了社会整体福利的最优分配,但忽视了社会生产效率的总体增长对福利本身所具有的积极意义①。

萨缪尔森认为,这两种理论都与其独特的历史背景有关,斯密型效率理论聚焦于生产效率,恰好迎合了自由竞争时期资本主义大工业生产的发展需要,而帕累托效率理论侧重于分配效率,则如实反映了垄断资本主义时期劳动阶层尤其是工人阶级争取福利的伦理诉求。在他看来,这两种理论正好可以互为表里,一起论证了现代微观经济领域中效率问题的伦理合理性。在吸收这两种效率理论的基础上,萨缪尔森进一步拓展了市场效率的理论空间,形成了自己的效率观,他的效率观具有如下三个特征:

其一,在微观经济领域,萨缪尔森吸收了斯密型和帕累托两种效率理论,并将之视为完全竞争的市场效率在一般均衡状态下的伦理特征。在产品市场中,厂商遵循斯密型效率理论;在要素市场中,帕累托效率意味着一个社会的经济发展必然会提高或者至少不会损坏身于其中的任何一个人的福利。他还在此基础上把关注的焦点集中在如何避免市场的非效率问题上,包括生产领域中的不完全竞争、垄断、环境保护、政府监管以及分配领域中的税收、转移支付等。

其二,在宏观经济领域,萨缪尔森吸收了包括凯恩斯、科斯、熊彼特等众多流派关于效率问题的论述,形成了以经济发展为核心的动态效率观。在他看来,斯密型和帕累托两种效率理论主要论证了在市场均衡状态下生产效率与分配效率的伦

① 参见万俊人:《义利之间》,北京:团结出版社,2003 年,第 67 页。

理意义,但这种均衡状态是"在一个经济体的资源和技术既定的条件下①"发生的。换言之,这两种效率理论实质上论证了市场静态均衡中的资源配置效率的道德合法性,它更适合像美国这样已经具备成熟市场体制的发达经济体。在资源和技术暂时无法突破的前提下,如何最大限度地提高现有生产资源的配置效率来满足人们的福利成为美国经济学家们的核心问题。但它无法回答一个发展中国家在自身资源有限和技术落后的前提下,如何提高其生产效率的问题。萨缪尔森认为,处于国际分工不利地位的发展中国家单凭市场力量来提高资源配置效率是无法实现经济发展的,这就需要将资源与技术变量引入市场均衡状态中,形成生产、分配与发展三者动态平衡的效率理论。后发国家通过政府的诱导作用,实现产业升级与技术变革,逐步在国际分工中占据有利位置,谋求经济持续发展。

其三,萨缪尔森不仅提出了生产、分配与发展三位一体动态平衡的效率理论,而且他还非常关注现实形态下的市场非效率问题。在他看来,均衡市场勾画的是一个理想的完全竞争状态,在现实生活中是不存在的。这样,他把市场的非效率问题纳入其经济伦理的理论视野。他认为,从经济伦理的视角来看,现代经济中的效率问题需要处理好效率与监管、效率与环境、效率与福利之间的伦理关系。

"生产率不等于一切,但在长期内,它却几乎意味着一切。一个国家提供其生活水平的能力几乎完全取决于该国提供人

---

① 〔美〕保罗·萨缪尔森、诺德豪斯:《微观经济学》,萧琛译,北京:人民邮电出版社,2008 年,第 138 页。

均产出的能力。"①就长期而言,生产效率关乎一个国家的存亡。这也是萨缪尔森把效率视为经济学两大主题之一的原因。在他看来,现代经济学的核心问题就在于承认资源的稀缺性,并最大限度地利用其满足人类的偏好。所以,萨缪尔森把效率定义为"最有效地使用社会资源以满足人类的愿望和需要"②。一个经济体如何有效地利用其资源呢?它必须在各种物品组合中选择生产什么,然后决定利用什么技术进行生产,最后还要决定谁来消费这些物品。现有资源和技术制约了物品的生产可能性,消费者偏好才是物品的最终决定者。在完全竞争的市场中,生产可能性达至边界线上,表示该经济体的生产潜能已经充分挖掘,消费者的效用也达至边界线上,符合帕累托效率理论,即"社会无法进一步组织生产和消费,以增进某个人的满足程度,而同时却不会减少其他人的福利。"③但是,如何在现实经济生活中无限地接近甚至突破这种状态,技术变革作为唯一可变函数,就显得至关重要了。在萨缪尔森看来,一个经济体运行是否有效率,主要看其能否不断推动生产可能性边界、效用可能性边界以及技术可能性边界。

---

① Paul Krugman, *The Age of Diminished Expectations*, MIT Press, Cambridge, Mass., 1990, p.9.

② 〔美〕保罗·萨缪尔森,诺德豪斯:《微观经济学》,萧琛译,北京:人民邮电出版社,2008年,第4页。

③ 同上,第246页。

一、财富的生产:萨缪尔森效率伦理的维度之一

生产可能性边界 (PPF)"表示在技术知识和可投入品数量既定的条件下,一个经济体所能得到的最大产量。PPF 代表可供社会利用的物品和劳务的不同组合"。[1]达至生产可能性边界意味着一个经济体的经济活动是最有效率的,"它仅仅能够通过减少一种物品的产量来增加另一种物品的产量。"[2]

萨缪尔森认为,生产可能性边界表明,在一个稀缺的世界里,生活总是充满了价值抉择。他以黄油和大炮为例形象地描述了这种抉择。在生产可能性边界上,一个国家用于生产大炮的资源越多,用于生产黄油的资源就越少。"造出的每一支枪,下水的每一艘军舰,发射的每一枚火箭,归根结底,都意味着对那些忍饥挨饿的人们的一种偷盗。"[3]它还表明,一个国家的经济只有不断增长,才能将边界向外推,才有可能减少必需品的需求比例(增加奢侈品的消费比例,从而提高消费者效用),才有可能提供更多的公共品,才有可能增加对未来消费的投资。

1.萨缪尔森的生产效率理论

如何才能推进生产可能性边界呢? 在西方近代经济思想史上,有许多经济学家做出了有益的探索。斯密最早发现并系统

---

[1] 〔美〕保罗·萨缪尔森,诺德豪斯:《微观经济学》,萧琛译,北京:人民邮电出版社,2008 年,第 9 页。

[2] 同上,第 13 页。

[3] 同上,第 7 页。

论述了劳动分工可以大幅度提高生产效率的观点。他以大头针工厂为例，尽管这种小工厂机械设备简陋，但只要工人们勤勉工作，继而把生产扣针的生产分为十八道工序，十人一天可造针 48000 枚，如果不进行劳动分工，一个人一天造针最多不会超过 20 枚，甚至难以造出 1 枚来①。这种企业内部的劳动分工只是整个社会分工的一个缩影。通过社会分工形成一个跨行业、跨地区、跨国家的全球市场，在自由市场机制的引导下，生产效率极大提高，从而推动生产可能性边界。斯密时代处于资本主义大工业形成初期，劳动分工是提高生产率、增加社会财富的主要手段。进入资本主义繁荣时期之后，简单的劳动分工已经不能满足提高生产率的需求。身处这个时期的经济学家穆勒继承了斯密有关社会分工的效率理论，并在推动生产可能性边界问题上提出了新的见解。他认为，社会分工固然重要，但也会受到市场规模的限制，例如交通不便造成产品无法交换，无法形成规模生产，也难以发挥劳动分工的效率优势。换言之，劳动受资本限制，而资本的增加总是能增加就业，而且没有限度。资本增加要么创造更多就业机会，要么提高工资水平，要么使国家富裕，要么使劳动阶级富裕，缩小贫富差距②。在机器大工业时代，只有积累资本，进行大规模生产，降低产品价格，刺激消费需求，从而扩大市场规模，才能推动生产可能性边界。

---

① 参见〔英〕亚当·斯密：《国民财富的性质和原因的研究（上）》，郭大力、王亚南译，北京：商务印书馆，2010 年，第 6 页。

② 参见〔英〕约翰·穆勒：《政治经济学原理——及其在社会哲学上的若干应用（上）》，赵荣潜、桑炳彦、朱泱、胡企林译，胡企林、朱泱校，北京：商务印书馆，2005 年，第 72—88 页。

萨缪尔森认为现代经济同样具有以上两位经济学家所关注的特征。他将之分别称为专业化和资本。专业化指"让个人或国家各自集中去完成某一种(或一系列)任务——这就使得每个人和每个国家都能够发挥其特殊技能和资源优势"[①]。这种分工不再局限于劳动,也包括土地和资本;资本指"一种被生产出来的要素,一种本身就是由经济过程产出的耐用的投入品"[②]。例如美国等发达工业经济体中大量使用的建筑物、机器、计算机、高速公路、电缆等。据统计,在美国,一个人占有的平均资本已经超过 11 万美元。专业化带来的高效率催生了国内外复杂的贸易网,而资本的积累则使得高效率的迂回生产手段得以可能。但是,在全球化背景下,现代经济具有了其他一些特征,例如随着物流和通信费用的不断降低以及关税等贸易壁垒的消除,贸易在国家产出中占有的份额越来越大。进出口贸易份额的增加意味着各国家间生产的专业化,与之相伴的是国际金融市场的一体化。这些现象凸显了现代经济的另一个特征:货币的作用越来越大。"如果说专业化允许人们集中优势完成特定的工作,那么,货币则允许人们用其专业化生产的产品交换其他人生产的大量物品和劳务……专业分工导致高效率;不断增加的产出使得贸易成为可能;货币使得贸易能够更快、更有效地进行;在将一部分人的储蓄化为另一部分人的资本的过程中,复杂的金融系统势必发挥着重要的作用。"[③]无论是贸易与

---

① 〔美〕保罗·萨缪尔森、诺德豪斯:《微观经济学》,萧琛译,北京:人民邮电出版社,2008 年,第 27 页。

② 同上,第 29 页。

③ 同上,第 28—30 页。

专业化，还是资本与货币，都需要在一个自由市场才能发挥作用，才会具有效率优势，推进生产可能性边界。萨缪尔森一方面继承了马歇尔关于市场均衡的理论，另一方面也深受凯恩斯主义影响，对市场的非效率有着清醒的认识，如何建构并维持一个高效率的自由市场，清除那些影响生产的非效率因素，就成为萨缪尔森效率理论的核心之一。他认为，影响产品市场的非效率因素主要包括不完全竞争、贸易保护主义、环境保护等问题。

要言之，萨缪尔森对生产可能性边界的论述表明，他的生产效率观在本质上是理性化的产物，生产效率就是对人类经济活动投入与产出之比的定量考察以及社会资源配置合理性的有效性分析。在他的生产理论中，提高生产效率关键在于社会分工、资本规模以及金融调控。

在全球化背景下，社会分工需要市场的有序竞争与合作，而且已经不再局限于一国之内，世界范围的国际分工需要我们对贸易保护主义进行伦理反思；随着知识经济与互联网时代的到来以及环保意识的提高，资本的内涵也得到了极大的丰富，它不仅指涉物质性生产资料，而且涵盖了人力资本以及生态文明等精神性外延。从某种意义上来说，这种变化体现了现代社会财富观的新趋势；无论是社会分工，还是资本运作，都需要实现跨时空的价值交换，而所有这些在不同时空之间进行配置的交易都离不开货币这个媒介，而且货币在市场经济中通过一定的传导机制，会对产出和价格有着巨大的影响[1]。是故，政府的

---

[1] 参见〔美〕保罗·萨缪尔森、诺德豪斯：《微观经济学》，萧琛译，北京：人民邮电出版社，2008年，第176—183页。

金融政策在现代市场经济中扮演越来越重要的角色,如何评价这些金融政策在财富生产中的价值导向作用? 这些与萨缪尔森对现代社会财富生产的伦理思考有关。

2.萨缪尔森对现代社会财富生产的伦理忧思

按照萨缪尔森对于经济学的定义,如何最有效率地生产财富是经济学的核心问题。顾名思义,财富生产包含两个问题,即什么是财富以及如何有效率地生产这些财富。正如阿玛蒂亚·森所言,经济学有两个不同的根源,一个是伦理学,另一个是工程学①。财富生产也是如此,我们首先要清楚什么是财富,树立一个对财富的道德判断之后才能决定如何最有效率地生产这些财富。财富观是一个伦理问题,而如何生产则可归结为工程学问题。在前市场经济时期,比较典型的财富观有两种,重商主义认为金银代表着财富,多多益善;重农主义认为物质产品才是财富,农业才是财富的唯一来源,工业和商业不过是这些财富的重新组合与流通。这两种财富观都受到了亚当·斯密的质疑:他认为金银不是财富,农业也不是财富的唯一来源,工商农只是分工不同,都是在创造提高人类社会水准的各种必需品和便利品,这些物质产品能够富国裕民,才是真正的财富。亚当·斯密的财富观基本奠定了近代以来西方主流经济学对财富的认识框架,后来者基本沿袭了这一框架,只是略有阐发和补充。萨缪尔森是数理经济学的开创者之一,他正是在这个框架下,不仅对什么是财富进行了量化分析,同时也试图运用数理方法

---

① 参见〔美〕阿玛蒂亚·森:《伦理学与经济学》,王宇、王文玉译,北京:商务印书馆,2000年,第9页。

丰富其财富观的伦理内涵。

"牟利的生活是一种约束的生活。而且,财富显然不是我们在寻求的善。因为,它只是获得某种其他事物的有用的手段。"[①]萨缪尔森认为财富生产的目的在于富国裕民,他将财富量化为国民账户,即一个国家生产的物品和劳务的总价值,它的统计记录结果显示一个重要的衡量指标:国内生产总值(GDP)。萨缪尔森还详细介绍了其他与之相关的两个重要指标:国民收入和可支配收入。其中,可支配收入关涉每个人的消费能力。这三个指标包括国家的经济总量和个人的实际收入,基本上涵摄了斯密对财富的伦理定位:富国裕民。

此外,萨缪尔森还提出关于国民账户之外的问题,例如GDP指标的伦理缺失,他如此反思道,"GDP难道没有包括政府所生产的炸弹、导弹和付给监狱看守的工资吗?犯罪增加了家用警报系统的销售额,难道不是加在了GDP之上吗?砍伐那些难以再生的红杉林,不也表现国民账户中的产出增长吗?GDP指标不是无法解释像酸雨的形成、温室效应这样的环境的退化吗?"[②]源于这些伦理忧思,萨缪尔森建议扩充国民收入账户的内涵,将教育(人力资本)、家庭(主妇家务)、闲暇、环境、地下经济活动等非市场经济活动计入其统计指标,才能树立更加客观全面的财富理念,从而更好地规范财富的生产活动。从某种意义上来说,萨缪尔森的财富观建立了与古希腊伦理学的亲缘

---

① 〔古希腊〕亚里士多德:《尼各马可伦理学》,廖申白译注,北京:商务印书馆,2008年,第12—13页。

② 〔美〕保罗·萨缪尔森、诺德豪斯:《宏观经济学》,萧琛译,北京:人民邮电出版社,2008年,第85页。

性,与苏格拉底一样,他也在努力回答这个问题:"一个人应该怎样活着？"

正是从这一问题出发,萨缪尔森着手赋予生产效率更多的伦理考量:"人不能仅仅靠效率而活着。我们应该提出这样一些问题:为什么要有效率？为谁而有效率？"①

首先,他认为要解决生产什么的问题。如果将效率视为价值评价的唯一标准,那么武器、烟草、甚至毒品的生产就会具有理论优势。显然,无论这些产品的生产效率有多高,都是有违现代社会道德底线的企业行为。

其次,在如何生产的问题上,他认为构建公平竞争的市场秩序至关重要,他运用大量篇幅论述了不完全竞争的几种形式及其利弊权衡,认可政府对这些企业进行适度管制的必要性。而且,他还将自由市场秩序扩大到全球,认为在全球市场日益一体化的趋势下,各种贸易保护主义理论正在失去其道德合法性,而李嘉图的比较优势论在国际分工背景下具有了更深远的理论价值。

再次,他高度重视外部性给市场带来的非效率。通过分析各种矫正外部性问题的政策(包括政府或私人等方式),他认为私人方式能够更有效地解决财富生产与资源、环境之间的价值冲突,这些方法包括收取排放费、发放可交易的污染排放许可证、加强公司责任规则、建立利益相关方协商机制、征收碳税等等。

---

① 〔美〕保罗·萨缪尔森、诺德豪斯,《经济学(第12版)》,高鸿业译,北京:中国发展出版社,1992年,第650页。

最后,萨缪尔森还认识到,生产效率无法涵摄为谁生产的道德意义。诚如另一个美国经济学家安德鲁·肖特所言:"自由市场能够像计划者一样,使用相同的技术并把它们分配给相同的人,让社会生产相同数量的鞋子、书籍和蜡烛。唯一的分别是市场通过价格及工资来决定上述的分配,而价格及工资又同时会为每个人提供收入。但是市场的最佳解决方案可能正是角点界,使得某些工人的实际收入为零,或至少低于贫穷线水平。"①

二、福利的权衡:萨缪尔森效率伦理的维度之二

"一种充分完整的效率论证或效率原则不仅是生产意义上的,而且是分配意义上的;更重要的是,不仅是经济学意义上的,而且也是道德意义上的。"②为了解决分配效率问题,萨缪尔森吸收了帕累托效率理论。所谓帕累托效率,"是指在一个经济体的资源和技术既定的条件下,如果一个经济体能够为消费者最大可能地提供各种物品和劳务的组合,那么,该经济体就是有效率的"③。在完全竞争状态下,市场达到均衡之后,资源配置就是最有效率的,此时的效率就达到了帕累托最优。帕累托效率理论把生产效率扩展到社会效率,把个人的满足或效用(也

---

① 安德鲁·肖特:《自由市场经济学——一个批判性的考察》,叶柱政、莫远君译,北京:中国人民出版社,2012年,第54页。

② 万俊人:《道德之维——现代经济伦理导论》,广州:广东人民出版社,2000年,第101页。

③ 〔美〕保罗·萨缪尔森、诺德豪斯:《微观经济学》,萧琛译,北京:人民邮电出版社,2008年,第138页。

即福利)纳入效率的伦理考量之中。

萨缪尔森认为,如果一个经济体处于生产可能性曲线之内时,该经济体肯定是低效率的。但如果处于曲线之上呢?它至少表明没有人会蒙受效用减少之苦。但是如果要进一步提高效率,"所需要的就不仅仅是所生产物品的正确组合了,它还需要这些物品在分配给消费者时,使消费者满足程度最大化。"[①]如何衡量消费者的满足程度呢?萨缪尔森运用效用可能性边界来作为这种分配效率的衡量指标。在效用可能性边界上,任何一点都是有效率的,因为它表明该点沿曲线向两个方向移动都会损害其他人的满意程度,只有该点使得一个人的满意程度可以在不损害他人的满意程度的情况下得到提高。换言之,在这个经济体中,每个人的福利都得到了最大满足,实现了静态平衡。

1.帕累托效率理论的道德正当性

在萨缪尔森的微观经济理论体系里,生产与分配存在须臾不可分的关联性。在一般均衡的条件下,"所有的供给和需求、成本和偏好、要素生产率和需求的过程,都是一个巨大的、同时进行的、相互依赖的过程的不同侧面……经济的一般均衡包含了成百万个决定价格和产出的市场背后所隐藏的逻辑结构:(1)居民户供给要素,购买产品,以实现满意最大化;(2)厂商被利润的诱惑所牵引,将其从居民户处购得的要素转化为产品,再卖给居民户。"[②]既然如此,如何看待萨缪尔森有关生产效率

---

① 〔美〕保罗·萨缪尔森、诺德豪斯:《微观经济学》,萧琛译,北京:人民邮电出版社,2008年,第138页。
② 同上,第247页。

与分配效率之间的伦理关系呢？在他看来,生产效率之所以无法涵摄帕累托效率的道德意义,就在于生产效率本质上奉行的是一种功利主义价值观。帕累托效率原则就是对功利主义的一种价值矫正。

如前文所述,功利主义是首次对市场效率进行道德论证的最为完备的理论形式。"当我们对任何一种行为予以赞成或不赞成的时候,我们是看该行为是增多还是减少当事者的幸福;换句话说,就是看该行为增进或者违反当事者的幸福为准。"①根据这个基本理念,功利主义提供了其生产效率的论证:苦乐是宰制人类行为的两种最高情感,决定了人类行为具有趋乐避苦的天性。因此,追求幸福和利益的最大化应该成为个人和社会的恒定目标。自由市场肯定个人理性逐利,生产效率越高,产品越多,意味着个人收益越大,社会积累的财富也越多。当个人的利益或幸福得到满足和增长时,社会的利益也获得了增长。这符合"最大多数人的最大幸福"原则。所以,市场效率具有天然的道德合法性。

但是,功利主义把效益作为衡量一切经济活动的唯一价值标准,往往会把经济学中本应具有的伦理内涵化约为经济效益问题。科斯洛夫斯基就尖锐地指出:"在设想存在着已知的、恒定的目标的情况下,道德问题被缩小成经济学问题,而伦理学则被经济学所取代。"②无独有偶,阿马蒂亚·森也对现代西方经

---

① 〔英〕杰雷米·边沁:《道德与立法原理绪论》,转引自万俊人:《道德之维——现代经济伦理导论》,广州:广东人民出版社,2000 年,第 91 页。

② 〔德〕P.科斯洛夫斯基:《资本主义的伦理学》,王彤中译,北京:中国社会科学出版社,1996 年,第 32 页。

济学越来越趋向于工程学表达了强烈的不满："如果尼罗在罗马城被焚的时候拉小提琴可以获得极大的快乐,而城中居民因损失而感到的痛苦相对较少,则根据效益计算,我们会得到罗马城理应被焚毁的结论。"①

既然功利主义有着无法克服的局限性,作为一名以数理模型重写经济学的经济学家,萨缪尔森一方面看到了功利主义为生产效率提供伦理支撑的理论优势,认为只要数理逻辑建立在正确的价值出发点上,就能够"洞察到起辅助作用的政府干预和补救措施中所潜存的低效率和副作用,并提供宝贵的见解,从而保证现代社会的目标能够以最有效率的方式实现"②。另一方面,他也认识到对功利主义的效率论证的批判主要在三个方面:一,以福利为唯一价值标准,而福利(快乐)是无法实现人际间比较的;二,强调社会福利总额,忽视个人福利分配;三,功利主义是一种后果主义,难以获得那些坚持道义论立场的思想家的学理认可。帕累托效率理论正是主要针对第二点进行了部分矫正,成为萨缪尔森描述分配效率的理论依据。

按照帕累托效率原则,一个有效率的经济体不仅要考量分配上的帕累托佳度,即:该体系中每个人之间的一种具体分配是否达到了这样一种分配状态,以至于在这些个人之间再也没有一种可供选择的分配状态能使他们中的某一个人的处境更好,同时不至于使其他人的境况变坏;而且要考量分配上的帕

---

① Amartya Sen, *Collective Choice and Social Welfare*, San Francisco: Holden Day, 1970, p.67.

② 〔美〕保罗·萨缪尔森、诺德豪斯:《微观经济学》,萧琛译,北京:人民邮电出版社,2008年,第141页。

累托优态,即:当我们改变在某一既定的人群中分配某一给定量的消费品或社会福利的分配方案,而采用另一种不同的分配时, 该分配是否能带来他们中的某人或某些人生活福利的改善,而同时又不会使其他人的生活条件和福利变得更糟①。

显然,萨缪尔森认为帕累托效率原则能够有效避免功利主义遭受的部分攻击。帕累托效率不仅可以涵盖功利原则的生产效率理论,而且还可以应用到消费品以及各种社会福利的分配上。这样,在一定程度上扩展了福利的内涵,而且避免了功利主义有可能为了利益最大化而牺牲少数人利益的不道德冲动。尤为重要的是,帕累托效率原则成为萨缪尔森权衡社会福利的理论武器。如上文所述,在所有市场达到一般均衡之后,无论是产品的生产还是消费者的效用都处于生产可能性边界和效用可能性边界之上。这不仅表明市场效率达到了帕累托最优,而且产生了最大的经济剩余。经济剩余是"从生产和消费某一种物品中所得到的福利或净效用;它等于消费者剩余与生产者剩余之和"②。经济剩余是衡量社会福利的重要指标,一个国家经济剩余越多,该国公民享受的消费品越低廉,满意程度越高。

在宏观经济领域,帕累托效率原则也有着重要的伦理意义,这能在一定程度上克服了自由至上主义。这种理论往往认为,只要经济增长了,每个人的福利自然会水涨船高,市场机制下的初始分配具有天然的合理性,是毋庸置疑的。所以,他们认

---

① 万俊人:《道德之维——现代经济伦理导论》,广州:广东人民出版社,2000 年,第95—96 页。

② 〔美〕保罗·萨缪尔森、诺德豪斯:《微观经济学》,萧琛译,北京:人民邮电出版社,2008 年,第 139 页。

为失业和通胀都是暂时的,是经济增长的合理代价。而经济帕累托效率原则告诉人们,失业和通胀都会造成部分人的福利损失,从而不符合帕累托最优。

2.萨缪尔森对帕累托效率理论的道德反思

由于看到功利主义对效率的论证存在缺陷,萨缪尔森试图通过修正财富观,引入帕累托效率理论来修正这些问题,达到兼顾生产效率与分配效率的伦理目的。但他很快发现,帕累托效率理论也存在着一些难以克服的价值局限性,主要包括以下几个方面:

首先,帕累托效率虽然扩大了效率的内涵,兼顾了个人效用和社会效率,但仍然没有摆脱功利主义的窠臼——用效用定义福利,并将之作为衡量效率的唯一价值标准。显然,判断一个人的福利水平,仅仅只是考虑其效用是远远不够的,罗尔斯就把权利、自由、机会、自尊等等一系列价值纳入其基本善的清单之中,代表效用的收入和财富只是其中很小的一部分[1]。萨缪尔森认为这与"经济人"假设有关,现代经济学的逻辑起点就是理性自利的"经济人"。"经济人"的唯一动机就是通过理性算计来追求自身利益最大化,这种利益的衡量标准就是欲望的满足或者称之为效用。

而且,将效用等同于福利还会造成一个严重的问题,即依然存在人际间福利比较的困境。效用是欲望的满足,这是一个人的主观感受,与其所处的生存环境、收入水平和个人偏好等

---

① 参见〔美〕约翰·罗尔斯:《正义论》,何怀宏、何包钢、廖申白译,北京:中国社会科学出版社,1988年,第62页。

密切相关。马歇尔就曾经说过,"同额货币所代表的愉快或其他满足,对不同的人在不同环境之下多寡不同。"①面临生存危机的乞丐或者失业者可能会因为一点小恩惠而获得极大的满足感,或者为了生存需求愿意承受更大的痛苦和压力。因为这些绝望者随着贫困程度的上升会自然地压缩和降低其欲望满足刻度。如此一来,衡量福利的价值尺度就会出现某种扭曲,直接影响一个国家的福利政策。福利经济学家认为社会福利函数能够准确表达所有社会成员对于自身福利水平的偏好,从而可以确定各种福利政策包括税收、转移支付的规模和方向。但是正如肯尼思·阿罗指出,没有一致的方法能够将不同的个人偏好加总起来,从而得出一组一致的社会偏好②。这样,一项愿景良好的福利政策有可能南辕北辙,甚至恶化弱势群体的悲惨境遇。

其次,帕累托效率只关注一般均衡下的市场效率,而且更多的是从消极意义上设置道德判断的底线——不能造成任何人的处境恶化。这样,帕累托效率原则就会忽视效用(个人偏好)自身的道德性以及产生帕累托佳度的过程是否道德等问题。换言之,萨缪尔森发现,帕累托效率原则无法对社会组织进行实际评价。一个奴隶社会事实上也可以是帕累托佳度,因为在这样一个体系里,改善奴隶的生存境遇可能会降低那些奴隶主的生活条件。帕累托效率原则既不允许人们采取积极的手段去改

---

① 〔英〕马歇尔:《经济学原理》,朱志泰译,北京:商务印书馆,2010 年,第 38 页。

② See Kenneth Arrow, *Individual Choice and Social Vale, 2nd ed.*, New York: Wiley, 1963, p.37.

善大多数奴隶的悲惨境遇,也不能对这些奴隶主为何能够无所不有进行道德评价。

此外,帕累托效率原则虽然能够从资源配置的效率视角发现诸如失业或通胀这些现象所反映出的非效率问题,但它没有能够说明:失业并不仅仅只是人力资源的无效率,而且有损失业者的自尊。萨缪尔森对这个问题感触颇深,他引用了大量失业者的亲身经历来说明:"高失业率不仅是个经济问题而且是个社会问题。之所以是经济问题,是因为它意味着要浪费有价值的资源。之所以又成为重要的社会问题,是因为它会使失业人员面对收入减少的困境而痛苦挣扎。在高失业率期间,经济上的贫困令人无法承受,影响着人们的情绪和家庭生活。"①

三、自由的发展:萨缪尔森效率伦理的维度之三

在萨缪尔森经济体系里,生产可能性边界和效用可能性边界是衡量一个经济体在市场竞争性均衡条件下的效率标尺。这种均衡条件是以市场完全竞争以及不存在外部性等为前提条件的。这就表明,萨缪尔森在论述其生产效率以及帕累托效率时,主要关注的是一种理想市场中的效率问题。当然,他的关注必定是以现实问题为依归的。例如他对财富观、功利主义市场效率以及帕累托效率的伦理反思,无不体现了对现代市场经济面临的道德困境的思考。理想与现实之间的张力决定了萨缪尔

---

① 〔美〕保罗·萨缪尔森、诺德豪斯:《宏观经济学》,萧琛译,北京:人民邮电出版社,2008 年,第 271 页。

森需要以一种更加开阔的视野来看待效率的伦理问题并寻求自己在这片领域中的突破。

显然,在效率的伦理考量中,萨缪尔森并没能从功利主义和帕累托理论中寻找到满意的理论资源,这多少与这两种理论的历史背景与知识谱系有关。众所周知,功利主义与帕累托理论都产生于凯恩斯主义之前,没有经历过"二战"之后的数次科技革命,在理论上主要关注微观经济学的市场效率问题。而萨缪尔森是一个深受凯恩斯主义影响的经济学家,他对现代经济问题的思考显然会兼顾微观与宏观两个领域。凯恩斯主义恰好为萨缪尔森提供一个寻找突破口的独特视角。

从某种意义上来说,宏观经济学肇始于西方经济危机和市场失灵。按照汉森—萨缪尔森的乘数—加速数原理,"产出的快速增长刺激了投资,大规模的投资反过来又刺激产出增长得更多。这个过程一直持续下去,直至潜在经济能力完全被利用殆尽。达到这一饱和点之后经济增长率便开始放慢,放慢的增长反过来又会减少投资和存货,这将使经济进入衰退直至达到谷底。然后经济过程又呈现相反的运作状态,经济回稳并重新兴起。"①换言之,经济增长的拐点在潜在产能,在竞争性市场均衡条件下,当一个经济体的产出达到其生产潜能时,就意味着市场效率已经处于生产可能性边界与效用可能性边界,这也意味着在资源与技术既定的前提下,市场效率已经达到了帕累托最优。

---

① 〔美〕保罗·萨缪尔森、诺德豪斯:《宏观经济学》,萧琛译,北京:人民邮电出版社,2008 年,第 115 页。

峰值之后就是低谷,如此循环往复。如何破解这种周期性危机,确保经济稳定与持续发展呢? 萨缪尔森通过研究美国 20 世纪以来经济持续增长的历史发现,"发达的市场经济的增长依赖于劳动、资本的增长和技术革新。"①在他看来,除了得益于成熟的市场机制、优良的法治环境以及有效的财税与货币等宏观调控政策之外,技术革新在推动美国经济增长起到了核心作用。只有不断推进技术可能性边界,才能持续挖掘产出潜能,推动生产可能性边界与效用可能性边界,从而提高生产与分配效率,避免经济危机与失业造成的非效率。如何才能促进技术变革呢?"劳动力、资本、产品和思想的自由市场,被证明是创新和技术变革的最肥沃的土壤。"②自由才能促进技术变革,才能促进经济发展。自由,再一次进入萨缪尔森的理论视野,成为他思考效率问题的伦理起点。

1.萨缪尔森效率理论的价值定位

当萨缪尔森在思考效率的伦理问题时,他发现:与其说市场因自由而有效率,毋宁说市场有效率而发展了自由。自由可以成为达至市场效率的手段, 也可以成为市场效率发展的目的。自由具有手段善和目的善两种价值属性。按照亚里士多德的界定,"善事物就可以有两种:一些是自身即善的事物,另一些是作为它们的手段而是善的事物。"③市场古来有之,但唯有

---

① 〔美〕保罗·萨缪尔森、诺德豪斯:《宏观经济学》,萧琛译,北京:人民邮电出版社,2008 年,第 201 页。

② 同上,第 337 页。

③ 〔古希腊〕亚里士多德:《尼各马可伦理学》,廖申白译注,北京:商务印书馆,2008 年,第 15 页。

进入工业社会之后,尤其是随着自由理念的引进,市场发挥了史无前例的效率优势,极大地提高了人们的福利水平和幸福指数,就此而言,自由是一种手段善;同时,发挥市场效率,促进经济发展,积累社会财富,只是为我们能够获取更多的自由提供了便利条件。正如亚当·斯密所说,市场交易的自由是人们所珍视的基本自由之一。"发展可以看作是扩展人们享有的真实自由的一个过程。"①效率是发展的手段,发展是自由的实现,自由具有内在价值,是一种目的善。萨缪尔森认为,以自由来作为衡量效率的价值尺度,能够更好地对效率问题进行伦理定位。

首先,萨缪尔森通过自由来拓展效率的积极性价值意义。他认为,效率可以视为扩展人们自由的一个过程。与帕累托强调效率伦理的消极影响不同,生产性效率的增长本身就有利于自由的拓展。生产效率带来的财富增长奠定了人们享有自由的物质基础。聚焦于人类自由的效率观显然不再仅仅局限于国民生产总值、个人收入、工业化或现代化等价值标准。财富、收入、技术进步、现代化等等这些价值范畴,固然可以成为人们追求效率的理由,但它们终究只是扩展人类自由的工具性范畴。效率的目标是为了提高整个人类福利状态,以人为本,最高的价值标准就是自由。提高效率,从工程学角度上说,就是促进经济发展;从伦理学角度来讲,就是扩展人类自由。所以,萨缪尔森认为,"人均产出的增长是政府的重要目标,因为它关系到平均实际收入和生活水平的提高……持续快速的经济增长使得先

---

① 〔美〕阿马蒂亚·森:《以自由看待发展》,任赜、于真译,北京:中国人民大学出版社,2002 年,第 1 页。

进工业国能给它的居民提供更多的福利、更好的食物、更大的住房、更多的医疗,以及对污染的控制,对孩子的普及教育,更多的军事装备,以及为退休者提供更广泛的补贴。"①显然,萨缪尔森对效率的伦理定位已经远远超出了帕累托主义的效用范围,效率不仅仅是为了满足人们的效用,而是要提高亚里士多德语境中的生活质量,保障斯密所说的生活必需品。效率的伦理定位已经不再是效用一元论,而是自由统摄下的涵盖了人类尊严、权利、公平等诸多因素的复合价值论。

其次,萨缪尔森也运用这种复合价值论对政府干预市场进行了较为充分的道德辩护。如果说萨缪尔森对财富的市场与福利的权衡的伦理思考还停留在古典经济学的理论框架(竞争性市场均衡)之中的话,那么,以自由为中心的效率观则突破了这个界限,认识到了政府在提高市场效率上的积极意义。按照古典经济学理论,在一个廉价劳动力丰富而土地和资本稀缺的国家,应该提高土地租金、资本利息以及降低工资率,这样通过价格机制作用,会诱使生产者为了获得更大的产出量,在既定的土地和资本上雇佣更多的劳动力。根据成本收益分析,厂商会否弃技术革新,选择劳动密集型产业,因为这样才是最有效率的。但这种所谓有效率的生产显然是不可持续的。而且在这种生产过程中的效益分配有利于资本和土地等财产所有者,那些以工资维持生计的劳动者获益甚少,这显然限制或剥夺了这些人享受自由的能力。萨缪尔森认为,从自由角度来衡量效率,就

---

① 〔美〕保罗·萨缪尔森、诺德豪斯:《宏观经济学》,萧琛译,北京:人民邮电出版社,2008年,第189—190页。

会认识到政府不仅应该在市场中扮演好市场秩序的守护者角色,提供诸如法治、教育、医疗、各种公共设施等各种公共品;而且要在市场中充分发挥诱导性作用,引导产业结构调整和技术升级。

2.萨缪尔森效率理论的伦理意义

在萨缪尔森的效率理论中,生产、分配与发展构成了一个动态平衡的伦理结构,自由成为激活这个结构的动力与目标。在竞争性均衡状态下,产品与要素自由交换和交易,使得生产效率和分配效率均处在生产可能性边界和效用可能性边界之上。在这个过程中,自由推动着效率的边界,具有工具性价值;然而在长期均衡下,"经济会进入一种稳定的状态:资本深化终止,实际工资停止增长,资本收益率、实际利息率也保持稳定……在投入既定条件下,技术变革能够使产出增加,因而是国民经济增长的关键因素。"[1]自由市场是孕育技术变革的沃土,技术的研制成本高昂却易廉价复制,政府既要提供产权保护,促进经济发展,又要将技术视为扩展人类自由的公共品之一。从宏观角度来看,生产、分配与发展,都是为了扩展人类的自由,自由成为萨缪尔森效率理论的终极性价值。不妨将生产可能性边界、效用可能性边界与技术可能性边界融为一个效率的边界,自由凭借市场机制不断地推动着这个边界,同时也在不断扩展着自身的边界,自由随着效率的提高而获得了发展。与功利主义和帕累托效率观相比,萨缪尔森的效率理论具备了更

---

① 〔美〕保罗·萨缪尔森、诺德豪斯:《宏观经济学》,萧琛译,北京:人民邮电出版社,2008 年,第 197—199 页。

为丰富的伦理意义。

首先,萨缪尔森的效率理论为欠发达国家指明了发展的伦理路径。在分析了各种"主义"的经济发展模式之后,萨缪尔森发现很多发展中国家在寻求经济增长过程中陷入了片面追求经济效率的伦理误区。在所谓"华盛顿共识"的影响下,有些国家奉行自由放任的市场经济,片面追求市场效率,造成环境恶化、贫富鸿沟、社会失序等诸多问题,并认为这些问题是经济发展的合理代价。这些误解可以上溯到功利主义与帕累托效率理论的影响。根据"最大多数人的最大利益"原则,我们可以牺牲少数人乃至下一代的利益来满足多数人的当下利益,只要它具有成本—收益的优势。即便是根据帕累托原则,也只是从消极自由的意义上对市场经济的分配效率进行了极为有限的约束:阿马蒂亚·森就将帕累托效率理论"称为'无冲突的经济学',他以切蛋糕为例,假设每个人都倾向于获得更多的蛋糕而不是相反,则每一种分配方案都是帕累托最优的,因为如何使其中一个人变得更好的方案都将使其他人变得糟糕。"①

殊不知,市场机制原本就是自由理念落实到人类经济活动的产物,市场因为自由而有效率,效率是自由市场的结果,是扩展人类自由的工具。萨缪尔森认为这种发展模式把工具当目的,在片面追求效率中损害甚至压制了人们的自由。他认为发展中国家应该既要追求经济效率也要考量社会福利,努力消除饥荒和减少绝对贫困,努力提高人们的教育医疗卫生水平,努

---

① 〔美〕阿马蒂亚·森:《论经济不平等和不平等之再考察》,王利文、于占杰译,北京:社会科学文献出版社,2006年,第7页。

力解决好经济发展与环境保护之间的冲突。简而言之,"适当的可以满足基本生活需求的收入水平是重要的;生活水平的标志不仅仅只是市场收入……评价一个国家的发展时,还应考虑其他因素,如健康、预期寿命、入学率、成人识字率和妇女独立性,而不仅仅是考虑人均消费的增长。"①唯如此,才能真正达到通过经济发展扩展人类自由的目标。

尤为重要的是,萨缪尔森的效率理论为导入公平理念留下了理论空间。如上所述,萨缪尔森的效率观为政府干预市场进行了较为充分的道德辩护。他认为政府应该在维护市场效率、促进经济发展的同时,还要兼顾社会的公平正义。当我们把三个效率的边界视为自由的边界时,如何才能最有利地推动这个边界呢? 如图:

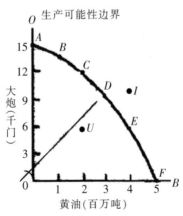

如果根据帕累托效率理论,图示中的边界曲线上的任何一

---

①〔美〕保罗·萨缪尔森、诺德豪斯:《宏观经济学》,萧琛译,北京:人民邮电出版社,2008 年,第 209 页。

点都是有效率的,诚如罗尔斯认为,效率的原则可以"容有许多有效率的结构,每种有效率的结构的安排都比一些别的安排要好,但任何有效率的安排都不比另外一个有效率的安排更好"[①]。例如只生产大炮的 A 点和只生产黄油的 F 点都是有效率的。但是,如果将这个曲线视为效率推动自由的边界,显然 A 点是不能获得道德辩护的。因为生产大炮而放弃黄油会剥夺人类自由的能力。在曲线上,靠近与轴线成 45°的直线的 D 点显然会是在伦理上更能具有说服力,因为离这条直线越近,就代表这种效率结构越公平。在萨缪尔森看来,一个经济体只有确保市场效率能够无限地接近公平直线,才能最大限度地推动人类的自由边界。

第三节　萨缪尔森公平理念的三个向度

在马克思主义的揭露与批判下,尤其是为了与社会主义国家竞争,西方资本主义纷纷开始对市场进行干预,并编织了一张强大的社会安全网,完成了向福利国家的转型。在这些国家,市场负责绝大多数产品与服务的生产与定价,而政府则负责维持经济秩序并给穷人、失业者以及老年人提供社会安全保障。萨缪尔森认为,"现代混合经济的基本目标是向那些暂时或永

---

① 〔美〕约翰·罗尔斯:《正义论》,何怀宏、何包钢、廖申白译,北京:中国社会科学出版社,1988 年,第 70 页。

久地不能为自己提供足够收入的人提供一把保护伞。这样做的目标之一是要增进社会更大程度的公平。"①他把公平分为三类：政治权利平等，如选举权；经济机会公平，给人们提供相同的进入工作、教育和其他社会体系的途径；经济结果公平，保证人们能够得到相同的经济收入和消费水平。其中，在政治权利平等问题上，他赞同奥肯的观点，认为权利是一种公共品，与效率之间存在冲突，必须通过政府提供；而提倡经济结果公平也会严重损害经济效率，苏联的计划经济是最好的例证。所以，基于现实主义的考量，萨缪尔森的主要兴趣点集中在公平的经济机会，即："所有人都应该在同一赛场上按同样的规则比赛，所有的人都应该有同等的机会进入最好的学校，获得最好的训练和工作。"②同时，萨缪尔森也意识到，公平与效率之间的抉择是一个现代政府公共政策中最具有挑战性的问题之一，因为"追求收入公平的尝试往往会损害应有的激励力度和效率水平"③。

一、萨缪尔森公平理念的测度、根源及其实施主体

"我觉得，人类知识中最有用而又最不完备的就是关于人的知识。我敢说，戴尔菲城神庙里唯一碑铭上的那句箴言的意义，比伦理学家们的一切巨著都更为重要，更为深奥。"④或许，

①②〔美〕保罗·萨缪尔森、诺德豪斯：《微观经济学》，萧琛译，北京：人民邮电出版社，2008年，第339页。

③同上，第331页。

④〔法〕让·雅克·卢梭：《论人类不平等的起源和基础》，李常山译，东林校，北京：商务印书馆，1962年，第62页。

我们还应记得,戴尔菲城神庙的箴言:认识你自己!正是从人类自身的发展入手,卢梭认识到私人财产权是人类不平等的起源和基础,其思想直接催生了 1789 年法国大革命的爆发。对不平等的反抗就代表着对公平的诉求。由此可见公平在人类文明中的重要作用,它代表了一种观念性的理想追求,会随着历史的演进而发生变化,与此同时,也会推动人类历史的发展。

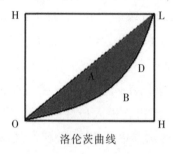

洛伦茨曲线

但是,关于什么是公平,却是思想家们歧见纷呈的一个问题。罗尔斯会认为人们要公平地享有基本善,诺齐克则会坚持自由权利的公平性,德沃金则主张资源公平,阿马蒂亚·森认为公平在于人们具备享有自由的能力,才能保证在自由的程度上人人平等。作为一名经济学家,萨缪尔森主要把公平限定在经济机会、收入分配以及社会福利等领域,并用洛伦茨曲线和基尼系数作为公平的衡量尺度。如上图:OL 代表绝对公平曲线,OHL 则代表绝对不公平曲线,ODL 代表实际收入分配曲线,阴影区域表示对绝对公平的偏离,从而为我们衡量出收入分配的公平程度。而基尼系数则是不公平的量化指标,通过将洛伦茨曲线阴影部分面积乘以 2 就可以导出基尼系数。在绝对不公平下(曲线 OHL),基尼系数为 1,而在绝对公平时(曲线 OL),基尼系数则为 0。

那么,不公平的根源何在呢？萨缪尔森通过分析美国家庭货币收入分布情况,指出造成收入不公平的根源有二:其一,财富所有权的不公平;其二,劳动收入分配不公平。财富指的是金融资产和有形资产的完全所有权,主要包括租金、净利息、公司利润和所有权收入,与生命周期储蓄、企业家精神、继承、运气有关;劳动收入即劳动者在要素市场中获得的报酬,主要包括工资、薪金和附加福利,与劳动的能力和技能方面的差异、劳动强度的差异、职业差异以及其他因素如技术革新、移民、国际贸易、"胜者通吃"的市场规则有关①。

如何才能缩小这种财富的不平等呢？萨缪尔森认为:首先要建立一个完善的市场准入机制,确保所有的经济机会都能向每一个人或市场主体开放, 主要措施包括减少市场中的寡头、垄断等不完全竞争,合理管制自然垄断性公用事业,建立市场信息交换机制以确保其及时性、准确性和公正性,通过需求管理、国际贸易、减少歧视、教育培训与政策指导等措施来扩大就业机会;其次,通过灵活的财税政策和转移支付等手段,进行第二次再分配,主要措施包括遵循公平的税收原则,慎重考虑各种税收归宿问题,减少税收与转移支付的漏泄量,通过积极稳妥的货币政策减少失业和避免恶性通货膨胀;最后,积极构建一个完善的社会福利体系,"政府调节市场力量以保护个人能应付某些偶然事件,并保证人民有最起码的生活水平。"②主要

---

① 〔美〕保罗·萨缪尔森、诺德豪斯:《微观经济学》,萧琛译,北京:人民邮电出版社,2008 年,第 331—337 页。

② 同上,第 339 页。

措施包括建立完善的社会保障体系诸如强制性保险等，以分摊市场风险与不确定性，提高个人福利水平，制定合理的减贫政策以破除贫困的恶性循环等等。

萨缪尔森是一个凯恩斯主义者，凯恩斯理论的最大特色就是反对自由放任的市场原教旨主义，主张政府应该对人们的基本福利水平负责，应该积极干预市场，承担起减少失业和维护公平的职责，即："我们生活于其中的经济社会的显著弊端是：第一，它不能提供充分就业以及第二，它以无原则的和不公正的方式来对财富和收入加以分配。"[①]就业是提高个人收入的主渠道，因而增加就业也是减少经济收入不平等的积极手段。是故，萨缪尔森继承了凯恩斯主义，高度重视现代政府在市场经济中的宏观调控作用，并将之视为促进社会公平的责任主体。

二、经济机会：萨缪尔森公平理念的向度之一

萨缪尔森认为："如果经济要有效地运行，经济结果存在某些差别是必然的。"[②]如果在不同种类的工作中，人们获得的报酬没有差别，肯定难以保证那些从事危险、脏乱差以及高风险职业具有相同的积极性和生产效率，从而严重阻碍市场机制发挥作用。在承认经济结果存在差异的前提下，如何缩小经济收

---

① 〔英〕约翰·梅纳德·凯恩斯：《就业、利息和货币通论》，高鸿业译，北京：商务印书馆，2011年，第386页。

② 〔美〕保罗·萨缪尔森、诺德豪斯：《微观经济学》，萧琛译，北京：人民邮电出版社，2008年，第340页。

入的不平等呢？萨缪尔森认为通过各种措施来让人们享有公平的经济机会是最有效的手段之一。如何促进经济机会公平呢？机会公平就意味着无论是在产品市场，还是在要素市场，每一个生产者都要有参与市场竞争的经济机会，每一个消费者都能够享受市场竞争的经济剩余，每一个人都能从市场经济的发展中提高生活质量。这需要从市场秩序与个人就业两个方面入手。在市场秩序方面，涉及对不完全竞争和政府管制的道德考量及其应对措施；在就业方面，包括减少就业歧视、扩大就业渠道、加强教育培训等措施。

1.对寡头、垄断和管制的道德考量

之所以要对各种不完全竞争形式进行道德考量，其原因在于自由竞争是市场经济的伦理品格。唯有经过自由竞争，达到市场一般均衡，才能既发挥市场效率，又能保证各生产要素中原始分配的公正性。然而，这种理想的市场均衡状态在现实生活中是不存在的，"实际上，在经济生活中多数市场是由几个大企业支配的，而且这样的企业往往只有两三家。"①如何对这种现象进行道德考量就成为促进经济机会公平的首要问题。

如果某个厂商在一定程度上具有控制某个行业产品价格的能力时，我们就可以称该行业处于不完全竞争之中。不完全竞争的主要类型包括垄断、寡头和垄断竞争。垄断是一种极端形式，指"单一的卖者完全控制某一行业。单一的卖者是它所在行业的唯一生产者，同时，没有任何一个行业能够生产出相近

---

① 〔美〕保罗·萨缪尔森、诺德豪斯：《微观经济学》，萧琛译，北京：人民邮电出版社，2008年，第145页。

的替代品"①。寡头则指存在多个卖者,其中的每个企业都可以影响市场价格。垄断竞争指一个产业中有许多卖者生产具有差异化的产品。市场不完全竞争的根源在于三个方面:第一,成本和市场的不完全性。随着规模经济的出现,大企业就可以通过成本优势来主宰整个行业。第二,进入壁垒。规模经济、法律限制、进入高成本、广告和产品差异化都会形成进入壁垒,导致更高程度的产业集中度和不完全竞争。第三,策略互动。博弈论认为策略互动是寡头市场出现的新特征,即每个企业的经营战略取决于其竞争对手的行为。管制的基本内容是:"制定政府条例和设计市场激励机制,以控制厂商的价格、销售或生产等决策。"②管制可以防止垄断或寡头垄断滥用市场力量,矫正信息的不完全以及诸如污染等负外部性问题。更为重要的是,管制可以减少经济不公平,因为,"对有些人来说,无管制竞争所带来的收入的分配,就像丛林中的动物依靠暴力来捕获食物的达尔文式分配一样,充满随意性。"③

如何评价市场中的这些垄断者呢?萨缪尔森认为垄断者往往会根据边际原则来限制产量和提高价格,从而达到收益最大化。但是,不完全竞争并不意味着没有竞争,为了提高利润和占有更大的市场份额,这些企业往往会利用广告和降价来刺激需求、通过研发提高产品质量或研制新产品。这就表明,处于不完全竞争中的大企业"可以利用规模经济优势,同时也负责大部

---

① 〔美〕保罗·萨缪尔森、诺德豪斯:《微观经济学》,萧琛译,北京:人民邮电出版社,2008年,第147页。

② 同上,第297页。

③ 同上,第68页。

分的技术创新,推动经济长期发展。"①萨缪尔森还指出,美国镀金时代的垄断者们一方面通过造假、欺骗、贿赂等各种非法不道德手段打败竞争对手,给后代留下了大量财富;另一方面,这些巨大财富也引发了触目惊心的炫耀性消费,他们纷纷修建庄园、收藏艺术品以及创办大学,极大地推动了美国的教育、科学和艺术的发展。

通过以上分析,萨缪尔森认为需要客观评价这些不完全竞争的利弊得失。第一,垄断者通过阻碍其他参与者公平竞争,偏离追求利润最大化目标,造成生产低效率和经济福利的净损失;第二,根据约瑟夫·熊彼特的"创造性破坏"学说,"经济发展的本质在于创新,而实际上垄断是资本主义经济技术创新的源泉。"②然而,萨缪尔森认为个人与小企业在发明的过程中还是起到了很重要的作用,尤其是在互联网技术等新领域。"为了加速创新,一个国家必须维持多元化的组织和机制。"③第三,在如何控制不完全竞争、创造公平竞争的市场环境问题上,萨缪尔森认为政府可以通过实施反托拉斯政策、鼓励竞争、管制等手段来进行干预,保证市场良序竞争,杜绝欺诈,公正对待劳动者和消费者,减少市场主体竞争地位的不平等。这就犹如体育比赛,没有严格的参赛纪律和惩罚机制,比赛难免会演变成流血冲突。但是,在实施这些措施时,也需要认真分析各种手段可能对经济效率的影响,并谨慎决策。第四,禁止企业之间的各种相

---

① 〔美〕保罗·萨缪尔森、诺德豪斯:《微观经济学》,萧琛译,北京:人民邮电出版社,2008 年,第 145 页。

② 同上,第 169 页。

③ 同上,第 172 页。

互勾结、限制竞争等行为,完善市场信息交流机制,可以有效遏制不完全竞争。正如美国联邦法官查德·波斯纳所说:"企业唯一借以得到或保持垄断力量的真正单方面的行为,是欺骗专利局或者炸掉竞争者的厂房。"[1]这就是说,即使在寡头市场,只要能够禁止勾结,也会存在激烈竞争,从而有可能给其他参与者留下公平竞争的空间。

2.减少就业歧视,推行教育机会均等化

在市场经济中,就业是个人参与市场活动获得收入的主渠道,因而公平的就业机会在减少经济不平等中具有重要意义。萨缪尔森认为,工资的差异主要取决于工种的不同、劳动质量的区别、个人的禀赋差异以及分割的市场和非竞争性群体。工种不同会产生补偿性工资差异,个人禀赋差异则会获得独特的个人"租金",而这两种情况而产生的工资差异尽管可能相当大,但人们一般不会因此说经济机会是不公平的。

其他两种情况则与经济机会有着密切的联系。劳动质量的差异可以"追溯到人们先天的智力和体力、教养、所受的教育和培训,以及经验等方面的差异"[2]。劳动质量的经济衡量指标称之为人力资本,指"人们在其接受教育和培训过程中积累起来的有用的和有知识价值的技术和知识"[3]。相关资料表明,在现代经济中,收入与个人的受教育程度以及工作经验成正比。例

① Richard Posner, *Antitrust Law: An Economic Perspective*, University of Chicago Press, 1976, p.52.

②③〔美〕保罗·萨缪尔森、诺德豪斯:《微观经济学》,萧琛译,北京:人民邮电出版社,2008 年,第 218 页。

如,在美国,医生、律师和工程师要花费多年时间接受正规教育和职业培训,还要花费大约 10 万—20 万美元的费用(含学费和放弃的机会成本),这些从业人员的高工资往往可以视为其人力资本投资的回报。

不仅如此,人力资本的差异还会促使某些专业性和技术性行业形成分割的劳动市场和非竞争性群体,例如医生或经济学家,这些行业需要投入大量的金钱和时间才能成为熟练劳动者,一个普通矿工是很难指望一夜之间成为合格的医生或经济学家的。这实际上是一种隐性的资本歧视。穷人的经济条件决定了其无法承受人力资本的投资成本。

萨缪尔森还认为,工会也是造成劳动市场分割的因素之一,因为"工会并不是将收入从资本方面向劳动方面进行再分配,而是从非工会成员方面向工会成员方面进行再分配"[1]。所以他认为工会只能提高内部工人的工资,却是以非工会成员的低工资或失业为代价的,这实际上是一种隐性的就业歧视。随后他指出,除了工会,"有史以来,种族、民族和性别歧视一直是人类社会普遍的特征……工资差异的产生是由于某些群体无法获得较好的教育和培训,并由于习俗、法律或勾结等因素的共同作用而被排斥在好的工作之外。"[2]这种就业歧视直接会导致不公平的就业机会、不公平的收入和非效率。而且这种非效

---

① 〔美〕保罗·萨缪尔森、诺德豪斯:《微观经济学》,萧琛译,北京:人民邮电出版社,2008 年,第 223 页。

② 同上,第 223—224 页。

率是"可以按复利的形式增长的"①。简而言之,能否减少歧视和获得公平的教育培训机会,是减少不同群体之间经济不平等的关键性因素。

如何减少就业歧视,加强教育培训呢？萨缪尔森主张政府通过以下措施来促进就业公平:首先,强化立法,制止明目张胆的就业歧视。例如禁止企业招聘中存在明显的基于种族、性别、肤色、宗教、身体状况等方面的歧视条款。其次,设立最低工资标准。许多研究成果表明,对低工资劳工的需求是缺乏价格弹性的。所以"提高最低工资能够增加低收入劳动群体的收入"②。再次,通过立法或税收政策,强制企业雇佣一定数量的妇女和少数民族群体,或者对满足甚至超过这些指标的企业给予税收上的优惠或减免。有关数据表明,这些措施都能在一定程度上对妇女和少数民族群体的就业及工资产生积极影响。最后,大力推动教育均等化以提升人力资源水平,完善劳动力中介市场以减少摩擦性失业,开展有针对性的职业培训体系以解决结构性失业等等。

三、收入分配:萨缪尔森公平理念的向度之二

且不说机会公平很难真正实现,即便能够真正成为现实,依然会产生巨大的财富不平等。以美国为例,2001年财富最多

---

① 〔美〕阿瑟·奥肯:《平等与效率——重大的抉择》,王奔洲等译,北京:华夏出版社,1987年,第69页。

② 〔美〕保罗·萨缪尔森、诺德豪斯:《微观经济学》,萧琛译,北京:人民邮电出版社,2008年,第68页。

的 10% 的家庭拥有全部财富的 70%，而其中的 1% 的家庭占有的比例则高达 40%。究其原因,在于导致收入不公平的最大根源是财产性收入的差异。马克思最早发现这种差异对人类不平等的深刻影响。在他看来,所谓财产性收入可以称为资本,其拥有者即资本家。资本家利用手中的资本榨取工人的劳动剩余价值,使得工人陷入绝对的贫困之中,借以实现对工人阶级的剥削和压迫。不平等必然会引发社会反抗。所以,马克思认为唯有消除私有财产制才能把人类从不平等的枷锁中解放出来。然而,作为西方代表性经济学家,萨缪尔森不可能否定资本主义赖以为继的根本制度——私有财产制。但他也不否认私有财产权的确是人类不平等的根源之一。随着向福利资本主义的转型,他发现,"政府的管制改变了资本主义的性质,私有财产越来越不完全地由私人控制;自由企业越来越不自由。历史的发展是不可逆转的。"[1]是故,他只能选择在二者之间进行妥协,即在维护私有财产权的基础上通过税收货币政策来实现有限的财富再分配,借以缓和日益严峻的贫富鸿沟。

1.税收公平

"税是我们为文明社会所支付的代价。"[2]在一个现代混合经济中,政府为了提高经济效率、减少经济不公平、通过宏观经济政策稳定经济和执行国际经济政策,就需要通过税收来完成

---

① 〔美〕保罗·萨缪尔森、诺德豪斯:《微观经济学》,萧琛译,北京:人民邮电出版社,2008 年,第 278 页。

② 转引自保罗·萨缪尔森、诺德豪斯:《微观经济学》,萧琛译,北京:人民邮电出版社,2008 年,第 284 页。

其计划拨款。通过税收,政府通过货币化方式从公民和企业手中取得土地、劳动和资本等经济资源以用于公共目标,即将这些筹集到的经济资源由私人用品转化成公共品。政府决定征收一定数量税收的时候,大多数现代税收体系都试图遵循有关公正与公平的观点。

首先,萨缪尔森确立了制定税收制度的两个主要原则:受益原则和支付能力原则。最早的税收原则来自亚当·斯密,他提出了税收四原则,即公平原则、确定原则、便利原则和经济原则。其中,他把公平原则置于首位,认为:"一国国民,都须在可能范围内,按照各自能力的比例,即各自在国家保护下享有收入的比例,缴纳国赋,维持政府。"[1]萨缪尔森认为斯密的公平原则比较接近于受益原则,主要针对的是其所处时代中税赋不公提出来的。随着资本主义由自由竞争时期转向垄断时期,财富差距日益拉大,仅仅根据受益公平原则已经无法满足财富再分配的需求。所以,萨缪尔森增加了具有再分配性质的支付能力原则。受益原则指:"个人所缴纳的税额应与他们从政府计划中得到的利益成比例。"[2]支付能力原则指:"人们纳税的数额应与其收入或财富相对应。"[3]例如,若建造一座新桥,所需资金靠收取过桥费来偿付,就是根据收益原则;如果建桥资金来自于所得税,则依据支付能力原则。其中,后者具有再分配性质,它意味着将富人的部分资金用以增加穷人的收入和消费。

---

① 〔英〕亚当·斯密:《国民财富的性质和原因的研究(下)》,郭大力、王亚南译,北京:商务印书馆,2011年,第384页。

②③ 〔美〕保罗·萨缪尔森、诺德豪斯:《微观经济学》,萧琛译,北京:人民邮电出版社,2008年,第284页。

其次,萨缪尔森奉行实用主义折衷的税收哲学,即将收益原则和支付能力原则进行折衷,兼顾横向公平和纵向公平。横向公平指"每个人都有权得到平等待遇的原则";纵向公平指"地位不同的人有权公平地享有不尽相同的待遇"。[①]现代政府一般收取受益税:地方公路通畅由地方居民支付,汽油税通常用来建设公路。但这种受益税在政府收入中呈下降趋势。个人所得税是一种典型的支付能力税。发达国家一般会通过收取所得税来减少经济不平等。例如,在累进所得税下,收入越高,税额越高,"高收入家庭不仅要交更多的所得税,而且其纳税占收入的份额实际上也更高。"[②]通过这种累进税,政府可以从富人手中增加税额,并将之用来提高穷人的福利水平。但是,这种高税收能否真正达到公平的目标,以及是否会影响经济效率,都是值得深思的问题。

2.税收的伦理困境

萨缪尔森认为,"在税收以及其他经济政策领域中,效率和公平两者很难取舍。"[③]首先,他研究发现,税收会对储蓄和投资领域的经济活动产生影响。当某一部门税收很高时,会促使资源逃离该领域;如果对高风险投资征税较高,人们会宁愿选择安全性投资,从而减少实际产出。拉弗曲线表明,税额如果超过一定峰值,就会逐渐产生低效率,甚至抑制人们的经济活动。而

---

① 〔美〕保罗·萨缪尔森、诺德豪斯:《微观经济学》,萧琛译,北京:人民邮电出版社,2008 年,第 284—285 页。

② 同上,第 285 页。

③ 同上,第 290 页。

且,有些税收尽管对效率影响有限,但又会被认为违背了公平原则。根据拉姆塞税收原则,对土地租金或粮食征税可能是有效率的,例如1990年英国实行的人头税就类似于此,但由于该税种具有累退性质,直接导致了当权十一年的撒切尔政府倒台。她比较支持征收绿色税,即对某些危害品征收重税,如烟、酒以及污染等。这种绿色税既可增加政府收入,又可抑制有害的外部性。

如何摆脱税收的伦理困境呢?萨缪尔森认为需要根据税收归宿和漏桶实验来进行利弊权衡与理性决策。税收归宿"体现了税赋被最终负担的方式,及其对价格、数量已经生产和消费构成的影响"①。研究表明,根据美国税收和现金转移支付的归宿研究结果,萨缪尔森得出了两个重要结论:第一,税收制度整体上对收入分配几乎没有什么影响。因为支付税收的人经常将其负担转嫁给消费者或生产要素提供者,例如,提高产品价格或者降低劳动工资;第二,税收的累进性主要来源于转移支付,主要包括诸如支持现金援助、视频券、公共养老金以及医疗保健补贴等等公共计划。这说明,通过税收改变收入结构的最有效手段是转移支付。

漏桶实验是美国经济学家阿瑟·奥肯用来权衡效率与公平的理论工具。漏桶实验表明,我们必须考虑高税收和再分配计划而产生的无效率:管理成本,即政府必须雇佣税务员征税和社保人员进行再分配;高税收对工作和储蓄积极性的挫伤,即

---

① 〔美〕保罗·萨缪尔森、诺德豪斯:《微观经济学》,萧琛译,北京:人民邮电出版社,2008年,第291页。

税率上升反而有可能会出现税收总额下降以及抑制人们的储蓄意愿;社会经济代价,即有可能造就陷入"依赖他人"循环怪圈的社会底层。萨缪尔森认为,再分配计划的非效率主要还是管理成本和对储蓄积极性的挫伤。他支持适度的福利计划,认为美国当前所实施的再分配计划,与穷人们营养不良、饥荒、较短的寿命预期、糟糕的健康状况、工作技能的丧失以及人生苦难相比,引起的经济效率损失是非常小的,这种再分配代价是可以接受的。但是,他反对"从摇篮到坟墓"的福利制度,认为在奉行平等主义的一些福利国家诸如瑞典和荷兰,面临着巨大的效率损失,会出现劳动参与率下降、失业增加和预算赤字扩大等一系列问题[1]。

在权衡效率与公平的立场上,萨缪尔森显然持有一种中庸的理念。他既不同意罗尔斯关于公平优先的观点,也反对弗里德曼效率至上的答案。在他看来,如果按照罗尔斯的"最小最大原则",只要最低收入者失去一美元,无论其他人经济所得如何,都是不能忍受的。如果不管泄漏量有多大,都坚持通过再分配计划提高社会底层的收入,人们往往会丧失储蓄和投资的积极性,选择规避风险,这种差别原则只会对那些不愿承受任何风险的人具有吸引力。所以,萨缪尔森认为,"国家需要仔细设计其政策,以避免不可接受的不公平或重大的效率损失等极端状况。"[2]

---

①②〔美〕保罗·萨缪尔森、诺德豪斯:《微观经济学》,萧琛译,北京:人民邮电出版社,2008 年,第 341 页。

四、社会福利:萨缪尔森公平理念的向度之三

早在 19 世纪时,古典经济学家认为,不公平是一种经济常态,不能为公共政策所改变。但这种观点最早受到了英国经济学家穆勒的质疑,他认为政府可以采取有效政策减少不公平。在马克思主义的激烈批判下,尤其是第一次世界大战爆发和俄国十月革命取得胜利,以及随后的 1929—1933 年世界性经济危机,资本主义社会中因贫富悬殊引发的阶级矛盾日益尖锐,西欧的政治领袖们不得不采取一些新措施,先后有德国的俾斯麦、英国的格拉斯通和迪斯累利以及美国的富兰克林·罗斯福等,都引入了政府应该对人民福利负有责任的观念。这标志着福利国家的兴起。"福利国家的政策主要包括公共养老金、意外伤残保险、失业保险、医疗保险、食品和住房计划、家庭补贴以及对某些群体的收入补贴。"①但是,自福利国家诞生起,引发的争论就没有停止过。萨缪尔森认为,在现代社会,任何有责任感的人都不会否认:政府应该承担维护公平和提供福利的职能,从而保证每个公民维持其尊严的福利水平,这也是罗尔斯正义论中必须给予优先考虑并加以平等分配的基本善之一。争论的焦点在于如何"在一个有效率的经济体中增进平等。"②这里涉及如何看待贫困、如何界定贫困以及减贫与激励之间的冲突等

---

① 〔美〕保罗·萨缪尔森、诺德豪斯:《微观经济学》,萧琛译,北京:人民邮电出版社,2008 年,第 339 页。

② 〔美〕阿瑟·奥肯:《平等与效率——重大的抉择》,王奔洲等译,北京:华夏出版社,1987 年,第 80 页。

问题。

1.萨缪尔森的贫困观

经济学家们针对福利制度的不同态度与建议,往往折射出不同的贫困观。著名的社会学家威廉·威尔逊对于这种争辩有过简练而精准的总结:"自由主义者在传统上一直强调怎样将弱势群体的困境同更广泛的社会问题——如歧视、社会阶级界限——紧密联系起来。与此相反,保守主义者则强调,不同群体的价值观和竞争性资源,对于解释处境不利的阶层的经历非常重要。"①

关于贫困观的辩论可以追溯到英国历史上著名的"济贫法"。14、15世纪,英国新兴资产阶级和新贵族通过各种暴力手段抢占农民土地,兴建私有大牧场和大农场,迫使大量农民背井离乡,流离失所,失业、疾病、犯罪、动乱等现象日益严重。进入16世纪中叶,英国政府不得不开始考虑救济贫民的问题,并开始征收济贫税,颁布济贫法,形成了一套完整的济贫制度。但围绕着贫困的根源以及解决措施,先后有不同经济学家提出不同解释与建议。

萨缪尔森把历史上这些不同的贫困观分为两类:客观因果论和主观因果论。客观因果论认为贫困是由于人们身处的社会状况和经济地位引起的, 穷人很难通过一己之力摆脱贫困,仅仅依靠慈善也无法从根本上解决这个问题。他们强调营养不良、教育机会、家庭困境、歧视、失业、运气以及危险的环境是决

---

① William Julius Wilson, Cycles of Deprivation and the Underclass Debate, *Social Service Review*, December 1985, pp.541–559.

定穷人命运的关键性因素。政府应该承担减轻贫困的责任,要么提高穷人的收入保障,要么改善引发贫困的客观条件。例如,亚当·斯密就不反对济贫法,认为社会底层的人之所以陷入穷困,是因为缺乏自由流动和平等教育。他坚信高效率的自由市场带来的经济繁荣必然会惠及社会最底层的人。边沁则认为贫困是一种深刻的不平等社会现象,处理不当会危及个人安全和社会稳定。"当安全和平等冲突时,不应有丝毫犹豫,平等应当让步,建立完美的平等是一种狂想,我们所能做的是消除不平等。"①接受救济是穷人的自然权利,所以他积极建议政府采取济贫措施。同时,他也认为摆脱贫困的根本途径还是要激励穷人独立劳作。马克思认为贫困的根源是资本主义私有制,他认为济贫法是资本主义人道主义精神的体现,但依然不能掩盖其阶级剥削的事实,只有推翻资本主义,建立实行生产资料公有制的共产主义社会,才能彻底消灭贫困。

主观因果论则将贫困归因于不良的个人行为习惯,穷人应该对自己的行为负责,进行自我矫正。他们强调这些穷人要么是好逸恶劳不知勤俭持家的人,要么是懒汉、酒鬼,认为只有饥饿才能驱使穷人去劳作。政府慷慨的福利计划增加了穷人的依赖性,损害了人们开拓进取的精神。根据社会达尔文主义,穷人就应该任其自生自灭,这是经济发展文明进步的合理代价。马尔萨斯就反对济贫法,认为贫困问题的根源是人口自然规律,是无法通过制度变革的方式来解决的。因为人口过度增长会导

---

① J.R.波因特:《社会和贫困——英国济贫思想(1795—1834 年)》,转引自郭家宏:《工业革命与英国贫困观念的变化》,《史学月刊》,2009 年第 7 期。

致食物紧张,救济穷人会增加人口,孕育贫困的下一代,从而带来更多的痛苦和灾难。

通过以上分析,萨缪尔森认为这两种观点都有一定的合理性,不必针锋相对,可以优势互补,形成一种更为客观全面中庸的贫困观。我们既要看到客观环境对穷人的消极影响,通过各种政策努力给穷人创造更为均等的经济机会,更加平等的可支配收入以及基本的福利保障;又不能让穷人丧失自力更生的积极性,形成对社会福利的过度依赖。政府可以根据"不工作的人不能从政府那里得到钞票"的原则,提高穷人的劳动参与率,鼓励人们挖掘和开发自身的资源。质言之,萨缪尔森认为,"为贫困家庭提供医疗保健和充足食品的计划将提高生产率和效率,而不是减少产出。打破今天的贫困恶性循环,我们明天就能改进贫困家庭儿童的技能、人力资本和生产率。打破贫困循环的计划是一项用今天的资源去提高明天的生产率的投资。"[1]

2.济贫与激励

在确定反贫困的目标之后,我们需要考虑的是如何消除经济贫困的手段问题。萨缪尔森认为在宣布向贫困开战之前,我们首先要考察贫困的定义及其界限。显然,"贫困"一词是个相对概念,会因时因地而异。在当下美国,即使穷人的住房也比几百年前的富豪庄园要好;在英国,一个靠救济金生活的市民可能比一个中产阶级的孟加拉人都过得舒适。所以,他赞同将贫困的概念变为相对收入,即当某个家庭的消费尚未达到平均家

---

[1] 参见〔美〕保罗·萨缪尔森、诺德豪斯:《微观经济学》,萧琛译,北京:人民邮电出版社,2008年,第341页。

庭在食品、服装、住房上的消费水平的50%时,则该家庭既可视为贫困。这意味着即使经济会增长,只要收入分配和消费水平的结构没有变化,水涨船高,仍然会有一部分人口处于贫困状态。这说明消除贫困不能指望一劳永逸,也需要将济贫与激励结合起来,才能有效地减少贫困人数。

在济贫与激励之间的关系上,萨缪尔森认为美国的 EITC 和 1996 年福利改革计划具有一定的代表性。EITC 即劳动所得税抵免,适用于劳动收入和补助性工资收入,该计划补贴有工作的穷人,但没有涉及最贫困的人群,例如失业贫民;1996 年福利改革削减了联邦现金援助计划,并通过"块状授权"促使各州政府"向底线赛跑",提供最低限度的福利。EITC 和 1996 年福利改革计划之后,产生的影响主要有如下几点:第一,福利申请数量的下降幅度是空前的、广泛的和持续的;第二,有子女抚养的单身母亲的劳动参与率得到大幅度的提高;第三,对低收入家庭所带来的经济影响不明确[①]。这说明,激进的福利改革一方面迫使政府调整开支,降低成本,减轻济贫带来的财政负担;另一方面也激励了不少人的劳动参与率,但也忽略了一些穷人的境遇,比如,那些不具备劳动能力的人就无法享受到应有的福利。

如何评价这些影响的伦理意义呢?萨缪尔森认为,首先,我们要认识到政府在现代社会文明进程中扮演的角色的重要意义。随着经济的发展,人们希冀的福利水平也会越来越高。从经济学角度来看,社会福利是一种标志现代文明的公共品。而公

---

① 参见〔美〕保罗·萨缪尔森、诺德豪斯:《微观经济学》,萧琛译,北京:人民邮电出版社,2008 年,第 345 页。

共品是具有非相克性和非相斥性。非相克性指增加一个人的消费服务所追加的成本为零;非相斥性指不排斥他人享用①。公共品的性质决定了政府应该成为其提供的责任主体。在现代社会中,公共品在人类生活中占据的份额越来越大,现代政府也相应日益增加了其相关职能。既然现代政府将在当下及未来的文明社会中扮演一个核心的角色,我们就必须审慎评估政府政策的目标和手段。根据公共选择理论,政府在政治权力中具有垄断地位,也有自身的特殊利益,会出现失灵的可能性。权力的稀缺性同样决定了政府应当肩负特殊的责任以保证政策的效率。"公共基金中,浪费在一些项目上的每一美元,原本都可以用来促进科学研究和减少饥饿。由于税收无效率而浪费掉的每一美元,势必都会减少人们改善住房或上大学的机会。"②

其次,济贫与激励之间的冲突,究其本质而言,仍然是一个公平与效率的权衡问题。从公平角度来说,贫困产生于人际相异性,这种差异除了自然环境和社会环境以及其他外部特征之外,还包括人们具有不同的个体特征(例如年龄、性别、体质差异和智商差异)。这种差异性决定了我们可以根据不同的核心变量来评估人们之间的相对利益与劣势,从而得出迥然不同甚至相互矛盾的关于不平等的道德判断③。这种人际相异性造成的道德悖论在济贫政策中的影响更为深远。一般而言,每一项

① 参见〔美〕保罗·萨缪尔森、诺德豪斯:《微观经济学》,萧琛译,北京:人民邮电出版社,2008 年,第 32 页。

② 参见〔美〕保罗·萨缪尔森、诺德豪斯:《微观经济学》,萧琛译,北京:人民邮电出版社,2008 年,第 345 页。

③ 参见〔美〕阿马蒂亚·森:《论经济不平等 不平等之再考察》,王利文、于占杰译,北京:社会科学文献出版社,2006 年,第 240 页。

福利计划总会有一个核心的道德评判标准,而这种标准往往会忽略一些人的利益诉求,成为新的不平等因素或者加剧某些不公平结果。比如,诺齐克的出发点就是自由财产权,只要接受了权利平等的诉求,收入、效用、福利的不平等就具有道德合法性,济贫只能属于慈善之举;而罗尔斯则把最小受惠者的利益是否提高作为判断一个经济体发展的道德标准,政府不仅要对这些人的福利负责,还有义务培育人们的正义感,促使其认识到:在一个社会合作体系中,所有人都处于一种链式联系之中,"当状况较有利者的贡献普遍地散布于社会而不仅仅局限于一些特殊方面时,那么,当地位最不利者获益时,处于中间状况的其他人们也将获益看来是有道理的。"①而阿马蒂亚·森就批判罗尔斯的正义理论"在'基本善'域内来评估平等或效率时,总是会优先考虑自由的手段而不是对自由的程度的评估——在许多情况下这都是一个缺陷"②。

第四节　市场经济与现代政府之间的伦理规则

在萨缪尔森经济伦理思想中,自由是一种最高善,市场经济和民主政府都是实现自由的必要手段。为了不断扩展人类的

---

① 〔美〕约翰·罗尔斯:《正义论》,何怀宏、何包钢、廖申白译,北京:中国社会科学出版社,1988年,第82页。

② 〔美〕阿马蒂亚·森:《论经济不平等·不平等之再考察》,王利文、于占杰译,北京:社会科学文献出版社,2006年,第231页。

自由,我们需要在一个稀缺的世界里选择最有效率的手段来提高物质生活水平,市场经济被证明是迄今为止能够达至这个目标的最佳方式;然而,自由的拓展也需要确保每一个人实现其自由的能力,让每个人不仅要成为市场经济的参与者,更要成为社会财富的分享者。现代政府必须承担维护公平的伦理职责,让每一个人都有公平参与市场竞争的机会,并通过财富再分配,让每一个人都能享受到基本的社会福利。为了实现自由、效率与公平的动态平衡,萨缪尔森认为现代经济学必须审慎处理市场与政府的复杂关系,确立二者分工合作与良性互动的伦理规则。

在西方经济史上,如何处理市场与政府之间的伦理关系,一直是经济学家纷争不断的永恒主题。经过数百年的理论演化,逐渐形成了自由市场论和国家干预论。自由市场论以斯密、穆勒、马歇尔为代表,坚持萨伊定律,认为供给创造需求,自由市场总能通过供求平衡机制达至产品出清,所以生产过剩只是暂时现象;作为生产要素之一,劳动力市场也会遵循萨伊定律,除了自愿性失业和摩擦性失业,就长期而言,社会劳动者总是处于充分就业的状态;由此,自由市场论者严格限制政府干预市场的范围和方式:斯密认为政府的职能包括国防、维护市场秩序和建设公共工程等;穆勒将政府的必要职能确定为课税、法治以及公共工程,他还指出有些职能诸如限制高利贷、抑制物价、审查出版物等等需要慎重选择,但凡妨碍市场繁荣的各种强制措施都必须加以废除,政府只需承担私人不愿意或者市场无力完成的事情;马歇尔在充分肯定自由市场自我调节功能之外,认为政府有必要制订反垄断法,在规定最低工资和保障弱势群体的教育医疗等方面也应发挥积极的保障作用。

然而，1929 年，西方资本主义社会发生了空前严重的经济危机，该危机彻底粉碎了萨伊定律创造的神话，也孕育了以凯恩斯为首的国家干预理论。该理论的代表性著作是凯恩斯的《就业、利息和货币通论》，该书从解决就业问题入手，以有效需求原理为核心，在分析了影响国民收入的诸多要素的基础上，提出政府可以通过控制货币数量、实施积极的财政政策甚至投资社会化等手段来大力干预自由市场的经济活动，从而通过刺激消费来解决"非自愿失业"和生产过剩等问题。凯恩斯的上述主张打破了西方传统自由市场论的教条束缚，为政府改良和管理市场提供了充分的学理依据，彻底改写了人们基于自由主义传统而形成的对市场与政府关系问题的认识框架。

随着自由市场论和国家干预论之间的深入纷争，许多现代西方经济学家试图将宏观性的政府干预与微观性的市场分析结合一起来，建构一个和谐统一的经济学体系。这种思想的积极践行者和最大贡献者无疑当数萨缪尔森，他不仅首次将凯恩斯理论引入美国主流教材，而且通过引入乘数—加速数原理，从而建构了宏观经济学的微观基础，吸收了当代经济学家关于市场失灵与政府失灵的理论，比较成功地完成了自市场论与国家干预论的辩证中和，深化了现代经济学对于市场与政府伦理关系的认知。

一、从政府失灵看自由市场的基础性作用

毋庸置疑，自凯恩斯的《通论》发表之后，西方世界中的每

一个政府都在不同程度上接受了凯恩斯主义,采取了各种国家干预政策。然而,进入 20 世纪 80 年代后,凯恩斯主义引发的失业与滞涨并存、经济增长乏力等现象,使人们开始质疑和批判国家干预论。萨缪尔森也经历了这样一个对凯恩斯主义从热烈拥抱、动摇质疑到深刻反思的过程。他秉持兼收并蓄的中庸理念,积极吸纳了当代经济学,尤其是公共选择理论对于政府失灵的学理分析,从而认识到了自由市场在现代经济发展中的基础性作用。

在一个现代混合经济中,现代政府的经济职能主要包括提高经济效率、减少不公平、通过宏观经济政策稳定经济以及执行国际经济政策。萨缪尔森把这些视为规范性的政府理论,即政府为了提高人民福利应该采取的合理政策,这些规范性理论直接凸显政府职能的伦理属性。但是,政府能否真正负起这些伦理职责呢? 萨缪尔森对此也是存疑的。根据公共选择理论,"诚如存在垄断和污染等问题时会出现市场不灵一样,政府的干预导致浪费和收入分配的不公平这类政府不灵也同样存在。"①由此,萨缪尔森认真分析了公共选择理论的发展脉络,吸纳了其中的核心思想,并将之作为他形成自己关于市场与政府伦理关系的重要考量。

他认为约瑟夫·熊彼特在《资本主义、社会主义和民主》开创了公共选择理论,肯尼迪·阿罗则通过数理分析提高了社会选择理论的逻辑严密性,安东尼·唐斯在《民主的经济理论》中

---

① 〔美〕保罗·萨缪尔森、诺德豪斯:《微观经济学》,萧琛译,北京:人民邮电出版社,2008 年,第 280 页。

提出了"选举悖论":"当个人影响选举结果的可能性很小时,参与选举本身也是一种不合理性的行为。"[1]他还高度评价了布坎南在《同意的计算》中关于政治决策中所使用的一致同意原则。公共选择理论是一种研究政府决策方式的交易经济学,其基本要义是将经济人假设带入政治领域中,探讨经济人行为如何决定和支配政府行为。该理论代表人物布坎南认为,政府作为公共利益的承担者,其作用是弥补市场失灵的不足,提高经济运行效率。然而,由于政府工作人员同样会受经济人理性逐利的动机所左右,时常会在政治交易中根据个人利益最大化进行决策,从而大大降低政府机构的工作效率,这在现代政府机构自我膨胀、行政成本不断攀高和政府寻租行为频发等现象中可见一斑[2]。该学派的另一个代表人物奥尔森通过研究集体行动的逻辑过程,发现小集体更容易提供公共品。因为在任何一个集体中,总是存在搭便车的个体行为,从而破坏集体行为的一致性。在一个庞大的集体诸如某个国家中,这种排他性特殊利益集团的存在会妨碍技术进步,影响资源的正常流动和合理配置,抬高交易成本,从而成为阻碍市场繁荣的不利因素。奥尔森将这种通过游说赢得符合特殊利益集体的立法以及通过共谋来操纵价格和工资的集体行动视为对个人权利的巧取豪夺。由此,他提出建立

---

① 〔美〕保罗·萨缪尔森、诺德豪斯:《微观经济学》,萧琛译,北京:人民邮电出版社,2008年,第281页。

② 参见〔美〕詹姆斯·M.布坎南:《自由、市场与国家——80年代的政治经济学》,平新乔、莫扶民译,上海:上海三联书店,1989年,第29—40页。

"强化市场型政府"的主张①。

正是基于这些理论反思,萨缪尔森认识到自由市场在现代经济生活中的基础性作用,从某种程度上放弃了激进的凯恩斯主义,转而接受了新自由主义的某些思想。例如,他将弗里德曼·哈耶克与米尔顿·弗里德曼视为经济自由的守护神,而经济自由也正是其经济伦理思想的核心理念。他还认可政府干预在一定程度上侵扰了个人生活、创造了垄断、扭曲了资源配置、挫伤了企业的进取精神、加剧了通货膨胀并抑制了储蓄和投资。但是,他并没有就此否弃政府在纠正市场不灵、维护社会公平以及促进经济增长的积极作用。他的老师熊彼特认为资本主义的成功产生了异化和自我怀疑,削弱了自身的效率和创新精神,声称美国是生活在氧气帐(即温室)下的资本主义,正在走向社会主义。但萨缪尔森认为这种观点是错误的,"北美和西欧各国政府干预经济日益深入,同期经济运行也空前顺利。"②

二、从市场失灵看政府干预的不可或缺性

虽然凯恩斯主义的国家干预理论不断遭受新自由主义经济学家的挑战和质疑,但即便是最激进者也不能否认现代政府适度干预市场的经济职能。例如,哈耶克就主张市场和政府都必须体现"法治的自由精神",而法治的实施显然离不开现代政

---

① 参见〔美〕曼瑟·奥尔森:《权力与繁荣》,苏长和、嵇飞译,上海:上海人民出版社,2005年,第56—59页。

② 〔美〕保罗·萨缪尔森、诺德豪斯:《微观经济学》,萧琛译,北京:人民邮电出版社,2008年,第35页。

府对自由市场的法律监管;弗里德曼尽管激烈批判政府失灵导致的浪费与非效率,但他依然认为政府应该通过货币政策来进行有效需求管理,进而控制通货膨胀和稳定宏观经济。这充分说明一定程度的政府干预是现代经济发展与繁荣所必需。

萨缪尔森认为,在现实经济中,也会出现市场失灵的情况,这在很大程度上决定了政府干预市场的不可或缺性。市场失灵主要包括:不完全竞争(比如存在垄断);外部性(如污染和公共品)。不完全竞争导致价格高于成本,消费者购买量低于效率水平。过高的价格和过低的产出,是伴随不完全竞争而来的非效率标志①。不完全竞争的极端形式就是垄断,即唯一的卖者独自决定某种物品或劳务的价格水平。进入20世纪以来,绝大多数国家的政府都采取了若干措施,诸如制定反托拉斯法来反垄断,同时还针对属于自然垄断性质公用事业,如供水、航空、电话和电力等垄断行业的价格和利润加以管制。当然,萨缪尔森认为制约不完全竞争的最有效手段就是维护公平的市场秩序,并将市场对国内外竞争者开放。"除非政府通过关税和管制对它们进行保护,否则很少有垄断者能够长时间地抵挡竞争者的攻击。"②

外部性(或溢出效应)指的是企业或个人向市场之外的其他人所强加的成本效益③。萨缪尔森认为在市场交易中,一个市场行为可能产生不发生经济支付的经济交易,这些交易游离在市场交易之外,可能有损于或有助于其他人的利益,即负外部

---

①②③〔美〕保罗·萨缪尔森、诺德豪斯:《微观经济学》,萧琛译,北京:人民邮电出版社,2008年,第31页。

性或正外部性。在一般情况下，航空公司制造大量噪音，但它们不会因为干扰了机场附近的居民而对其进行经济补偿。随着工业文明的迅猛发展，能源、化工以及其他原料产量不断提高，负外部性效应给人类社会带来了巨大的威胁。美国电报电话公司的研究员发明交换机从而引发了风靡世界的电子革命，但该公司从中所得的获益只是全球社会获利的一小部分。这些威胁与利好凸显了政府干预的必要性和正当性。一方面，政府必须采取相应措施减少和控制市场的负外部性：控制对空气、水等生态环境的污染与破坏；保障工人劳动场所的安全与卫生；打击市场中的假冒伪劣产品；加强食品药品监管等等。另一方面，在萨缪尔森看来，解决市场的正外部性问题更具有经济效益。市场的正外部性问题的极端情况是公共品。由于生产公共品需要大量投资，但收益却非常分散，单个企业或消费者往往缺乏足够的经济实力和动力去提高这些服务，更谈不上从中获利，这样就会导致公共品供给不足。政府需要通过税收或采购等各种措施介入并鼓励公共品的生产：投资建设高速公路网；提供全国气象服务；资助基础科学研究；提高公众健康水平以及支持国防和公共教育等等。

此外，萨缪尔森认为从信息经济学和博弈论的角度来看，尤其是在金融市场上，由于交易信息严重不对称，搭便车现象普遍存在，极易出现"逆向选择"和"道德风险"，从而导致市场发出错误信号，扭曲激励机制，乃至让市场机制名存实亡。"逆向选择"指交易双方在非对称信息条件下，一方当事人借助提供不真实的信息或隐瞒自己的真实信息来追求自身效用最大化，从而损害其他当事人。例如，统一标准的医疗保险会让风险最大者成为最有可能购买该保险的群体;"道德风险"指交易双方由于在签订契约时存在信息不对称的情况,必然导致契约内容的不完全性和难以实现对该契约的全程监督,从而人为地增加风险,损害经济效率。例如,人身保险的存在会增加接受手术整容的数量。所以,萨缪尔森认为现代政府必须借助自己的强制性约束力,通过金融监管和提供社会保险等机制来发挥信息配置的优势,完善交易信息披露机制,减轻交易双方信息不对称程度,降低逆向选择和道德风险的发生频率。

三、市场与政府的分工合作与良性互动

鉴于自由市场的基础性作用和政府干预的不可或缺性,萨缪尔森认为我们需要持有一种中庸理念,合理划分市场与政府的边界,并在二者之间构建一种分工合作与良性互动的伦理规则。这种伦理规则允许市场在追求效率中扩展自由,要求政府在维护秩序中促进公平,并努力在二者动态平衡中寻找效率与公平、自由与秩序之间的黄金分割点。

萨缪尔森认为市场经济既不是混乱也非奇迹,其自身存在着内在的逻辑体系:通过价格信号,市场自发地协调着生产者和消费者的决策,较高的价格趋于抑制消费,同时鼓励生产;而较低的价格则刺激消费,同时抑制生产。这样,通过买者与卖者的相互作用共同决定商品和劳务的价格以及交易数量的机制,实现了市场上供给与需求的均衡,在买与卖的自发匹配中,市场经济同时解决了生产什么、如何生产以及为谁生产的问题。

通过简要回顾市场经济发展史,萨缪尔森指出,市场经济是迄今为止人类所发现的效率最高的经济形式,正是由于市场经济的这种高效率特征,使其成为当今世界大多数国家普遍采取的经济发展模式;市场经济具有原始分配的客观公正性,它打破了传统社会中出身、门第、等级、亲缘等伦理关系对财富分配的制约,以效率为首要分配原则,有效地遏制了各种依靠特权致富的不道德现象;市场经济建立在社会分工与契约合作的基础之上,有利于提高人类社会的民主政治、科学技术和分工合作水平;市场经济还形塑了人类全新的道德文化,由于它是一种建立在产权基础之上的契约经济,有利于培育人们平等、诚信等道德品质,也能促进社会形成勤劳、节制以及勇于创新等新型道德文化类型。

但是,萨缪尔森认为,在现实世界中市场经济并不能完全发挥"看不见的手"的魔力。由于不完全竞争和负外部性的存在,各种类型的市场经济都会存在垄断、污染以及周期性危机等问题。而且,他特别说明,在遵循效率原则的前提下,虽然市场经济具有分配意义上的原始公正性。但是,在市场经济中,商品与劳务追随的是货币选票而非最大效用,市场经济可能产生在道德上令人难以接受的收入差异,并导致物质主义、消费主义的盛行以及人类价值观的物化。"富人的猫所喝的牛奶,也许正是穷人孩子维持健康所必需的东西。"①由此,萨缪尔森认为,在当今世界上,任何一个政府无论多么保守,都不会对本国经

---

① [美]保罗·萨缪尔森、诺德豪斯,《微观经济学》,萧琛译,北京:人民邮电出版社,2008年,第36页。

济袖手旁观,"那些希望将政府缩减为警察加灯塔的人只能生活在梦幻的世界中。"[①]他认为,现代政府必须承担起对市场经济的干预和积极管理的伦理责任:首先,通过积极管理提高市场经济效率,包括通过制定各种政策法规鼓励竞争、反垄断、提供公共品、鼓励正外部性经济活动、减少负外部性经济活动;其次,改善收入分配结构以促进社会的公平正义,包括通过征收累进税和遗产税减少分配不公以及通过转移支付提供各种社会福利和医疗保障等;最后,通过制订宏观经济政策以促进国民经济稳定增长,包括通过财税和货币政策控制通货膨胀以及通过政府采购等政策拉动有效需求等措施熨平商业周期引发的经济波动等等。

---

① 〔美〕保罗·萨缪尔森、诺德豪斯,《微观经济学》,萧琛译,北京:人民邮电出版社,2008年,第36页。

第四章　萨缪尔森微观经济伦理思想述要

丹尼尔·贝尔认为，以美国为首的西方发达国家已经进入后工业社会。他认为后工业社会有五个特征，其中，"在经济方面，这些国家开始从商品生产经济转变为服务性经济。"①这表明，随着工业化程度不断提高，商品生产极大丰富，尤其是在全球化背景下，国际分工进一步深化，知识密集型和科技含量高的现代服务业逐渐占据了这些国家经济的主导地位。西方发达经济体开始从以生产为中心转向以消费为中心。服务性经济的核心理念就是通过私人订制等网点式、分散性的生产—消费方式来满足消费者的个性化和炫耀性需求。为了满足这种需求，贸易、金融、物流、教育、娱乐、保健、管理和研究等服务性经济飞速发展，商品交易也日益凸显其重要性，萨缪尔森认为"贸易生财"是现代经济学的精髓之一。

此外，现代服务业的迅猛发展并没有惠及每一个人，大量缺乏技能、知识水平低的劳动者逐渐被边缘化，甚至加入到失业大军之中，西方社会的不平等状况日益严重，分配正义也成

---

① 〔美〕丹尼尔·贝尔：《后工业社会的来临》，高铦等译，北京：新华出版社，1997年，第127页。

为许多西方思想家思考的问题,罗尔斯在《正义论》中就将分配正义作为论述其经济制度伦理的核心内容。贝尔和罗尔斯都是萨缪尔森的同龄人,他们面临着同样的社会问题和理论困境。所以,萨缪尔森也在《微观经济学》中特别重视对现代经济中的消费、交易和分配问题进行伦理分析。要言之,萨缪尔森的微观经济伦理思想内容丰富,几乎涉及现代微观经济领域的所有问题。笔者拟从消费伦理、交易伦理和分配正义问题入手,冀以透视萨缪尔森微观经济伦理思想的核心与精华。

第一节　萨缪尔森消费伦理思想

"在今天的西方世界中谁是意识形态的首领?不是政治家,不是无冕之王——新闻记者们,在今天的西方世界中没有第二个意识形态,只有一个意识形态,就是消费!"[1]自 18 世纪工业革命始, 消费就开始成为影响西方社会变迁的一种宰制性力量,历经炫耀性消费、大众化消费以及个性化消费等阶段之后,一个史无前例的消费社会在西方世界扑面而来, 以物质主义、享乐主义为特征的消费道德观逐渐成为主宰西方社会的意识形态。伴随着传统断裂、资源浪费、环境恶化、社区解体以及主体性丧失等一系列社会文化现象,这种消费主义意识形态不仅鼓

---

[1] Ewen Stuart, *Captains of Consciousness: Advertising and the Social Roots of the Consumer Culture*. 1st McGraw-Hill paperbacked. New York: McGraw-Hill, 1976, p.65.

吹"大量生产—大量消费—大量抛弃"的生产生活方式,而且标示了"我买故我在"的全球性经济文化特征。人们的消费究竟应该是为了满足需要抑或满足欲望？究竟应该如何克服消费异化,重建正当合理的消费伦理秩序？这些问题都离不开对人类消费社会中的道德事实与价值抉择进行反思和批判。鉴于消费问题与经济学的亲缘性,从经济伦理的视角来进行这种反思与批判无疑是一个很好的选择。萨缪尔森是现代西方主流经济学家的代表性人物之一,他对现代消费社会的伦理分析显然值得我们认真研究与借鉴。

一、萨缪尔森对人类消费行为的道德检审

在萨缪尔森看来,人类的消费行为可以分为必需品消费与奢侈品消费,或者私人消费与公共消费,或者物质消费与精神消费。必需品消费指人类为了维持自身生产和生活的基本需求而必须进行的消费, 具有正当合理性和基本的社会衡量标准,与市场的供给和价格相适应;奢侈性消费指基于人类非自然欲望(权力欲、财富欲)而产生的消费行为,具有个人主观性和不可测度性,其基本特征是"欲壑难填";私人消费指个人或家庭对日常和耐用生活用品的使用和磨损以及对劳务的占有和享用；公共消费指国家公务人员和政府机构对公共财政的消耗(如教育、国防、文化等);物质消费指人类为满足生产和生理需要对各类自然物质产品的消耗;精神消费指人类为了满足自身心理或精神需要而消耗掉的各种文化娱乐用品。当然,这种区分只是相对而言的。随着人类消费水平的提高,越来越多的奢

侈品、文化娱乐产品成为大众消费的选择对象；随着现代政府福利职能的增加，越来越多的私人消费成为国家公共财政的开支项目。换言之，随着历史的变迁，人类的消费观、消费内涵以及消费方式都会发生改变。要解决现代消费社会的伦理危机，必须将人类消费行为置于西方社会发展的历史长河中进行道德检审。唯其如此，才能客观评价其道德合理性，有效揭橥消费伦理危机的成因。

1.人类消费行为的道德合理性

"我相信物质主义。我相信健康的物质主义所带来的一切：可口的食物、干爽的房屋……交响乐、流行乐队，等等。我相信，这一切东西每一个人都应当享有。"①萨缪尔森认为，基于必需品的人类消费行为不仅是人类社会得以生息绵延的前提性条件，而且是推动人类经济发展的内在动力，还是人类文明进步的重要标志，它有着自身的天然合道德性。人既是社会进步的推动者，又是社会进步的最终受益者，但社会进步首先是以人类自生产为前提的，而要保证人类这一主体不断延续，就必须进行合理的消费行为，否则，人类社会就难以为继。而且，按照马斯洛的需要层次理论，这种消费行为会促进人类不断提高生产水平，并借以获得更加丰富的物质产品，实现自我主体的不断超越，拓展到更为广阔的精神维度。这种消费行为的丰富性与自由度标志着人类文明水平的不断提高。所以，亚当·斯密认为，"消费是一切生产的唯一目的，而生产者的利益，只在能促

---

① 转引自〔美〕保罗·萨缪尔森、诺德豪斯：《宏观经济学》，萧琛译，北京：人民邮电出版社，2008 年，第 207 页。

进消费者的利益时,才应当加以注意。这原则完全是自明的,简直用不着证明。"①人类一切生产活动的终极目的就是为了消费,消费的数量、结构及其满足程度会影响到每一个国家国民经济的运行状况。在现代市场经济条件下,消费行为更是国民经济良性循环的先导力量,只有让消费与生产之间不断地转化与促进,才能为市场经济的发展提供源源不断的持久动力。在西方历史上,人类的消费行为曾经先后受到理性、宗教以及经济等方面的影响,可以分为四个发展时期。

2.理性主义时期

在古希腊罗马时期,由于生产水平有限,人们普遍提倡节俭的消费观,即便是生活比较富裕的贵族,也主张听从理性的安排,认为通过征服欲望,过一种节制的生活才能获得幸福。这一时期,人类消费行为主要特征是理性消费与适度消费。毕达哥拉斯就提倡为了净化灵魂,倡导节制的美德。德谟克利特认为,"幸福不在于占有畜群,也不在于占有黄金,它的居住是在我们的灵魂之中。"②苏格拉底认为,人们"对灵魂操心",只有通过理性控制情欲,不做情欲的奴隶,才能活得好,而不仅仅是活着。柏拉图则认为灵魂的善恶取决于这个人的理性能否有效地控制欲望,因此,节制成为古希腊的"四元德"③之一。亚里士多德则第一次详细地论述消费道德观问题。例如,他认为慷慨是

---

① 〔英〕亚当·斯密:《国民财富的性质和原因的研究(下)》,郭大力、王亚南译,北京:商务印书馆,2010 年,第 227 页。

② 北京大学哲学系外国哲学教研室编:《古希腊罗马哲学》,北京:商务印书馆,1961 年,第 113 页。

③ 柏拉图的"四元德"指智慧、勇敢、节制、正义。

一种美德。因为慷慨居于挥霍与吝啬之间，代表了一种合理适度的消费行为，只有经过理性选择才是成就幸福生活的恰当方式。伊壁鸠鲁虽然认为人生的目标是追求快乐，但他倡导的快乐是"身体的无痛苦和灵魂的无纷扰"。他说："当我靠面包和水过活的时候，我的全身就洋溢着快乐；而且我轻视奢侈的快乐，不是因为它们本身的缘故，而是因为有种种的不便会随之而来。"①在古罗马时期，斯多亚学派认为有德性的人在于自我克制，在于"不动心"，过一种理性的生活。新柏拉图主义则进一步将其理性主义推进到禁欲主义，认为灵魂只有摆脱肉体的邪恶，才能达到无恶的"净化"状态，从而为中世纪基督教的禁欲主义奠定了理论基础。在这个时期，古希腊罗马人在饮食方面主要以吃饱为原则；在服饰方面也主张节俭大方为主；在住宅方面，除了修建宗教学公共建筑、城邦市政建筑、社会文化场所之外，私人住房以耐用实用为主；在精神消费方面，非常注重各种娱乐和竞赛活动，包括各种体育比赛、戏剧、旅游以及音乐等项目。

值得注意的是，在古罗马中后期，奢侈性消费已经开始盛行，随着罗马疆域的扩大以及对被征服地区的肆意掠夺，古罗马贵族集中了大量的社会财富，在消费上争奇斗艳，他们经常举行大型宴会，修建私人庄园，中国的丝绸、印度的香料以及各种珍宝成为贵族妇女的主要服饰；他们还修建大量高大恢弘的神庙、公共浴场以及道路、桥梁、水渠等公共性建筑；他们在精

①〔英〕罗素：《西方哲学史（上卷）》，何兆武、李约瑟译，北京：商务印书馆，1963年，第307页。

神性消费上也呈现出极端世俗性的特征,诸如喜欢观看血腥的角斗士竞技活动。这种极端的奢侈性消费以及过度享乐纵欲使其受到了惩罚,走向了反面,导致了中世纪的禁欲主义①。

3.非理性禁欲主义时期

萨缪尔森认为,在中世纪,人类消费行为受到基督教禁欲主义的支配,在世俗生活中人是没有幸福可言的,只有压抑和控制个人欲望,舍弃现世的快乐与享受,灵魂才能得到上帝的拯救,进入永恒的天国。这种观点首先要求教徒们能够安贫乐道,敛心内视,关注自己的灵魂就足够了,这样人们把希望寄托于天国,表现出对现世生活消费的极大冷淡。按照基督教义,人们在饮食服饰住宅等方面都极端简朴,除了服务于宗教的音乐和歌剧之外,几乎没有其他娱乐消费活动。但是,教徒们通常会在死后将个人财富捐献给教会供修建教堂之用,所以中世纪的教堂建筑是最主要的公共消费支出。这种禁欲主义的消费观主要是压制欲望,将个人消费限制在必需品水平或者低于这个标准,该消费观鼓励人们创造大量社会财富,却把这些财富集中到教会手中,满足神职人员的奢侈品消费以及修建教堂等公共性消费。这种不合理的消费观很容易让普通教徒对传统宗教教义产生不满与质疑,并最终引发了宗教改革。

4.理性禁欲主义时期

萨缪尔森认为,经过宗教改革和文艺复兴之后,尤其是在西方早期工业文明时期,人类消费行为既有禁欲苦行的一

---

① 王雅林、东鸿扬:《构建生活美——中外城市生活方式比较》,南京:东南大学出版社,2003 年,第 32 页。

面,也有贪婪攫取的另一面,二者一起共同推动了近代资本主义的兴起。马克斯·韦伯在其《新教伦理与资本主义精神》中指出,"仅当财富诱使人无所事事,沉溺于罪恶的人生享乐之时,它在道德上是邪恶的;仅当人为了日后的穷奢极欲,高枕无忧的生活而追逐财富时,它才是不正当的。但是,倘若财富意味着人履行其职业责任,则它不仅在道德上是正当的,而且是应该的、必需的。"①新教伦理的禁欲主义强调天职观与经济理性,积累财富成为荣耀上帝的手段。新教禁欲主义既限制消费,又鼓励逐利,且有利于合乎理性地组织资本和劳动,进而加速了资本积累,从而为早期资本主义发展所需的大规模生产性投资奠定了物质性基础,促进了资本主义经济的快速增长;维尔纳·桑巴特则认为,近代资本主义起源于奢侈消费。从 13、14 世纪开始,受益于东方贸易、美洲矿产以及私人高利贷,许多西方国家迅速积累的大量的资本,也造就了一批有钱但没地位的富翁,他们只能通过炫耀性消费来显示自己的存在。与此同时,"肉体的解放"标志着性价值观进一步世俗化,宫廷情人大量出现,西方上流社会开始崇尚奢侈消费。据他考证,自 18 世纪中叶始,欧洲各国在家具、房子、服饰的奢侈消费就已经达到惊人的规模。奢侈消费创造了巨大的市场需求,促进了工业与商业的兴旺发达,并催生了许多诸如糖、可可以及咖啡等新兴农业。"于是,正如我们所看到的,奢侈,它本身是非法情爱的一个嫡出的

---

① 〔德〕马克斯·韦伯:《新教伦理与资本主义精神》,于晓、陈维刚等译,北京:生活·读书·新知三联书店,1987 年,第 93 页。

孩子,是它生出了资本主义。"①

当代美国思想家丹尼尔·贝尔把这两种特质分别称为"宗教冲动力"与"经济冲动力"。在资本主义上升阶段,禁欲苦行与贪婪攫取的双重原始冲动力并行难分, 相互制约。"即从一开始,禁欲苦行和贪婪攫取这一对冲动力就被锁合在一起。前者代表了资产阶级精打细算的谨慎持家精神;后者是体现在经济和技术领域的那种浮士德式骚动激情, 它声称'边疆没有边界',以彻底改造自然为己任。这两种原始冲动力的交织混合形成了现代理性观念。"②萨缪尔森认为,这个时期人类消费行为受到理性与宗教的双重约束,无论是在必需品消费与奢侈性消费、在私人消费与公共消费以及物质消费与精神消费之间,都能处于一种比较平衡的状态中,但是,18 世纪后半叶,这两种冲动力失去平衡,禁欲主义伦理对贪婪攫取的"经济冲动力"的道德约束力日渐式微,随着经济迅速发展,人类的物质生活水平提高,日常生活进一步世俗化,物质主义与享乐主义一时甚嚣尘上,最终导致了消费主义,使得人类进入所谓的"符号消费"时代。

5.消费主义时期

如果人类的消费行为违背了适度、理性的道德原则,也失去宗教伦理的约束, 变成一种纯粹为了满足欲望的享乐主义,就会形成"人类中心主义"的道德意识,从而使得毫无节制地征

①〔德〕维尔纳·桑巴特:《奢侈与资本主义》,王燕平、侯小河译,刘北成校,上海:上海人民出版社,2000 年,第 215 页。

②〔美〕丹尼尔·贝尔:《资本主义文化矛盾》,赵一凡等译,北京:三联书店,1989 年,第 29 页。

服或掠夺自然的人类活动获得道德正当性,而这种道德意识显然是不可持续的。

萨缪尔森认为,工业革命之后,人类消费行为发生了两次转变,而且都是发源于美国。20世纪的美国最早经实现了从工业革命社会向后工业社会的转变,这个转变意味着美国的社会生活不再以传统的生产为中心,而是以消费为中心。一般而言,在20年代,美国进入大众消费时代,其标志是福特主义实现了商品的规模化生产,一方面人们消费能力迅速提高,另一方面商品价格下降,使得许多以往难以企及的奢侈品都进入寻常人家的消费视野。60年代以后,这种标准化、大众化消费逐渐为个性化消费所取代,美国进入到"符号消费"时代,即现代社会中的一切都已物化,皆为消费品。人们热衷于购买和占有,在消费中建构身份和表达自我。

在他看来,人类消费行为的两次转变除了受到经济发展与宗教式微等因素的影响之外,引发这种转变还有两个原因:古典功利主义和凯恩斯主义。古典功利主义认为,苦乐才是人类至高无上的主人,人的生存目标就是追求快乐和避免痛苦。因此,禁欲苦行违背了人趋乐避苦的天性,导致了对人的专制。如此一来,经济冲动力获得了无限发展性,造成享乐主义的滥觞,人类的消费行为不再仅仅满足于必需品消费,而转向了奢侈性消费;如果说功利主义释放了私人消费欲望的话,凯恩斯则让这种满足欲望的消费成为现代政府的职能,极大地拓展了公共消费领域。基于有效需求不足理论,凯恩斯认为储蓄并不是资本积累的原因,而是失业与资本毁灭的种子。产业革命之后,生产效率极大提高,各种商品日益丰富,节俭使得商品缺乏消费市场,对生产者而言,节俭是一种压制人类消费欲望的恶德。凯恩斯强烈反对节俭,认为消费才是一切经济活动之唯一目的,消费行为越自由,越能促进经济发展,人类才能变得更加富有。他主张政府既要运用货币和财税等宏观调控手段进行财富的第二次分配,增加国民收入、改变消费倾向,又要通过政府投资大型公共工程来拉动需求,扩大就业量。受凯恩斯主义影响,大多数西方国家走向了福利资本主义之路,政府承担了国防、教育、医疗卫生、失业救济等领域的公共性开支。这些宏观政策解决了个人消费的后顾之忧,信用制度、快餐店、购物中心、主题公园、网络购物、大众媒介等消费手段也刺激了个人的消费欲望,这些因素使得消费的内涵发生了根本性转变,西方社会从传统的"生产社会"迈入以符号为中介的"消费社会","现代社会的真正革命在二十年代便降临了。当时的大规模生产和高消费开始改造中产阶级生活方式的新教伦理观,心理学的幸福说代替了清教精神。"①

　　基于以上分析,萨缪尔森认为,西方社会消费道德观变迁史呈现以下两个特点:第一,在个人消费方面,人类的消费行为从基于需要的必需品转向基于欲望的奢侈性消费。由于物质生活条件的改善与丰富,奢侈性消费成为可能。当失去宗教伦理的约束之后,人们很容易拥趸功利主义,在追求消费自由中放弃了理应承担的消费责任。第二,在公共消费方面,政府扮演的角色越来越重要,凯恩斯主义主张运用货币宽松政策甚至不惜

---

　　①〔美〕丹尼尔·贝尔:《资本主义文化矛盾》,赵一凡等译,北京:三联书店,1989年,第122页。

以通货膨胀为代价刺激消费需求,因而在现代消费主义道德观方面起到了推波助澜的作用。变迁史表明,居于统治地位的古罗马贵族、教会阶层、国王以及有闲阶级都会把大量社会财富以公共利益的名义来满足个人的纵欲享乐,从而推动了奢侈性消费道德观的流行。而在现代社会,政府支出具有再分配功能,"消费社会并不以个人支出的急剧增长为特征, 它伴随着第三者(尤其是行政部门)为个体利益所承担的支出增长,而且其中一部分支出还减少着资源分配不均的现象。"[①]遏制公共消费的异化,理应成为建构现代消费道德观值得关注的重要问题。

二、人类消费行为的基本道德原则

萨缪尔森认为,历史地看,个人自由一直是人类最美好的理想和信念,人类一直在为此进行不屈不挠的斗争。随着市场与市场经济的出现,个人自由才获得了现实的翅膀。市场为个人自由提供了物质基础,个人自由也使得技术进步和自由竞争成为可能,从而促进整个人类社会的发展与繁荣。市场经济不仅释放了人性的智慧之光,而且给人类的生活和行为提供了前所未有的选择机会。"生活充满了选择。由于资源是稀缺的,因此,我们必须不断地决定如何利用我们有限的时间与收入。"[②]这表明,市场经济不仅给消费自由开辟了道路,而且使得消费

---

① 〔法〕让·波德里亚:《消费社会》,刘成富、全志刚译,南京:南京大学出版社,2006年,第 15 页。

② 〔美〕保罗·萨缪尔森、诺德豪斯:《宏观经济学》,萧琛译,北京:人民邮电出版社,2008 年,第 12 页。

自由成为这种自主选择的最好表征。

1.消费自由与消费责任

在市场经济中,人类的消费行为是自由的:在平等、自愿、自由的基础上,任何一个消费者都可以根据自己的经济状况、个人偏好、生活习惯来进行选择性地消费。但是,这种选择不仅仅意味着自由,而且意味着责任,人们在享受消费的自由权利时,也意味着必须履行对消费责任的承诺。萨缪尔森认为,现代消费社会的伦理危机主要在于没有处理好消费的自由权利与消费的道德责任之间的辩证关系,才会导致人类的消费行为受到大众媒介的蛊惑,偏离了幸福生活的伦理目标,引发一系列的生态危机。

首先,在现代社会,自由选择消费是个人自由的充分表达。在消费革命之前,传统欧洲是一个等级分明的社会,特权和等级观念也渗透到人们的消费行为上,社会结构的等级性也决定了人们消费结构的等级性。大众消费时期,市场经济要求生产者通过竞争和价格机制来满足消费者的需求,生产者只有服务于消费者的偏好才能达到利益最大化,消费者主权成为市场经济中最重要的原则之一。今天,我们已经进入"符号消费"时代,市场经济让人们得以进一步摆脱政治权力、等级身份、传统观念、种族性别等政治文化因素所造成的束缚,"保证了每个人自主选择生活方式,自由选择消费内容,确立新的消费理念的机会,为个人自由的充分展现提供了前所未有的社会物质社会条件。"[1]其次,自由消费也是个人身份伦理的强化与认同。身份是

---

[1] 徐新:《现代社会的消费伦理》,北京:人民出版社,2009年,第158页。

个体界定自身特性的标志,这种标志往往会通过门第、财富、权力以及才智等方式加以确证。在个性化消费时代,一个人能够消费什么以及如何消费,是建构自我身份、强化身份伦理以及获取社会认同的方式。消费不再是物的占有和消耗,而是一种符号的系统化操控活动,这些符号代表了消费者的能力、成就、品位以及在消费社会中的地位和价值,"象征性是符号消费的最大特征,人们通过对商品的消费来表现其个性、品位、生活风格,展示其社会地位,赢得社会认同。"[①]

　　然而,人们在追求消费自由时,切不可忘记理应承担的道德责任。因为只有消费者的生活目标和消费方式是正当合理时,才有可能实现消费自由与消费责任的平衡。具体而言,体现在两个方面,其一,消费自由不能违背幸福生活的伦理目标。幸福生活需要拥有消费的能力,但绝不仅仅只是拥有这些能力。如果将幸福建立在欲望的满足上,消费自由带来的可能是欲壑难填的痛苦生活。古希腊哲学家告诉我们,只有遵循理性的指导才能获得心灵的平静,人们需要在有德性的生活中才能找到幸福。萨缪尔森在论述消费者偏好时援引了功利主义的效用原理,但他并非完全认同成本—收益的帕累托效率观,因为这种效率观忽略了人们追求幸福生活所需要的其他价值例如可供享受生活的闲暇与能力。萨缪尔森就建议人们将闲暇纳入消费选择之中,因为"闲暇是我们发挥个人特色的源泉"[②]。其二,人

---

① 孙春晨:《符号消费与身份伦理》,《道德与文明》,2008年第1期。

② 〔美〕保罗·萨缪尔森、诺德豪斯:《微观经济学》,萧琛译,北京:人民邮电出版社,2008年,第77页。

们在追求消费自由时必须遵守基本的消费伦理准则。西方消费
道德观变迁史表明,传统宗教伦理约束力式微是引发消费社会
伦理危机的原因之一。在讲究个性化消费的今天,人们追求消
费自由时不能以挑战传统伦理习俗为代价,消费绝不意味着任
性与为所欲为。"法治是走向自由的第一步。一个人被他人控制
是不自由的,只有当他被全社会必须服从的原则和规则所控制
才是自由的,因为社会是自由人的真正主人。"①历史经验表明,
节俭的消费方式和生活态度是一种生活美德。节俭消费符合经
济最大化效率原则和经济合理性原则②。萨缪尔森认为,人类消
费行为需要遵守适度、理性和可持续的基本道德准则,唯其如
此,方能真正实现消费自由与消费责任的平衡。

2.适度消费的伦理原则

萨缪尔森非常推崇亚里士多德的中道观,并在此基础上形
成了自己中庸的方法论特点。在消费问题上,他同样吸收了亚
氏关于适度的思想:"有三种品质:两种恶——其中一种是过
度,一种是不及——和一种作为它们的中间的适度的德性。"③
德性就居于过度与不及之间,以选取中间为目的,适度是德性
的特点,消费伦理也是人类行为必须遵循的德性之一,所以人
类的消费行为首先要遵循适度原则,即在消费问题上,人的理
性能够选择合乎德性的消费行为,过度和不及的消费都会有损

---

① 〔英〕霍布豪斯:《自由主义》,朱曾汶译,北京:商务印书馆,1996 年,第 11 页。

② 参见万俊人:《道德之维——现代经济伦理导论》,广州:广东人民出版社,2000
年,第 294—296 页。

③ 〔古希腊〕亚里士多德:《尼各马可伦理学》,廖申白译注,北京:商务印书馆,2008
年,第 53 页。

于德性,适度的消费才具有道德正当性。萨缪尔森认为,在消费伦理中,适度消费主要体现在以下两个方面:一方面,必须保证每个人的必需品消费,合理控制奢侈性消费。大多数奢侈性消费基于欲望的满足,而欲望是永无止境的,过于追求奢侈性消费往往会让人迷失自我,沉溺其中不能自拔。萨缪尔森就专门分析了上瘾物品的消费弹性:"上瘾物品是指消费欲望严重依赖于过去的消费的物品。"[1]一般而言,这些上瘾物品的消费弹性小,政府往往会课以重税,消费者不仅要承担额外的经济负担,而且有可能造成精神上的空虚与损害。另一方面,很多消费者认为,自己靠"自我奋斗"获得了成功,所以就有权大肆挥霍。萨缪尔森认为这种想法令人羞愧。他用消费者剩余的概念来说明这个道理,消费者剩余指一种物品的总效用与其总市场价值之间的差额[2]。从表面上看,一个企业家创造了这个企业并取得了成功。而事实上,企业的成功离不开整个社会为他提供各种前提条件,例如技术工人、机器、市场、安定的秩序等等,这些都是千万人历经数代的努力共同创造出来的。现代社会的公民享受巨大的特权,每一个消费者都从我们未曾出力的经济世界中获得了利益。

3.理性消费的伦理原则

萨缪尔森认为,现代政府控制了大量的消费资源,如何将这些资源用于公共消费领域以及决定用于哪一个领域,都需要

---

① 〔美〕保罗·萨缪尔森、诺德豪斯:《微观经济学》,萧琛译,北京:人民邮电出版社,2008 年,第 81 页。
② 同上,第 83 页。

经过慎重抉择,遵循消费伦理的理性原则。首先,现代政府需要保护某些关系到人们必需品消费的产业和行业。比如农产品就是典型的必需品。然而自产业革命以来,农业在产业结构中一直长期处于相对衰落的地位。他以美国为例,统计数据表明,农业生产率增长的步伐快于大多数其他产业,但农产品相对于其他物品价格不断下降,农场主收入也相对停滞不前。这是由于农产品的消费弹性决定的。人们对于食品的需求相对增长缓慢,导致农产品消费缺乏弹性,而农业生产率的提高又导致农产品供给的扩张,从而出现丰收悖论的现象。然而,农产品属于消费必需品,美国政府通常都会利用关税、配额以及补贴等形式予以保护。

其次,政府财政开支具有再分配性质,在课征税收时应该注意权衡消费者与生产者的利益。税收归宿可以告诉我们税收对消费者和生产者收入的影响。一般而言,供求的相对弹性是决定税赋归宿的关键因素[1]。比如许多经济学家和环境保护主义者都主张美国征收高额汽油税,认为这样可以抑制消费,从而减少大气污染。通过分析税收归宿就可以知道,采取这个措施之后能否真正抑制消费,进而到达环境保护的目标。

最后,现代政府职能之一就是提供公共品,公共品的特点在于投资额大、风险高且收益期长,这就要求决策者在关乎公共品投资时更多地从公共消费的角度进行理性抉择。例如,政府如何决定新建一条公路的价值,这就需要决策者根据消费者

---

[1]〔美〕保罗·萨缪尔森、诺德豪斯,《微观经济学》,萧琛译,北京:人民邮电出版社,2008年,第67页。

剩余理论来进行理性抉择。由于公路免费开放，没有任何收益，但公路的使用者可以节省时间或确保旅途安全。经过成本收益分析，修建公路的成本低于它给消费者带来的经济福利。

4.可持续消费的伦理原则

1994 年,联合国环境规划署在《可持续消费的政策因素》报告中,将可持续消费定义为:"通过提供服务和相关产品以满足人类的基本需要,进而提高人类的生活质量,与此同时,使自然资源和有毒材料的使用尽可能减少,使服务和产品的生命周期所产生的废物和污染物最小化,从而不危及后代的需求。"[①]由此可见,萨缪尔森强调消费伦理的可持续原则实质上涉及代际消费公平问题。针对环境保护问题,他列举了两种完全对立的观点:环境保护论者持悲观主义立场,他们认为人类的无限制消费行为导致自然资源的肆意开发,正使得复杂的自然生态环境面临严重的威胁,如果不就此梦醒与警觉起来,人类无疑会走向自杀;"富足论者"对人类的未来则持乐观态度,认为技术、经济增长和市场力量完全可以解决这些问题, 是人类的救世主,而绝非祸根。

萨缪尔森是一个实用主义者,他认为,与其进行这种徒劳的争吵,还不如进行冷静的"推理和计算",从而制订一个可持续的更适合人类生存的发展战略。在他看来,地球的生态环境属于典型的全球公共品,只能通过国际协议来协商解决,但达成有效率的协议往往很困难。但是这并不意味着今天的人类就

---

① 转引自黄云明:《经济伦理问题研究》,北京:中国社会科学出版社,2009 年,第231 页。

有权牺牲今后几代人的幸福来满足自身的需求。我们在追求自己的幸福生活时,不能过度开发和使用资源,乃至形成掠夺性消费;也不能只为后代人着想,过度保护现有资源导致经济发展严重放缓,而是要在代际之间寻求代际权利与义务的公平分配。消费伦理的可持续原则要求我们在制订经济政策时,将自然环境成本核算纳入国民经济体系之中,提高自然资本利用率,减少不可再生自然资源消耗,鼓励技术创新、新能源开发,以及采取污染许可证、征收碳税等经济新举措来合理有效地控制环境污染。总之,萨缪尔森认为:"只要我们明智地运用环境资源,则人类不仅可以继续生产,而且还会迎来长远的发展和繁荣。"[1]

第二节　萨缪尔森交易伦理思想

"市场交易一般是指人们自愿地以货币来交换物品或劳务的活动。"[2]在市场经济中,人们的交易活动贯穿于生产、分配与消费等各个环节。一般来说,产品是不宜直接分配的,生产者只有通过市场交易将物品或劳务转化为货币,才能按各种生产要素进行分配;一旦生产要素获在分配中获取货币收入之后,人

---

① 〔美〕保罗·萨缪尔森、诺德豪斯:《微观经济学》,萧琛译,北京:人民邮电出版社,2008 年,第 327 页。

② 同上,第 31 页。

们就可以在市场交易中用这些货币购买所需物品或劳务,从而满足自己的消费偏好。而且,这种交易活动是竞争性的,它以市场为外在形式。竞争性交易活动可以充分激活市场参与者的活力与效率,实现资源的优化配置。"对生产和消费来说,交换是进行资源有效使用所必不可少的基础。它促成了生产分散化和专业化;而对于消费者来说,有着不同天资或偏好的当事人,需要通过交换来获得最大的利益。"①

质言之,市场交易不仅可以扩展人类的生产与消费空间,让人们享有更多更优的物品与服务,而且还能促进劳动分工与技术变革,进而极大地提高资源配置效率,从而在整体上增进人类社会的福利。从某种程度上来说,个人或国家之间的交易活动越发达,说明市场主体的专业化水平越高,劳动分工也越精细,市场经济的效率优势也越明显。所以,萨缪尔森认为:"贸易生财的思想是经济学的核心见解之一。"②但是,市场交易本质上是一个利益博弈的过程,交易活动在增进彼此利益的同时也有可能引发利益冲突。"由于交换或交易基于双方的赢利预期之上,所以不能排除交换双方出错或一方实施欺骗行为的可能性。"③鉴于错综复杂的贸易网络日益成为当前发达资本主义经济体的显著特征之一,如何对市场交易的各个环节进行伦理约束与规制,就成为萨缪尔森经济伦理思想体系中的重要组成部分。

---

① 张卓元主编:《政治经济学大辞典》,北京:经济科学出版社,1998年,第19页。

② 〔美〕保罗·萨缪尔森、诺德豪斯:《微观经济学》,萧琛译,北京:人民邮电出版社,2008年,第27页。

③ 〔美〕乔治·恩德勒等主编:《经济伦理学大辞典》,李兆荣、陈泽环译,上海:上海人民出版社,2001年,第304页。

一、市场交易的伦理准则

萨缪尔森认为，市场交易必须建立在自愿等价的基础上。早在古希腊时期，亚里士多德就将私人交易分为两种：自愿交易和非自愿交易。在自愿交易中，人们不得对这种获得进行干预，格兰特称之为"自由贸易的原则"，但这种交易想要成功，必须要在双方还处于需要中时协商好交易的比例，否则这种交易就可能违反某方意愿；对于非自愿交易，需要剥夺获得者的所得，使得交易双方恢复到交易前的利益状态[①]。这就是说，市场交易的关键在于双方能够在意愿自主的基础上就希望交易的物品与服务的价格上达成一致。尊重交易各方的意愿体现了交易主体间的平等性，能够在价格上达成一致说明交易各方都得所应得。由之，平等互利是市场交易得以发生并可持续的伦理前提，它涵盖了自愿交易和等价交易两个层面。

亚里士多德的交易伦理观影响深远，后世很多经济学家都在此基础上进行进一步阐发。亚当·斯密就推崇经济自由主义，认为重商主义和重农主义都违背了自愿交易不受干预的贸易原则。他同时提出了价值悖论："没有什么能比水更有用，然而水很少能交换到任何东西。相反，钻石几乎没有任何使用价值，但却经常可以交换到大量的其他物品。"[②]边际革命则运用效用

---

① 参见〔古希腊〕亚里士多德：《尼各马可伦理学》，廖申白译注，北京：商务印书馆，2008 年，第 139—144 页。

② 转引自〔美〕保罗·萨缪尔森、诺德豪斯：《微观经济学》，萧琛译，北京：人民邮电出版社，2008 年，第 83 页。

这个概念揭示了利益的"主观性",即只有交易者认为通过市场交易能够增加自身的福利,这种市场交易才能进行并持续下去,进一步凸显了交易各方的主体性及其利益关系。美国制度经济学家康芒斯认为市场交易各方的利益关系本质上是一种产权的自愿转移。"买卖的交易,通过法律上平等的人们自愿的同意转移财富的所有权。"①意思自愿是交易各方协商与谈判并达成协议的前提。诺齐克则认为在市场交易中,"无论什么分配,只要它来自当事人一方的自愿交换,就都是可以接受的。"②

作为西方主流经济学理论的集大成者,萨缪尔森把自愿和等价作为市场交易的基本法则。但是,他认为现代市场交易存在着难以克服的伦理缺陷:第一,交易各方的趋利动机往往会放大人性恶的一面,很难真正通过"看不见的手"来实现个人利益与公共利益的和谐一致性。第二,市场交易的不确定性以及信息不对称性也使得交易各方难以真正实现等价交易。为了追求个人利益最大化,"每个人都必然力图抓紧良机进行买卖,每个人都必然会成为投机家,就是说,都企图不劳而获,损人利己,乘人之危,趁机发财。"③第三,市场交易普遍存在外部性,正外部性会无法保证交易者的正当收益,负外部性则会给非交易者造成直接或间接的损害。

为了克服这些缺陷,萨缪尔森主张市场交易主体必须遵循

---

① 〔美〕康芒斯:《制度经济学(上)》,于树生译,北京:商务印书馆,1962年,第86页。
② 〔美〕诺齐克:《无政府、国家与乌托邦》,何怀宏等译,北京:中国社会科学出版社,1991年,第14页。
③ 中央编译局编辑部:《马克思恩格斯全集》(第1卷),北京:人民出版社,1956年,第615页。

自由竞争、公平互利、诚实守信以及有效规制等四个基本伦理准则。自由竞争原则可以确保交易主体的自主性与自愿性和交易过程的竞争性与有序性；公平互利原则可以保障交易各方在人格和法律上的平等地位，以及在风险—收益上的等价互利性。诚实守信原则指交易主体的个人品德以及交易行为的伦理规范；有效规制原则指政府对市场交易可能出现的投机行为以及外部性影响的伦理导向作用。

1.自由竞争原则

自由竞争是市场经济的伦理品格，也是确保市场交易主体能够自主选择和自我决定的基本原则。自由竞争意味着市场交易各方可以不受外在意志的干预，拥有自主决定是否参与市场交易的自由、选择交易对象的自由、决定交易内容的自由以及选择交易方式的自由。市场交易中的主体自由是道德生成的基石，只有基于主体意愿的交易行为才能迫使交易各方承担相应的道德责任。而且在竞争性交易中，双方利益的反复博弈会让交易各方充分意识到违背契约的道德风险，进而有力地保证交易过程的有序进行。

此外，自由竞争还可以通过市场机制的激励作用约束交易行为，降低交易成本与违约风险：首先，交易者只能通过法律和商业道德所允许的手段和方法进行市场交易活动，否则就受到道德谴责或法律制裁，从而蒙受商业信誉上的损失甚至不得不退出市场；其次，市场交易中的竞争者之间必须独立行使意思表示，不受任何他人的限制与强制，一切受制于欺诈和胁迫所作的意思表示都可归之无效。任何交易一方都无权通过暴力或者其他非法手段无偿侵犯、剥夺或占有另一方的财物。

最后,根据自由竞争原则,任何妨碍竞争者进入或退出市场交易的经济壁垒、行业壁垒、歧视性法规都必须铲除。萨缪尔森认为这种分割市场或行业垄断的现象不仅在国内市场交易中普遍存在,而且在国际贸易活动中更加严重。他非常推崇李嘉图的比较优势理论,该理论认为,"如果各国专门生产和出口其生产成本相对低的产品,就会从贸易中获益。或者反过来说,如果各国进口其生产成本相对高的产品,也将从贸易中得利。"[1]萨缪尔森认为比较优势说揭示了国际市场交易的真谛:由于各国生产条件的多样性、习俗偏好不同以及生产成本会随着规模递减,按比较优势原则进行国际贸易会增进所有参与国家的福利。例如,马里是一个生产率普遍低下的国家,但数据分析表明,它可以通过出口其生产率相对较高的商品(如手工织机生产的纺织品),然后进口生产率相对较低的商品(如重型机械和汽车),也能从国际贸易中获利。所以,萨缪尔森坚决反对各种贸易保护主义措施,包括设置各种贸易壁垒、实行禁止性关税或贸易配额以及各种隐性非关税壁垒,认为:"自由与开放的贸易能够提高经济效率和推动科技进步……自由贸易对世界繁荣是必不可少的。"[2]

2.公平互利原则

公平是自由竞争的伦理精神,它要求交易各方在相同市场条件下共同接受统一的价值规律和道德评判,遵循公平的竞争

---

① 转引自〔美〕保罗·萨缪尔森、诺德豪斯:《微观经济学》,萧琛译,北京:人民邮电出版社,2008 年,第 257 页。

② 同上,第 273 页。

规则,并各自独立承担竞争性交易的结果。公平是市场交易伦理的基本要求和实现形式。在市场交易中,等价互利交换是体现交易公平性的最直接形式。所以,强调市场交易的公平性,就必须体现为交易各方在收益上的互利性。

第一,根据公平互利原则,市场交易各方法律地位平等。在整个交易过程中,具体交易契约的确立、变更以及终止都受法律和商业道德的保护和约束。无论在经济实力、专业知识、市场信息以及对风险的驾驭能力等诸方面有多大差异,交易各方人格的独立与平等都应切实得到尊重和维护。在市场交易中,不同于行政领域的科层制,交易主体之间在人格上是独立平等的,相互之间不存在隶属关系,也无身份等级之利害。交易各方不因职位高低而分贵贱,也不因市场规模大小而显高低,一律在平等的基础上自愿进行交易。

第二,根据公平互利原则,市场交易应兼顾各方经济权益,并确保各方承受的风险与收益具有成比例的公正性。在市场交易中,物品和服务的生产者、经营者、消费者都应享有公平的权益,交易各方不得利用自身的市场力量或借助于其他优势因素(诸如行政权、特许权、专利权),强迫其他经营者或消费者接受不合理或不公平的附加条件,并对已经造成的不当获利行为应给予道德谴责或法律制裁,让交易各方的权责重回原有的公平状态。

3.诚实守信原则

市场经济是信用经济。没有信用,市场交易只能重回以物易物的原始水平。没有信用,服务于市场交易的众多金融机构都无法立足,各种以信用为基础的市场交易工具诸如股票、汇票、期货、信贷以及债券也都会失去用武之地,市场交易的规模和空间都会受到极大的掣肘,难以充分发挥市场经济在资源配置上的效率优势。信用经济在市场交易中的具体表现就是要以诚实守信为基本伦理准则。市场交易中的诚实守信原则主要体现在两个方面:

对于市场交易主体而言,诚实守信一方面指交易主体的个人品德。诚信是个人的安身立命之本,一个人的尊严、威信、人格都是以诚实守信为基础的。在市场交易中,各方如果不讲信用,不践履诺言,相互欺骗,就难以进行正常的市场交易,市场经济在资源配置上的作用就会大打折扣。一个社会的诚信度是市场经济发展与繁荣的道德基础,诚信度越高,市场交易行为就越可预期,市场风险就越小,市场交易成本就越低,就越能发挥市场经济的效率优势。"法律、契约、经济理性只能为后工业化社会提供稳定与繁荣的必要却非充分基础,唯有加上互惠、道德义务、社会责任与信任,才能确保社会的繁荣稳定,这些所靠的并非是理性的思辨,而是人们的习惯。"[1]

在市场交易中,企业是独立法人,也是最主要的参与者。在现代企业制度中,所有权与管理权分离,企业的管理者究竟是应该追求股东利益的最大化,还是应该兼顾利益相关者利益?如果选择前者,企业在市场交易中就有可能偏离诚信原则,采取不道德手段谋取非法得利,最终导致市场交易难以为继。如果选择后者,企业就需要将诚信视为其参与市场交易的基本道

---

① 〔美〕弗兰西斯·福山:《信任——社会道德与繁荣的创造》,李宛蓉译,北京:远方出版社,1998 年,第 18 页。

德规范。而且长期来看,一个讲诚信守契约的企业往往能在优胜劣汰的市场竞争中立于不败之地。

一个诚信企业在市场交易中一般会遵循以下基本道德规范:第一,善意。市场主体在竞争性交易过程中,应秉持基本的善意,在追求自身合理利益时,不得损害相关者的正当利益和公共利益,这样才能有效地将经济人的利己心与道德人的利他心有机结合起来,真正让市场交易得以顺利进行,维护市场经济的正常秩序;第二,无欺。市场主体在交易活动中,不能通过投放夸大性广告、散布虚假商业信息等手段来欺骗消费者和其他交易者。第三,守诺。市场主体应该尊重彼此约定的交易规则或具有一定特殊性的交易惯例,积极履行合同规定的权利与义务,不得故意曲解合同条款或恶意利用对方疏忽之处以获取不当得利。第四,互信。诚信原则的基本内涵是相互信赖。这种信赖最初是建立在一定的血缘、地缘和业缘基础之上的,是一种维系熟人之间社会关系的道德情感。随着时代的发展,尤其是市场交易的日益深化与交易对象的陌生化,这种朴素的诚信观才逐步摆脱了情感的脐带,成为一种基于法律协调人与人之间关系的道德法则。这表明,人们的诚信观有一个逐步理性化的过程,需要建立在普遍共识的心理基础之上。如果在市场交易中,各方都能有一个互信的道德前提,再加上交易规则、制度安排与法律监管,就可以更有效地提高交易成功率、降低交易成本和维护交易秩序。

4.有效规制原则

诚实守信原则强调市场交易参与者的道德自律。但是,萨缪尔森认为,仅仅依靠这种道德自律显然不足以确保市场交易的伦理秩序。现代政府有必要对市场交易活动进行规制，通过一系列的制度伦理建设来保证市场交易的有序进行，处理好市场交易的外部性问题。

　　有效规制原则可以保证市场交易的有效进行。首先，现代政府必须界定市场准入、退出机制，尽量减少行业进入壁垒，防止垄断滥用市场力量，坚决打击寡头勾结行为，让市场交易能够充分竞争，对那些自然垄断性公共事业进行基于绩效的管制①。其次，要想保证市场交易的有序进行，加强金融业的管制尤为重要的。当人们在股市市场或债券市场进行交易时，就等于是把他的财富交给了一群素不相识的人手中。在购买微软公司股票时，投资者可以通过该公司财务报表来了解其销售额、盈利水平以及股息等等信息。但如何才能确保这些素未谋面的人在制作报表时就一定诚实可靠呢？唯有依靠现代政府对金融市场的有效监管，才能尽量提高这些数据信息的数量和质量。例如，制订严格的信息披露制度、会计制度，设立独立的审计机构和企业监管机构。最后，对市场交易行为建立正当性评估机制。在市场交易中，参与各方为了追求自身利益的最大化，往往会采取各种博弈策略。一般来说，只要遵守相关的游戏规则，无论是合作还是竞争，市场交易的结果都会是优质产品和优质服务胜出，劣质品则被淘汰。但是，如果竞争各方采取竞次策略，引发类似于劣币驱逐良币的现象，就必然需要现代政府进行干预，以免市场交易陷入混乱之中。

---

　　① 参见〔美〕保罗·萨缪尔森、诺德豪斯：《微观经济学》，萧琛译，北京：人民邮电出版社，2008年，第300页。

萨缪尔森认为，人们进行市场交易是为了获取一定的收益，而公共品的收益往往难以在一般性市场交易中进行预期并得到确保，所以在私人性交易活动中，人们都不愿意将公共品纳入其交易对象之中。例如社区规划。如果在一个居民小区附近修建一个垃圾站，就会对所有小区居民产生外部性影响。而如果对这个社区的住宅、商店、学校、绿地、马路以及其他公共设施进行合理规划，不仅会给这些居民带来极大的便利，也会增加这个地块的经济价值。因此，现代政府有必要采取一些措施，包括税收优惠、特殊补贴以及政府采购等，鼓励市场主体积极参与公共品交易。值得一提的是，萨缪尔森认为生态环境也属于典型的全球性公共品，由于不存在一个超国家的强制性机构，要想促进此类全球性公共品的市场交易，就更需要各国政府采取有效措施对各种跨国市场交易行为进行管制。

二、交易伦理的实现机制

"要建立和维持一个健康的经济环境，政府的作用至关重要。政府必须推崇法治，强调合同的有效性，并使其管制有利于竞争和创新。"[①]在市场交易中，推崇法治首先就是要界定和保护产权，强调合同的有效性就是要恪守契约精神以维护公平正义的交易秩序。在萨缪尔森看来，确立市场交易的伦理准则，只是为交易者提供了一种价值导向，要使这种价值导向发挥作

---

① 〔美〕保罗·萨缪尔森、诺德豪斯：《微观经济学》，萧琛译，北京：人民邮电出版社，2008年，第214页。

用,就必须把上述伦理准则外化成市场交易所需的制度规范和运行机制。他认为现代市场交易伦理的实现机制主要包括产权伦理体系、市场交易秩序以及处理市场交易外部性等三个方面。

1.建构产权伦理体系

市场交易的本质是所有权的有偿让渡,没有清晰的产权界定以及有效的产权保护,市场交易就无法正常进行。"产权指的是个人或企业所有、购买、出售和使用资本品和市场经济中其他财产的权利⋯⋯对于一个市场经济而言,有效而理想的法律制度应当包括:产权的界定、合同法和仲裁制度。"①由此可见,萨缪尔森认为实现现代市场交易伦理首先需要建构一套完备的产权伦理体系。

产权主要包括占有权、使用权、收益权和转让权。萨缪尔森认为,产权伦理就是指人们在现代市场交易中调节这些财产权利关系的价值观念、伦理规范和道德意识的总和。其中,占有权伦理涉及财产获得的正当性权以及对这种财产的尊重和维护;使用权伦理指交易者在财产使用过程中处理相互权责关系的伦理准则,例如不得侵害他人权利或公共权利;收益权伦理是指调节市场交易各方收益分配的价值取向,包括收益分配的正当性和公平性问题;转让权伦理主要是指在产权交易中要遵循自主性、真诚性以及互利性等理性原则②。

遵循产权伦理可以明确界定交易主体的利益、风险和责

---

① 〔美〕保罗·萨缪尔森、诺德豪斯:《微观经济学》,萧琛译,北京:人民邮电出版社,2008 年,第 30 页。

② 参见罗能生:《产权的伦理维度》,北京:人民出版社,2004 年,第 80—83 页。

任,使得市场交易活动的外部性尽可能内化,让交易者的个人收益与社会的福利增进相接近,有利于让交易者更多地追求长远利益,克服短期投机冲动,积极进行产品创新和技术变革;建构产权伦理体系还有利于保护市场交易各方的正当权益,进一步为等价交易和降低交易成本提供制度伦理的支撑。"只有明确产权界限,市场交易者才能在各自的产权界域内,通过自身的努力去缩小私人成本与社会成本的差异,并力求降低交易成本,进而既实现自身的利益,又确保在不侵害他人产权的基础上达到交易的互惠互利、平等和谐。"①

2.维护市场交易秩序

萨缪尔森认为,市场交易的有序进行依赖于一系列交易规则与制度安排。这些规则和制度不仅能保障市场交易安全、顺利地完成,还能保护交易者的合理正当权益免受侵害。这样,交易主体才愿意进入市场,在这些规则与制度的约束与保护下进行自主交易。正义是制度的首要德性,维护市场交易秩序的关键在于保证这些规则与制度的公正性。作为市场交易规则与制度的制定者、监督者和仲裁者,现代政府在维护市场交易秩序中应扮演最重要的角色。

美国政府就通过各种各种管制措施,为市场交易活动提供具有权威性、强制性与公共性的游戏规则。在矫正信息不完全性方面美国政府规定,所有交易者都必须经过严格的资格审查与行政监督,包括工商登记、商标注册、卫生防疫、合同公证以及财务审计,以促进公平交易;建立完善的调解、仲裁和审判机

---

① 何建华:《经济正义论》,上海:上海人民出版社,2004年,第287页。

制,以便及时有效地处理交易纠纷;通过经济管制严格控制市场交易的价格、生产、进入和退出条件、特殊行业服务标准。

当然,维护市场交易秩序最重要还在于抑制市场垄断力量。萨缪尔森认为微观经济政策的主要目标是在市场交易中鼓励竞争和防止垄断的滥用。美国历史上著名的反托拉斯政策就是试图防止垄断或反竞争市场力量的滥用,而经济管制主要针对自然垄断条件下垄断权的使用。其中,反托拉斯政策是在《谢尔曼法》(1890年)、《克莱顿法》(1914年) 等法案发展起来的,它的主要目标在于:禁止不利于竞争的市场交易活动,包括通过合谋规定掠夺性、歧视性价格、限制产品与服务的数量与质量、签订各种瓜分市场、捆绑性的协议等非法活动;其次,通过法律手段破除市场交易的垄断结构,包括对那些在市场交易中拥有过度力量或者占据相当大份额的企业进行强制性拆分,以及阻止有可能会减少竞争的各种横向兼并、纵向兼并以及混合兼并的市场交易行为。

在现代市场经济中,技术特点决定许多产业带有规模经济和范围经济的性质。这就意味着有些产业只能存在一家企业才能有效率地进行生产,例如供水、管道、铁路以及电力等公共性事业,或者有些产业把大量不同产品一起生产会比单独生产某一个产品更有效率,例如计算机软件业。萨缪尔森把这种情形称为自然垄断,他主张对自然垄断的行业进行基于绩效的价格管制,在确保这些企业效率的同时,防止它们通过垄断权操纵市场价格,侵害消费者的利益。

3.处理市场交易外部性

萨缪尔森认为,市场交易一般是在交易者之间进行的。但许多交易活动的影响却发生在市场之外。例如,页岩气开发技术可能会引发全球能源革命,但却只能给该项技术的发明者或组织带来有限的市场收益;航空公司可能不会因为制造了大量噪音对机场附近的居民进行赔偿。换言之,"一个行动可能在市场交易之外有助于或有损于其他人的利益,也即存在着根本不发生经济支付的经济交易。"①因此,根据有效管制原则,现代政府还必须处理好市场交易中的外部性问题。

现代政府可以制订各种财税政策、货币政策和产业政策鼓励私人投资公共品生产,并通过招标、采购等方式直接参与公共品的市场交易。由于公共品具有非相克性和非排斥性,这些物品和服务很难界定产权而且后续维护费用高昂,市场交易的收益往往非常分散,甚至低于交易成本,从而使得此类交易无法进行,造成市场交易失败。现代政府就必须直接进入市场进行采购,通过向国防、教育、医疗、公共设施、基础性科技研发等领域投入足够的货币选票,引导生产要素流向这些领域,市场机制就会发挥作用,从而提供各种优质的公益性产品与服务。

更重要的是,现代政府需要控制市场交易的负外部性。在现代社会,城市人口日益稠密,而大量的高危产业,诸如能源、化工等产业也布局在这些城市,市场交易的负外部性已经逐渐由一些小麻烦变成了巨大的威胁。政府必须采取有效的行政监管措施控制住这些负外部性,包括空气和水的污染、矿区的掠夺性开发、危险的排放行为、放射性物质以及不安全的食品药

---

① 〔美〕保罗·萨缪尔森、诺德豪斯:《微观经济学》,萧琛译,北京:人民邮电出版社,2008 年,第 31 页。

品等等。此外,市场经济的周期性波动也会扭曲价格信号,引发投机性市场交易行为,催生某些产业泡沫,从而增加市场交易成本,导致大量的资源浪费。这实际上也可以视为市场交易的另一种负外部性。现代政府也需要通过积极的财税政策和货币政策来减缓周期性经济震荡,借以增加市场经济的稳定性,进而降低经济社会的交易成本,预防或减少投机性市场交易和经济波动带来的负外部性。

第三节　萨缪尔森分配正义思想

萨缪尔森认为,市场是一个具有内在逻辑的体系,这个体系根据消费者偏好以及可兹利用的资源与技术来决定三大问题:生产什么、如何生产以及为谁生产。其中,为谁生产取决于生产要素市场上的供求关系,并以工资、利润、利息和租金的形式把生产出来的财富进行分配。相对于历史上曾经出现过的根据暴力或者权力进行分配的方式,这种按生产要素进行分配的方式在道德上更具有感召力和正义性,这也极大地激发了市场活力,人类财富的蛋糕越做越大。与此同时,收入与财富的两极分化却日益严重。美国是世界上最富有的国家,也是收入最不平等的国家之一。这是因为竞争性市场是根据劳动者的生产率而不是根据某个道德标准来进行财富分配,它并不能保证收入和报酬必然会分配到那些最需要或者最应得的人手中。政府应该通过财税政策和转移支付等手段来直接干预和适度调节国民收入的分配格局。因此,在萨缪尔森看来,实现分配正义必须兼用市场与政府两种手段,来构建一个更为公平合理的国民收入分配体系,即通过市场机制分配收入,让政府负责提供一个"安全网"。

一、不公平与分配正义

19 世纪的古典经济学家认为,不公平与个人的偏好、素质以及技术变革有关,是市场经济的必然结果,政府不应该进行人为干预,这种干预会限制竞争,导致生产要素缺乏应有的流动性,进而损害市场应有的激励力度和效率水平,造成更大的不平等。但萨缪尔森认为:"一个国家没有必要将竞争市场的结果作为既定的和不可改变的事实接受下来;人们可以考查收入分配并判断它是否公平。"[①]他认为不公平现象不仅有着深刻的社会伦理根源, 而且这种现象在市场经济出现后表现得更突出,现代政府有必要对收入分配进行干预,并提供基本的社会福利保障。

1.不公平的社会伦理根源

萨缪尔森认为,人们控制经济资源能力的不公平,不仅是市场经济规律在起作用,而且有着深刻的社会伦理根源。其一,不公平与市场不完全竞争有关。在完全竞争市场中,个人的收入等于其投入要素所生产出来的边际产品的价值。但是如果市

---

① 〔美〕保罗·萨缪尔森、诺德豪斯:《微观经济学》,萧琛译,北京:人民邮电出版社,2008 年,第 33 页。

场存在垄断、信息不对称、生产要素流动不充分等不完全竞争现象,人们的收入就会偏离这种边际生产率的分配规律,破坏市场经济的原始公平性。其二,不公平与不正当产权有关。成熟的市场经济是建立在严格的契约、产权和法治基础之上的。然而,在进入市场经济之前,土地和财富是根据暴力或者权力进行分配的,而且,即便在成熟的市场经济中,仍然有大量社会财富是通过不道德的手段或者某种偶然性因素(例如继承)获取的。这些既得利益通过产权的形式获得了法律的保护,不仅会在市场经济中占据优势地位,而且产生马太效应,进一步加剧财富收入的不公平。其三,不公平与各种歧视有关。在市场经济中,商品与服务追随的是货币选票。如果财富过于集中,富人阶层就会拥有强大的市场力量,进而产生各种歧视性偏好,包括种族、性别、年龄、外貌以及文化背景等等。其四,不公平与不公正的教育体制有关。在市场化教育机制中,不同阶层、不同种族的孩子所享受的教育质量是不平等的。数据研究表明,受教育程度越低,工资水平越低,失业周期越长,也越容易引发贫困的恶性循环。萨缪尔森认为,教育是重要的公共资源,也是促进阶层自由流动、减少社会不公的主要手段。

2.减少不公平的伦理意蕴

萨缪尔森指出,现代政府通过累进税、转移支付以及直接补贴低收入阶层等手段来减少收入分配的不公平,具有重要的道德意义:首先,减少不公平有利于做大财富蛋糕。市场经济的魔力就在于它的效率优势,在于能使人们生产出更多的社会财富,进而提高所有人的福利水平和幸福指数。然而,凯恩斯指出,严重的财富分配不公会导致有效需求不足,进而引发大规模失业,进一步恶化收入分配格局,甚至引发经济危机。他指出,面对新增的收入,穷人比富人具有更强的消费欲望,将富人的一部分财富再分配到穷人手中,可以增加有效需求,创造新职位,扩大社会总产值。因此,"增进平等对所有人都有利,即使需要为资助再分配交纳较多税赋的富人也可以从经济增长中得到好处。"①

其次,减少不公平有利于促进社会福利的最大化。"人们的幸福程度并不与财富或者经济指数成正比,而是取决于人们自身需求的满足程度。"②效用就是表述这种满意程度的经济学术语。如果不考虑效用的人际差异性,根据边际效用递减规律,富人从一美元中能够获取的满足要远远小于穷人。如果把这一美元从富人手中再分配给穷人,可以增进这个社会的整体福利,因为在这个过程中,富人减少的满足小于穷人所得到的满足。所以,通过再分配减少不公平可以增进社会的整体福利。

最后,减少不公平有利于拓展人们的自由。自由需要基本的物质保障,即人们应该享有一些与经济发展水平相适应的基本必需品,包括衣物、食品、住宅、健康以及教育等等。随着经济发展和社会进步,自由的空间也进一步得到拓展,人们越来越多地将这种物质保障视为基本人权。一个负责任的政府有义务通过减少失业、缩小收入差距以及提供救济等措施来减少不公平,进而确保每一个人都能过上有尊严的生活。

---

① 何建华:《经济正义论》,上海:上海人民出版社,2004年,第315页。

② 周瑾平:《机会平等与分配正义》,北京:人民出版社,2009年,第103页。

二、机会公平与分配正义

分配是人类社会最重要的经济活动之一,"对于实事求是的人和从事研究的人来说,在各个要求获得应得权利的人中间分配财富的问题,是一个极其重要的经济问题。"①在早期的分配理论中,人们在经济活动中得到应得的份额,那么,这种分配就是正义的。但是,如何判定一个人"应得的份额",是一个极其复杂的伦理问题。根据克拉克的观点,"实际的分配是社会有了组织的结果"②。这就是说,人类社会的组织形式决定了人们"应得的份额"。在现代文明社会中,市场经济不仅极大地提高了人类创造财富的能力,也重新书写了分配正义的伦理意义:在不侵犯自由的前提下,保障和捍卫每一个社会成员的基本权利、平等地位和应得利益。是故,无论是罗尔斯、德沃金,还是米勒、沃尔泽,他们都无一例外地将公平视为分配正义的核心价值。

1.机会公平是分配正义的核心价值

在经济学中,分配指人们对经济权利(能力)、资源以及福利的比例性安排。现实中的分配总是难以做到绝对平均,所以公平就成为衡量分配是否具有正当性的评价尺度。问题在于,诉诸何种公平,才能实现分配正义?萨缪尔森认为,权利(能力)、资源和福利是最基本的分配领域和对象,但突出强调其中

---

① 〔美〕克拉克:《财富的分配》,陈福生、陈振骅译,北京:商务印书馆,1981 年,第1 页。

② 同上,第39 页。

任何一个方面,都会将其他因素置于次要地位,也容易造成这些领域的不平等。在市场经济中,权利、资源和福利都是稀缺的,而人们的需求与偏好却存在着人际差异性,无论对它们进行怎样的量化分配,其结果都难以满足所有人的平等诉求。因此,人们追求权利、资源和福利的公平分配,本质上是为了获得公平的经济机会。分配正义就意味着人们在获取资源、享受福利以及行使权利上都拥有平等的机会。要言之,萨缪尔森认为机会公平是分配正义的核心价值。

2.机会公平的基本原则

既然机会公平是分配正义的核心价值,那么,在萨缪尔森的语境中,机会究竟意味着什么?对于"机会"这个概念,经济学界的大多数学者将机会视为一种概率的或然性,代表的是一种极端的消极自由理念。只要法律没有明令禁止,人们就可以有机会去从事某个职业或者享有某些权利,因而获得了公平的生活机会。

萨缪尔森认为这种机会观更多地关注机会的形式,而忽视了机会的本质。机会不仅只是纯粹数学意义上的概率,而且预设了人们把握机会的能力。"只有当人们面对机会并具备把握和实现机会的能力时,他们所面对的才是真实的机会。"①这种机会需要人们的工作、财富、教育以及能力等诸多因素的支撑。但可以根据需要的急迫性分为两种:保障性机会和发展性机会。保障性机会与公民身份有关,是人们在公民社会中所必须得到满足的机会。一旦人们失去这种机会,就有可能丧失其公

---

① 周瑾平:《基于机会平等的分配正义》,《伦理学研究》,2011 年第 2 期。

民身份。所以,这种机会具有保障性。发展性机会与幸福生活有关,指人们为了实现自身价值、理想、意义以及通向幸福生活所需要的机会。这类机会尽可能消除那些难以掌控的先天性和偶然性因素,进而给人们提高展现能力与挖掘潜力的渠道与舞台,因而这类机会具有发展性。

那么,如何根据这两种机会对与此相关的商品与服务进行公平分配呢?萨缪尔森在这里吸收罗尔斯的正义理论,认为公平机会必须满足两个基本原则:平等原则和差别原则。平等原则指现代社会有义务保证每个成员都享有同等权利和基本能力来把握保障性机会和发展性机会,进而拓展个人的自由空间。差别原则指在经济机会向所有人开放的前提下,最大限度地扩展最少受惠者的机会,借以保障他们的公民身份并促进其进一步自我发展和价值实现。萨缪尔森还特别指出,为了减少基于公平机会的再分配与市场效率之间的冲突,在发展性机会中,最少受惠者不仅指称传统意义上的获益多少,而且包括了人们能否充分发挥其能力的匹配程度。换言之,在满足人们的保障性机会之后,在发展性机会上,我们不仅需要考虑给那些获得该机会最少的人进行补偿,而且需要对那些虽然获得机会但还不够充分发挥其能力或潜力的人进行补偿。这样,才能尽量减少追求公平分配而有可能给经济发展效率带来的损害。

3.机会公平与两种分配

萨缪尔森的分配理论主要包括收入分配和福利分配两个部分。在收入分配中,他主要论述了劳动工资理论、财产性收入理论以及税收调控理论。在福利分配中,他主要论述了社会福利保障理论、反贫困理论以及财政理论。从经济伦理学角度来看，萨缪尔森的这些分配理论都将机会公平视为核心原则，主要体现在以下两个方面：

在社会分配中，收入分配非常重要，奥肯甚至认为，收入的分配较之财富分配更为重要，因为收入直接决定着人们的生活水平[1]。收入差距过大不仅会降低整个社会的消费水平和能力进而限制甚至阻碍经济发展，而且会加剧社会矛盾、破坏社会稳定甚至引发社会动乱，还会导致贫困人口的迅速增加，并代代相传。

从机会公平角度看来，正义的收入分配需要从两个方面入手：首先，劳动工资作为一种生产要素的收入分配，既要符合对效率的追求，也要体现不同劳动者在要素市场中的不同价值。如果人们在要素市场中能够消除各种歧视性影响，享有公平的工作环境、就业机会、劳动保障、中介服务以及薪酬管理等等，不同劳动者就可以根据自身的劳动技能、生产效率以及努力程度获取相应的劳动报酬。这种报酬的差异性是理所应当的。一个具有特殊技能的人会获得高额的个人租金，一个从事高危职业的人会获得补偿性工资。其次，通过税收等措施减少财产性收入带来的分配不公。除了劳动，人们还可以通过土地、资本、技术以及管理才能获得非劳动性收入。而这种收入的来源往往具有一定的偶然性。例如，通过继承、运气或者某种独特天赋，人们可以获得巨额财产。通过对这些巨额财产征收遗产税或者

---

① See Okun, M. 1975. *Equality And Efficiency: The Big Tradeoff*, The Brookings Institution, USA. pp.65–66.

累进税等措施，将一部分财富用于反贫困和提供基本社会福利，让穷人也能具备获取成功机会的能力，才能体现出机会公平的价值。

　　基于机会公平的福利分配也包括三个方面：首先，人们有权享有平等的基本福利。现代社会人们可以通过民主交流和协商机制，充分表达各自需求并达成理性共识，进而确定社会福利的基本需求。"当所有的成员都认同对社会契约的解释时，结果都将是一个或多或少全面的公共供给系统。"①这就意味着，不论是福利标准还是服务范围，这些基本福利都是面向所有公民的，每个公民在这个福利体系中都具有平等的地位。其次，特殊群体可以有公平的机会申请各种援助型福利。这种福利主要针对那些出现暂时性困难的群体。例如失业者、失学儿童。针对这些群体，现代政府可以提供临时性补贴或季节性转移支付。最后，针对那些丧失了劳动能力和生活来源的群体，人们享有平等的救济型福利，包括不具备劳动力的残障人士、失去子女的老年人以及没有生活来源的穷人等等。当然，这些福利分配既要保证受助群体的基本权益，也要消除这种保障性机会的负面影响，尽量减少对经济效率的损害。

三、市场、政府与分配正义

　　"市场如同组织一样，是一个能够协调人的行为的社会构成物。它与组织的不同之处则在于市场上不存在中心权威。市

---

① 〔美〕沃尔泽：《正义诸领域》，褚松燕译，南京：译林出版社，2002年，第104—106页。

场是交换的场所和机遇所在。买卖双方相聚于市场之上,并在那里定出价格。市场能够借助价格形成对行为的刺激来控制产品及服务的生产与分配。"[1]萨缪尔森认为,市场能够通过灵活的价格机制及时反映消费者偏好与技术发展趋势, 引导并激励市场主体调整消费与生产的理性选择, 各种生产要素也在此过程中获得与其能力、努力程度以及要素拥有量所匹配的收入分配。可以说,市场经济的初次分配在起点上具有原始公正性。但是,这种分配的结果是不平等的,需要政府进行有效干预,进行再次分配,冀以在市场效率与社会正义之间保持一种平衡状态。

1.初次分配必须尽量减少市场机会差异性

一般来说,初次分配指基于市场机制并按照生产要素进行的收入分配。初次分配的公正性主要体现人们具有通过参与市场获得收入的公平机会。这种机会包括形式和实质两个方面的内容。形式上的机会公平指只要符合市场准入条件,意味着对于某一职位或者某一种社会地位而言,所有那些具备该职位所需品质的人都可以参与竞争[2]。人们可以将各自拥有的劳动、土地和资本投入要素市场进行公平交易,并获得相应收入;实质上的机会公平指人们在要素市场交易过程中,拥有平等竞争的权利和机会,并在遵循公平的规则中按照效率原则取得与其贡献相匹配的收入。形式上的机会公平是一种起点公平,而实质

---

① 〔美〕乔治·恩德勒等主编:《经济伦理学大辞典》,李兆荣、陈泽环译,上海:上海人民出版社,2001 年,第 296 页。

② John E. Roemer, *Equality of Opportunity*, Harvard University Press, 1998, p.5.

上的公平是一种规则公平。自由主义经济学家认为,只要市场的初始机会向任何人开放,并且人们在市场中获取收入的过程符合程序正义原则,这种市场机会就是公平的,基于这种机会公平的收入分配也就具有正当性。他们反对政府进行再次分配,认为重新调整这种分配格局会侵犯个人基本权利,进而影响社会的整体效率。

然而,萨缪尔森认为这种初次分配也有一定的局限性,这种局限性是由人际差异性造成的。在现实生活中,人与人之间的自然禀赋、知识水平、劳动技能以及要素拥有情况存在着巨大差异。这种人际差异性会破坏初次分配的起点公平。一些人获取比常人更多的社会资源,进而在市场中占据优势地位,甚至剥夺部分人的参与机会。例如,对于一个缺乏必要劳动技能的残疾人来说,即便是在一个所谓机会开放的社会中,很多机会都是难以企及的,是一种形式上的机会公平。起点、禀赋以及偶然性因素造成的不公平会让部分人获得市场中的优势力量,进而利用市场规则来谋取不正当的超额收益。例如一个百万富翁可以聘请最优秀的律师,借以规避法律,获取最好的投资收益,还可以让其子女享受最好的教育机会,进而占据更好的职位并取得更优厚的薪酬。所以,萨缪尔森认为市场的初次分配必须尽量减少经济机会的差异性。

一方面,将个人禀赋等先天性因素和偶然性因素视为一种公共资源,进而通过累进税等方式推进要素价格均等化。在竞争性市场经济中,生产要素(主要指劳动、土地和资本)所有者的收入取决于该生产要素的边际生产力。"那些拥有较多生产要素或其要素边际生产力较高的所有者,获得的收入就多;反之，拥有较少生产要素或其要素边际生产力较低的所有者，获得的收入就少。"[①]萨缪尔森通过经济剩余这个概念指出，人类社会是一个合作体系，财富的生产与积累并不是某一个乃至某一代人努力的结果，而是依靠整个人类的所有成员历经无数代人的努力共同创造出来的。所以，无论是迈克尔·乔丹的篮球天赋还是爱因斯坦的理论天才，都应视为人类社会集体智慧的结晶，可以对他们的超额收益进行重新分配，尽量减少要素价格的不平等，以要素价格的均等化来促进收入分配的公平性。

另一方，减少要素市场中的不完全竞争，削弱市场中的垄断力量。从分配的视角看来，在竞争性要素市场中，土地与资本并不是独立的生产要素，它们附属于其产权所有者。如果一部分人拥有大量的生产要素，就意味着能够在要素市场中取得垄断地位，并通过各种歧视措施或者不正当手段谋取超额利润或非法收入。而那些只能依靠劳动来获取收入的人们往往会处于弱势地位，进而被排斥在许多市场机会之外，进一步增加了陷入贫困的风险。所以，萨缪尔森始终将就业歧视、财产性收入以及遗产税等公共政策视为增进分配正义的重要手段。例如，他主张通过严格立法来消除就业中的歧视性条款，保护劳动者的正当权益，通过税收手段缩小财产性收入带来的财富鸿沟，以及通过征收高额遗产税来抑制财富的代际继承，促进初次分配的起点公平。"针对高收入和遗产而精心设计的税收，可以对低工资劳动有效率地进行工资补贴，还可以通过转移支付项目帮助那些确需帮助的人，这些都会减少市场经济中最严重的不公

---

① 何建华：《经济正义论》，上海：上海人民出版社，2004 年，第 323 页。

平状况。"①

2.再次分配关键在于提高把握机会的能力

萨缪尔森认为,尽管可以通过以上措施来消除人际差异性对收入分配的消极影响,确保人们参与市场初次分配的公平机会,却不能实现最优的国民收入分配,现代政府有必要通过有效措施进行第二次分配。首先,现实中的要素市场并不能达到完全竞争的状态。由于资源、信息以及要素需求的特殊性②,要素市场很难进行充分的竞争,要素价格也不能达到真正的均等化,因此政府参与市场的有效管理是必要的。其次,根据边际效用原理,政府通过将少数人的高收入转移到穷人手中会增加社会的整体总效用,提高整个社会的福利水平。最后,即便能够真正实现要素市场的完全竞争,也会出现严重的收入不平等。因为初次分配关注市场机会的起点与过程,并不干涉收入分配的最终结果。

实际上,一个人的收入很可能决定这个人把握市场机会的能力。在一个自由竞争的市场经济中,要素需求同样会追随货币选票。一个人占有的财富越多,就越有能力吸引并调动各种生产要素,就会有更为广泛的选择机会,进而在市场中抢占先机。例如,亚洲首富李嘉诚之子李泽楷就充分利用其父亲的财

---

① 〔美〕保罗·萨缪尔森、诺德豪斯:《微观经济学》,萧琛译,北京:人民邮电出版社,2008 年,第 242 页。

② 根据萨缪尔森的要素需求理论,要素需求是一种派生需求,具有相互依赖性,我们很难对劳动、土地与资本在一个国家产出中的贡献进行量化比较,每种生产要素的分配比例是由其相互依赖的边际产品同时决定的。这就使得要素市场的收入分配成为一个异常复杂的问题。

力背景与人脉资源进行资本运作,在不到十年时间内缔造了一个电讯王国。现代政府应该尽可能给人们提供参与市场竞争与把握市场机会所必备的潜在能力和各种辅助条件,进而使得他们不仅获得参与市场竞争的资格,同时也能让他们具备获得各种市场机会的能力。

如何才能提高人们把握市场机会的能力呢? 首先,推进教育公平建设,提高人力资本水平。就个人而言,收入水平与其受教育程度密切相关。一个人受教育程度越高,其边际生产率越高,所获得的收入也就越高。政府在主导再次分配时,必须将推进教育公平作为最重要的任务。通过政策引导和财政补贴,对各种教育资源进行合理配置,保证每个人不受性别、经济地位、种族以及其他因素的影响, 都能接受力所能及的教育培训,掌握现代市场经济所需求的各种技能,进而普遍地提高人力资本水平。其次,加强公共品的供给。在竞争性要素市场中,人的劳动素质只是影响收入水平的一个方面, 技术与资本也至关重要。在比较各国一般工资水平之后,萨缪尔森发现高收入国家都积累了大量资本:密集便利的交通网络、先进的公共通信设施以及各种其他最新资本品和制造技术。这些资本与技术也有利于提高劳动力的边际生产率。在这些资本与技术中,公共品占据了很大份额。人们能够从公共品中获得把握市场机会的能力。政府需要通过财政支出等手段增加公共品供给,提高人际资本拥有量,从而提高每一个国民把握市场机会的能力。

第五章　萨缪尔森宏观经济伦理思想拾粹

在萨缪尔森的经济学体系中，宏观经济学有两大核心命题：商业周期和经济增长。具体而言，他认为现代政府的伦理职责是，通过货币政策和财政政策提高产出水平，促进经济增长，扩大就业和稳定物价。金融政策是现代政府进行宏观调控的重要工具，而扩大就业和控制通货膨胀是现代政府维护经济稳定、促进经济增长的前提条件。所以，萨缪尔森在《经济学》中不仅运用大量篇幅论述金融系统的运行机制以及金融政策的价值抉择，而且详细分析了失业的根源、影响以及对策，还对西方各种通货膨胀理论进行了比照与透析，阐释了通货膨胀面临的伦理困境。由之，金融伦理、就业伦理和货币伦理是萨缪尔森宏观经济伦理思想的核心内容。

第一节　萨缪尔森金融伦理思想

"历史上，货币一直这样地困扰着人们：要么很多却不可靠,要么可靠但又稀缺,二者必居其一。"①在论述其金融理论时,萨缪尔森引用了加尔布雷思的这句话作为开篇之语。这句话既表明人类货币史总是与通货膨胀如影随形,也勾画了货币在人类经济生活中的一个伦理困境:人类货币史既有促进经济繁荣和文明进步的一面,也折射出人性的非理性、欺诈甚至罪恶的另一面。作为现代经济中市场交易的润滑剂,货币既是最典型也是最特殊的金融资产,也是现代政府宏观调控的最重要的金融工具。在萨缪尔森看来,现代政府通过金融系统制订各种宏观经济政策就是为了努力摆脱这种伦理困境:抑制投机泡沫、避免市场崩溃以及熨平经济波动,借以确保国内外市场的有效性和稳定性,进而推动人类经济稳定与繁荣。值得注意的是,萨缪尔森不仅把货币作为阐述其理论的切入点,而且将金融系统和金融市场置于经济周期和经济全球化这两个视角来进行价值评析,因而也使得其金融理论具有了独特的伦理意蕴。

一、萨缪尔森对现代金融生态的道德评价

在萨缪尔森看来,金融业已经成为现代经济中最为重要和最富创新性的行业,它通过一系列的制度安排和业务工具,在价值交换、资本运作、风险控制以及资源配置中发挥日益重要的作用。在现代经济中,几乎所有的社会资源都离不开金融的

---

① 〔美〕加尔布雷思,《不确定的年代》,转引自〔美〕保罗·萨缪尔森、诺德豪斯,《宏观经济学》,萧琛译,北京:人民邮电出版社,2008 年,第 142 页。

力量。金融业不仅能够迅速地实现跨时空的价值交换,进而提高资源配置的效率,而且涵盖了人们日常生活的方方面面,甚至影响和制约人们基本权利的实现与发展,其中包括人的生命权(人寿保险)、居住权(房贷)、受教育权(助学贷款)以及医疗服务(医疗保险)等等。可以说,现代社会具有了"金融社会"的特征,人们对金融业的发展产生了更多的伦理诉求与良心感召。

然而,现实生活中的金融生态却让人堪忧:1997 年,东南亚金融危机爆发,促使各国政府开始加大金融监管力度,健全金融市场体系,鼓励投资实体经济。十年之后,美国次贷危机引发的金融风暴则席卷欧美、日本等世界主要发达经济体,成为大萧条以来最为严重的世界性经济危机,其影响深远,并一直持续至今。面对如此严重的金融危机,人们对金融自由化提出了质疑,例如占领华尔街运动的抗议者提出的口号就是"我们是99%",认为现在的美国社会是"1%的民有、民治、民享"。这个口号不仅是在控诉金融家的贪婪,而且昭示了不平等正在扭曲甚至摧毁美国的基本价值观①。萨缪尔森认为,这些金融危机表明,受惠于全球化和科技进步,无论是在广度还是深度上,金融业都经历了从传统到现代的深刻转型,并对现代经济都产生了史无前例的影响。然而,这种转型也没能摆脱技术的宰制,进而偏离了传统金融的伦理本质,只有重温传统金融的历史脉络,才能理解其道德本义,把脉现代金融生态的伦理误区,进而正本清源,重建现代金融的伦理维度。

---

① Joseph E.Stiglitz, *The Price of Inequality:How Today's Divided Society Endangers Our Future*, W.W.Norton & Company, 2012, Preface ix-xxvii.

1.现代金融伦理危机的成因分析

就传统意义而言,金融就是货币的通融,而货币之所以得以流通,是因为交易双方存在着对货币的信任以及对契约的承诺。"凡是博得人们信任的东西都可以当作货币使用,而并不是必须有内在价值才是可以接受的。"[①]质言之,金融是货币和信用的融合,它不仅直接推动了商品经济的发展,而且随着"新式银行的成立,在促进金融范畴形成的同时,也使金融成为一支相对独立的力量"[②]。银行本质上就是一种信誉的担保,是建立在一种强大的道德约束基础之上的。"这就是说,金融从独立出现那时刻开始,就是伦理因子的携带者,就被天然赋予了伦理性质。"[③]

然而,肇始于20世纪50年代的金融革命在完成传统金融业向现代金融业转型的同时,也逐渐消解了这种伦理因子的正能量。金融理论上的数理化、模型化遮蔽了金融学的价值取向;交易技术上的自动化、网络化忽视了金融主体的理智德性;金融工具上的工程化、精英化累积了金融活动的道德风险。在现代金融业中,"大多数的金融理论者都坚持,金融学是一门仅依赖于可视事实的客观科学,它不作任何关于伦理价值的判断。"[④]可是不久,人们就惊讶地发现,金融业在迅猛发展的同时,也不

---

① 〔英〕J.L.汉森:《货币理论与实践》,陈国庆译,北京:中国金融出版社,1988年,第7页。

② 王广谦:《经济发展中金融的贡献与效率》,北京:中国人民大学出版社,1997年,第21页。

③ 丁瑞莲:《现代金融的伦理维度》,北京:人民出版社,2009年,第35页。

④ 〔美〕博特赖特:《金融伦理学》,静也译,北京:北京大学出版社,2002年,第7页。

断暴露出各种丑闻,甚至引发严重的经济危机。尽管"金融领域或许是美国商业活动中管理最严格的一个领域,不仅立法部门建立了法律框架,而且国会和各州的立法机关也建立了大量的监管机构来制订和执行各种规则"①。但这些法律条文和规章制度并没能有效阻止次贷危机的发生。此时,业内外人士开始认识到,单凭法律的监管是不够的,金融业需要输入道德的血液。他们开始呼吁对金融业加强监管,主要涉及三个方面:在金融制度上,强调制度设计的正义性、金融市场交易的公平性以及金融监管的公正性;在金融机构方面,强调明确金融契约中的权利与义务,尽量减少或避免委托方与代理人之间可能产生的伦理冲突,以及建构金融业主体的社会责任体系②。在金融个体道德方面,一方面要正视金融从业人员在不同身份中面临的伦理冲突,注意维护个人道德的完整性;另一方面金融业的领导阶层要塑造良善的金融文化,通过有效的激励与奖惩机制保障金融制度的道德基础。他们还分别从职业伦理、宗教伦理、金融价值以及金融风险的角度阐发了金融领域中某些微观要素的伦理问题。

但是,在萨缪尔森看来,现代金融伦理学的建构虽然吸收了传统金融业的伦理要素,给金融业指明了进行道德建设的方向,并提出了许多行之有效的措施。然而,由于大多数学者的问题意识主要针对金融业的微观层面,包括金融市场的伦理秩

---

① 〔美〕博特赖特:《金融伦理学》,静也译,北京:北京大学出版社,2002 年,第 8 页。

② 参见〔英〕安德里斯·R·普林多、比莫·普罗德安:《金融领域中的伦理冲突》,韦正翔译,北京:中国社会科学出版社,2002 年,第 26—35 页。

序、金融机构的道德责任以及金融从业人员的道德修养等问题,主要是解决国内金融业的制度伦理建设。这种思路隐含的逻辑前提仍然停留在金融自由化的框架之内,并没有真正认识到金融危机频发不仅是因为现代金融业偏离了传统生态的价值取向,而且由于在一定程度上忽视了金融业在全球化背景下建构新的国际金融伦理秩序的需求,陷入了某些伦理误区。

2.伦理误区之一:夸大金融业在国民财富的价值分量

早在 1776 年,亚当·斯密就批判重商主义过于看重金银,并将之视为国家财富的唯一来源,是对货币的一种盲目崇拜。这里实际上牵涉到财富的伦理属性问题。如果将财富定义为个人资产,货币就成为重要的财富来源;但是如果把 GDP 定义为最终产品和所有劳务的总量,货币就成为度量市场总价值的尺度。就此来看,重商主义是为了增加以王室为首的统治阶层的私人财富;斯密是站在普通国民的立场,认为财富是一国之内的年产物,即富国裕民的必需品和便利品。萨缪尔森认为货币的职能有三种:交易媒介、核算单位以及储藏手段。其中的储存职能可以满足投资者的资产需求,进而成为金融经济学研究的重要内容。

要言之,萨缪尔森认为金融业虽然有利于人们将储蓄被最有效率地用于各种投资,由于可以分散风险,金融投资往往会具有规模效应,进而有利于最新科技的研发,提高该国的生产率。但是,一个国家不能依靠金融业过活,在当今世界上,制造业大规模地从欧美日等国转移到其他地区和国家,西方七国的工业产值在国民经济中的比例逐年下降,欧美等国深陷债务危机不能自拔,这些现状与西方发达国家金融业的非理性繁荣不无关联。而且,由于金融业进入门槛高、交易技术自动化程度高,能够吸纳的就业量非常有限,进一步恶化了制造业转移带来的失业问题。近年来,欧美等国开始鼓励本国跨国公司将制造业搬回母国,以及采取各种产业政策来促进包括汽车、钢铁、纺织、家用电器以及农业等产业的发展。这充分说明,一个国家不能过度依赖于金融业的发展,必须通过宏观调控政策,将金融业的理性投资与产业的合理布局结合起来,才能发挥金融业的配置功能,进而促进国家经济的发展与繁荣。

3.伦理误区之二:忽视现代政府在金融领域的伦理导向作用

从历史上看,金融业的主要职能集中于两点:市场交易的媒介以及政府干预的工具,这表明金融业并不是一个创造社会财富的独立行业,即便金融行业独立成为推动现代经济尤其是服务业发展的重要力量,但仍然要在服务实体经济与提高配置效率中才能体现其伦理价值。金融财产对于个人而言意味着财富,但对于一个国家而言,金融业繁荣所带动的 GDP 增长未必是真正的财富增加。而且,即便是真正地促进了本国经济发展,也有可能来自对其他国家的盘剥,而且这些增加的财富往往会落到金融资本家手中,而不是如实体经济那样可以通过解决大量就业来惠及大众。由于不能保证这些财富分配的公平性,社会不平等往往会日益加剧。

萨缪尔森在其经济学中专门讨论了美国的去工业化问题[1]。

---

[1] 参见〔美〕保罗·萨缪尔森、诺德豪斯:《宏观经济学》,萧琛译,北京:人民邮电出版社,2008 年,第 256 页。

美国拥有全球最发达的金融业和最庞大的金融就业人员,但并没有给其他行业的公民带来多少福祉,反而因为去工业化引发中西部制造业的衰退,失业率急剧上升,昔日汽车城底特律于近日不得不宣布破产,其中一个重要的原因就是金融业的挤出效应所致。大量的社会财富通过金融业积聚到少数人手中,这才会出现"我们是99%"的伦理诉求。就此而言,政府有必要通过中央银行等监管机构,采取切实可行的货币政策来引导金融业进行有序发展,更好地为实体经济服务,而不是将金融业视为一国经济发展的核心目标,重蹈重商主义的覆辙。因此,萨缪尔森在其《经济学》中用一个章节"中央银行与货币政策"论述美国联邦储备系统的运行机制及其在历史上运用不同货币政策产生的伦理后果,重申了金融业在执行现代宏观经济政策的道德使命。

4.伦理误区之三:轻视经济全球化给金融领域带来的道德风险

"没有一个国家是孤岛。所有的国家都通过国界金融和国际贸易等渠道来参与世界经济。"[1]随着世界各地市场的日益开放,大多数国家都展开了积极的国际经济合作,拓宽贸易渠道,金融市场也进一步得到整合,国际贸易和国际金融成为国家间最重要的经济纽带。一方面,大多数国家开始纷纷参与并构建旨在促进经济增长和贸易公平的国际经济规制体系,其中就包括更加开放自由的金融市场体系,欧洲货币体系就是这种演进

---

① 〔美〕保罗·萨缪尔森、诺德豪斯:《宏观经济学》,萧琛译,北京:人民邮电出版社,2008年,第64页。

趋势的最好例证①。另一方面,国家间经济体制的整合也存在着风险,90 年代的世界经济就曾先后爆发了一系列金融危机。

在开放经济中,提高经济增长必须确保其商业环境对国内外投资者具有吸引力,例如构建一个自由稳健的汇率市场以吸引国际金融资本。但由于金融资本存在无利不起早的贪婪本性,而且这些国际金融公司具有等量甚至数倍于输入国的金融资本以及规避金融监管的机制与手段。因此,在国际金融市场上,往往会出现大量游资利用输入国金融制度和监管机制的漏洞,对这些自由市场进行投机以攫取高额收益的不道德行为,给输入国带来了巨大的金融风险,进而直接影响国内金融市场,造成某些行业虚假繁荣的假象,催生经济泡沫,甚至引发经济崩溃。如何规避这些国际金融资本可能带来的风险,是任何一个国家都不能忽视的问题,这就涉及如何看待金融自由化问题。20 世纪 90 年代初,当东南亚沉浸于泡沫经济的狂热与兴奋时,国际金融大鳄索罗斯察觉到这些国家经济体制的漏洞,并于 1997 年,选择从金融市场自由化程度最高的泰国,即东南亚金融市场最薄弱的环节入手,大举袭击泰铢,进而横扫整个东南亚资本市场,卷走巨额财富,使得这些国家数十年的经济增长化为乌有。按照索罗斯自己的说法,他的这些行为旨在提醒各国政府不能无限制地使用金融信贷的杠杆作用,金融市场是不可自我调节的,需要进行严格的监管。"20 世纪 80 年代以来形成的金融市场全球化,是一个以美国和英国为首发起的市场原教旨

---

① 参见〔美〕保罗·萨缪尔森、诺德豪斯:《宏观经济学》,萧琛译,北京:人民邮电出版社,2008 年,第 257 页。

主义计划。允许金融资本在世界范围内自由移动,难以对其征税或监管,使金融资本处于一种优越的地位。各国政府不得不更多地注意国际资本的要求,而不是本国人民的愿望,因为金融资本可以更自由地移动。这样,全球化作为一项市场原教旨主义计划,进行得非常成功,使各个国家均难以抵御。"[1]索罗斯的这段话再一次印证了构建一个自由稳健的汇率市场的紧迫性与必要性。

有鉴于此,萨缪尔森认为,如果将金融理论纳入经济周期和开放经济的视野中进行伦理考量,就会对当下金融领域中出现的伦理冲突、道德风险有更加全面和深刻的认识,进而制订更具有伦理合理性的金融政策与监管制度。

二、萨缪尔森对现代金融伦理的宏观建构

从《宏观经济学》第 18 版开始,萨缪尔森就一直非常关注现代金融学的发展,认为当前关于全球化论战的症结就在于国家间日益增进的经济一体化。生态环境、移民潮、国际贸易、恐怖主义以及区域性战争等等,这些事件产生的震荡不再局限于某一国家或地区,而会迅速波及世界每一个角落,深刻影响到所有开放经济体的交易产品、成交价格,甚至人们的日常薪酬。国际金融体系在这种经济一体化效应中扮演了重要角色:一方面,汇率市场作为一种润滑剂,能够促成资本的自由流动,进而

---

[1] 〔美〕乔治·索罗斯:《超越金融:索罗斯的哲学》,宋嘉译,北京:中信出版社,2010年,第 73—74 页。

促进生产要素在世界范围内的有效利用。由于比较优势与专业分工，各国人民都能受惠于国际之间的商品贸易和服务贸易。另一方面，在开放经济条件下，国际性商业周期也会影响世界上的每一个国家：美国的货币政策可能会引起南美洲的萧条、贫困甚至革命；欧洲的债权危机可能会冲击美日的股票市场，动摇全球商业信心。所以，萨缪尔森不断修改其金融经济学的内容，深入研究了开放经济中的国际金融、国际投资、美元汇率、"廉价货币"以及世界性房地产泡沫等等一些近年来有关金融业的热点问题，力图"将货币经济学置于一个更为广阔的金融舞台之上，并使之与中央银行一章相辅相成，进而探讨货币在商业周期中所发挥的重大作用"[1]。要言之，萨缪尔森的金融经济学并不局限于对国内金融市场的微观分析，而是拓展到开放经济中的宏观金融政策以及国际金融问题，因而能有助于我们更好地理解金融伦理在市场经济中的价值意义、现代政府对金融业的伦理导向作用以及国际货币体系管理的伦理准则。

1.金融伦理在市场经济中的价值意义

萨缪尔森在其《经济学》中指出："金融是指经济代理人以消费或投资的目的从其他代理人那里借入或者贷出资金的过程。"[2]现代金融系统主要包括两个组成部分：金融市场与金融机构。其中，最重要的金融市场包括股票市场、债券市场以及外

---

① 〔美〕保罗·萨缪尔森、诺德豪斯：《宏观经济学》，萧琛译，北京：人民邮电出版社，2008年，前言。
② 同上，第142页。

汇市场;金融机构则可以分为营利性金融中介和非营利性政府机构,前者主要包括商业银行、保险公司和养老基金等,后者主要指中央银行系统,例如美国的联邦储备系统。除了传统意义上的交易功能之外,现代金融系统的主要职能还包括实现不同时间、部门和地区间的资源转移以及控制风险以便集中资本进行大规模投资。由之,萨缪尔森认为,作为协调金融主体之间利益关系的价值规范,金融伦理并不直接创造价值,而是在降低交易成本和维护交易秩序、资源配置效率和风险控制中体现自己的价值。

第一,金融伦理能够降低交易成本和维护交易秩序。如上文所述,金融本质上就是一种道德担保,它要求交易双方遵守诚实守信的道德原则,目的就是为了增强交易信心、降低交易成本和维护交易秩序。货币变迁史就生动地证明了这一点:在以物易物时期,虽然交易成本昂贵,但人们毕竟在诚信交易上达成了共识。进入商品货币时代后,交易成本进一步降低,但由于商品具有内在价值,其自身也受到供求规律的影响,进而引发通货体系的波动。例如,当西班牙在南美洲发现大规模金矿时,欧洲的主要通货——金银的价格,随之发生大幅度波动。进入纸币时代后,中央银行控制了货币发行权,纸币建立在政府公信力上,金融伦理进一步降低了交易成本,稳固了市场的交易秩序。

第二,金融伦理能够支撑金融效率的可持续发展。在金融市场中,投资者通过各种契约交易对金融资产进行重新组合,在金融风险与投资收益中进行价值取舍,以实现金融资本效率的最大化。"金融市场就是一种给予信誉的符号化风险交易机制。"①这种信誉通常表现为一种委托责任,这就是说,"金融界的每一个人,从财务分析师到市场监管者都有一定的委托责任。"②这种预防性责任伦理涵盖了产品开发、市场交易、金融制度、金融监管等各种方面,明晰了代理者与委托方之间的职责,给金融从业人员确立了一个防御性的价值标准,使得金融行为主体能够预测该行为的伦理后果,做出合理的伦理决策,从而支撑金融效率的可持续发展。投资者可以借助各种金融市场传递的有效信息,做出理性选择,促使金融资本对各种生产要素进行不断的优化配置;同时,金融效率的提高意味着投资收益率上升,从而具有强大的激励功能,充分激发劳动、知识、技术、管理、资本的活力,促进科学技术创新,诱导经济结构变迁,促进经济增长和发展质量的提升。

最后,金融伦理能够增强人类命运共同体意识。萨缪尔森认为,金融行业有两个最重要的特征:收益率和风险。"风险管理类似于资源转移:它将风险从那些最需要降低风险的人或部门中转移出来,并转移或分散给那些风险承受力和适应性更强的人或部门。"③同时,现代公司制度有能力通过金融市场发行股票,在分散投资者风险的同时集中巨额资本,从事规模大、风险高的投资。例如,高科技行业需要动辄数亿美元的资本投入,而且其研发成果不确定性很大,个人无法也不愿承担如此大的

---

① 曾康霖、蒙宇:《核心竞争力与金融企业文化研究》,成都:西南财经大学出版社,2004年,第90页。

② 〔美〕博特赖特:《金融伦理学》,静也译,北京:北京大学出版社,2002年,第3页。

③ 〔美〕保罗·萨缪尔森、诺德豪斯:《宏观经济学》,萧琛译,北京:人民邮电出版社,2008年,第143页。

风险,而现代金融制度则可以解决这个问题。这实际上体现了金融业的一个伦理特质:它将人类视为一个风险共同体,并通过转移或者分散风险,以谋求人类福祉的休戚与共。

这种伦理特征可以从两个方面来理解:一方面,金融伦理有着促进共生的理念,它要求金融业超越企业自身利益、重视债权人利益以及增进利益相关者利益,即"为所有人的善而一起生活和工作"[1]。例如,荣获 2006 年诺贝尔和平奖的尤努斯被誉为"穷人的银行家",其创办的孟加拉乡村银行不仅提高了穷人的收入、就业技能、消费水平以及抵抗风险的能力,而且极大地促进了穷人的健康、教育、妇女权益,从社会底层推动了孟加拉的经济增长与社会发展;另一方面,它要求金融业始终将他者视为目的而非牟利的手段。鲍伊在《经济伦理学——康德的观点》中论证了一种康德主义的现代公司理论的可能性与可行性[2]。他认为,如果在现代公司中建立三条道德原则:不道德商业行为的自我否定性;把股东的人性当作目的而不是仅仅当作手段;创建道德共同体公司组织,赚钱与道德可以是并行不悖的。萨缪尔森认为,很多成功的金融公司往往会遵循鲍伊所提倡的这三条原则。美国美洲银行执行前任副总裁罗伯特认为美洲银行发展壮大的根本原因就在于其拥有这样的经营理念:"钱是用来帮助别人的。"

---

[1] Kaku,R.(1997), The Path of Kyosei, *Harvard Business Review*,75 (4):55—63.转引自陆晓禾、金黛如:《经济伦理、公司治理与和谐社会》,上海:上海社会科学院出版社,2005 年,第 325 页。

[2] 参见〔美〕鲍伊:《经济伦理学——康德的观点》,夏镇平译,上海:上海译文出版社,2006 年,第 10—98 页。

2.现代政府对金融业的伦理导向作用

萨缪尔森认为宏观经济学主要有两个分支:经济周期和经济增长。宏观经济政策目标包括四个问题:实现充分就业、维持物价稳定、保持国际收支平衡以及促进经济增长。为了解决这些问题,萨缪尔森主张现代政府在货币政策与财政政策这两种手段之间相机抉择。无论是货币政策还是财政政策,都与金融业密切相关,由之,在萨缪尔森宏观经济伦理思想中,金融伦理占据非常重要的地位,而且,这种重要性主要是作为宏观经济政策工具来体现的。与很多学者将金融业视为市场经济的一个子系统不同,萨缪尔森更重视现代政府对金融业的伦理导向作用。

首先,在金融权利分配上遵循公平原则。金融权益包括金融主体在金融市场中依法享有的融资权、投资权、收益权以及消费权等等基本权利。随着金融日益渗透到现代经济社会生活的各个领域,金融已经成为现代社会成长最快、最具活力的经济要素。在国际分工和规模经济条件下,金融早已成为一种稀缺性资源,它既是配置其他资源的重要手段或方式,更是资源配置的对象。因而,现代政府能否保障金融权利的公平分配,不仅会影响社会财富的分配,还会影响诸如住房贷款、养老基金、小额贷款、基本医疗保险等融资需求,进而损害人类的尊严、生存与发展。按照罗尔斯的观点,获取公平分配的金融权利也是社会的基本善,"所有的社会基本善——自由和机会、收入和财富及自尊的基础——都应被平等地分配。"①值得一提的是,保

---

① 〔美〕罗尔斯:《正义论》,何怀宏等译,北京:中国社会科学出版社,1988年,第292页。

障基本金融权利的公平分配,不仅要求现代政府应积极赋予平等金融权,而且意味着任何人、组织乃至国家都不能采取某种显性或隐性的手段或政策剥夺这种权利。例如,任何金融机构都无权把小额储户或者理财客户拒之门外,因为这种金融制度安排实际上是在剥夺他们合法享有的资产保值增值权利,是有违正义原则的。

其次,在金融资源分配上遵循差别原则。"如果整个世界试图有效管理政治和经济事件,社会就应该防止公民的经济收入出现严重的不平等。"[①]金融资产具有典型的马太效用,这就意味着金融资源上的原初差异很容易在交易过程中迅速拉大收入差距,西美尔就尖锐指出:"当道德的逻辑表明应该把好处给予最需要者的时候,这个法令却把它给了那些已经富有的人。"[②]由此,萨缪尔森认为,在金融资源分配上,现代政府要遵循差别原则,即采取的金融政策应该尽可能最大程度上有利于最小受惠者。"每个人的福利都依靠着一个社会合作体系,没有它,任何人都不可能有一个满意的社会;其次,我们只可能在这一体系的条件是合理的情况下要求每一个人的自愿合作。"[③]作为正义社会的合作成员,最小受惠者有权从这个合作体系中受益。斯蒂格利茨就警告不平等正在扭曲美国社会:"塔尖1%拥有最好的房子、最好的教育、最好的医生和最棒的生活方式。但是有

---

① 〔美〕罗伯特·J·希勒:《金融新秩序》,北京:中国人民大学出版社,2004年,第177页。

② 〔德〕西美尔:《货币哲学》,陈戎女等译,北京:华夏出版社,2007年,第148页。

③ 〔美〕罗尔斯:《正义论》,何怀宏等译,北京:中国社会科学出版社,1988年,第103页。

一件事看来是金钱买不来的：意识到他们的命运和其余99%的人生活得怎样息息相关。"①此外，金融资源分配的差别原则不仅针对社会中的弱势群体，更重要的是要加大对高新产业、基础行业以及公共品等领域的金融扶植力度，确保经济效益好、科技含量高、生态友好型，以及惠及民生的产业能够得到优先发展，进而形成高效合理的产业结构，提高金融效率，促进经济发展。

3.国际货币管理体系的伦理准则

如果一个国家参与了国际贸易，它就步入了开放经济的门槛，该国的进出口总额占GDP的比重则成为衡量其开放程度的重要指标，这个比重越大就意味着该国开放程度越高。国际贸易涉及不同国家货币的使用，这表明，一个国家开放程度越高，对国际货币管理体系的依赖度也越高。"世界经济在20世纪末与19世纪末很相似。一个全球化的资本主义体系正在形成，大多数国家都在开放国际贸易和协调经济制度……然而风险也同时存在：俄罗斯、中国和非洲的市场化改革能否巩固，领先国家之间的国际协议能否维持……"②一方面，全球化浪潮已经将世界大多数国家纳入市场资本主义体系；另一方面，这个体系能否确立，还需要我们建构一个公平正义的世界经济新秩序，而国际货币管理体系则是该秩序中的一个重要的基础性环节。国际货币管理体系主要包括各国汇率制度、国际收支平衡

---

① 〔美〕斯蒂格利茨：《1%的"民有、民治、民享"》，宋丽丹译，《中共中央党校学报》，2011年第12期。

② Jeffrey Sachs and Andrew Warner, Economic Reform and the Process of Globe Integration, *Brookings Papers on Economic Activity*, No.1, 1995, pp.63–64.

机制以及国际性货币联盟或组织等等。这些制度、机制和组织能否顺利运行，对国际资本的流动进行有效监管，显然离不开伦理准则的共识与规制。在全球化背景下，建立国际货币管理体系的价值共识亟需遵循以下两个基本的伦理准则。

准则之一，遵循互惠共生的利益协调机制。国际货币管理体系尽管会受到各政治经济文化等历史和制度差异的影响，但在目前来看，萨缪尔森认为国家主权下的利益考量仍然是影响该体系的最重要因素。现代国际货币体系是建立在民族国家形成之后，大体经历了古典金本位制度、布雷顿森林体系以及牙买加体系三个阶段。从这三个阶段的演化进程中不难看出：任何一个国家或地区参与国际货币体系之中，都是希望能够在国际金融市场中维护或者增进本国的利益，随着国家间综合实力的此消彼长，国际货币体系也随之发生相应的改革与变迁。这种改革与变迁可以视为国家间利益博弈的结果。虽然"在亚当·斯密'看不见的手'的博弈中，纳什均衡可以产生有效率的结果"①。但在现实市场经济中不完全竞争普遍存在，更多的是一种寡头之间的博弈，往往会陷入所谓的囚徒困境或者胜者全得的状态之中，产生非效率的结果。

萨缪尔森认为，要破除这种困境，"关键问题之一是建立信誉……中央银行通过在通货膨胀问题上采取不向政治妥协的强硬立场而获得信誉。"②在主权至上的国际金融领域，国际货

---

① 〔美〕保罗·萨缪尔森、诺德豪斯：《微观经济学》，萧琛译，北京：人民邮电出版社，2008年，第193页。

② 同上，第192页。

币管理体系无法通过国家强制力来建立这种信誉,只能在人类命运共同体这个共识下,遵循互惠共生的利益协调机制,才有可能实现双赢,避免出现类似于污染博弈甚至军备竞赛这样的灾难性后果。该机制要求国际货币管理体系在一定程度上能够超越国家自身利益,将关乎人类命运的公共利益,例如,将全球公共品、饥饿、贫困等这些问题,纳入世界性货币管理组织的监管视野之中(如世界银行和国际货币经济组织),进而利用信贷杠杆等技术性手段增强各国金融机构或者跨国公司的道德责任感,减少因国家间利益冲突却无法追究责任主体而带来的道德风险。

准则之二,树立良善和谐的汇率管理理念。"一个运行良好的货币制度能促进国际贸易和国际投资,并能够使各种变革得以平稳地过渡。而运行很糟的货币制度,则不仅会阻碍国际贸易和国际投资的发展,而且还由于不能对各种变化做出必要调整,从而导致经济遭受到破坏性的打击。"[1]萨缪尔森认为,在国际货币管理体系中,汇率管理制度无疑是最重要的。国际货币制度指跨国交易支付活动所经由和遵循的规制体系,其核心在于如何设计和安排确定汇率的机制。在这种制度设计中,必须树立良善和谐的汇率管理理念。

所谓良善,指在汇率制度设计时要以增进人类共同体之善为旨归。这就意味着各国政府在对汇率进行干预时,不仅要考虑本国利益,而且要兼顾对其他国家的影响,优先考虑世界经

---

[1] Robert Solomon, *The International monetary system, 1945–1981: An Insider's View*, New York: Harper & Row, 1982, pp.1–7.

济的整体利益和长远利益，促进人类社会的共同繁荣与进步。20 世纪 30 年代大萧条时期，西方国家出于保护本国产业和解决就业等国内因素的考量，各国政府纷纷放弃金本位制度，奉行"以邻为壑"的汇率管理理念，试图通过竞争性货币贬值来转嫁国内经济风险，反而加深和延长了经济危机的程度和周期。历史经验表明，缺乏良善理念的制度设计不仅有害于本国经济的发展，而且可能会危及人类的整体福祉。

所谓和谐，指尊重各国金融业发展的差异性，建构灵活、务实以及非对抗性的汇率管理制度。在国际货币体系中，和谐意味着对各国货币制度多样性的尊重与和平的国际金融秩序。萨缪尔森将当前世界各国所采取的汇率制度分为三类：固定汇率制，浮动汇率制以及管理汇率制。他认为这些汇率制度各有优劣，"你无法拥有全部"，即一个国家不可能同时拥有(a)可调整的固定汇率，(b)自由的资本和金融流动，(c)独立的国内货币政策[①]。所以，他认为汇率制度不存在整齐划一的模式，支持各国根据自身发展需求建立灵活务实的汇率制度。此外，萨缪尔森相信，由于国际货币制度是纯粹的信用货币体制，对各国货币政策的影响更多的是一种道德约束。这种约束一旦失效，各国央行之间的货币政策很容易发生摩擦甚至冲突。为了减轻国际收支失衡和货币危机的困扰，基于和平理念构建一个国际性货币联盟不仅可以消除汇率变动引发的价格波动，提高抵御货币投机的能力，而且还能增强国际政治的稳定性。他认为欧洲

---

① 〔美〕保罗·萨缪尔森、诺德豪斯：《微观经济学》，萧琛译，北京：人民邮电出版社，2008 年，第 257 页。

货币联盟"最重要的收益可能还是:政治一体化和西欧的稳定。第二次世界大战结束以来,欧洲大陆已经保持了半个多世纪的和平。"①

第二节　萨缪尔森就业伦理思想

可以毫不夸张地说,失业问题至今仍然是困扰西方各国政府的主要政治经济问题之一。诸多西方经济学派都面临着同样的问题:如何解释失业现象以及怎样才能实现充分就业? 就业理论自然也成为萨缪尔森经济学体系的重要组成部分之一:在微观经济学中,他主要论述了劳动市场中涉及的工资、工会以及歧视等问题;在宏观经济学中,他主要分析了失业产生的原因与后果、就业对策的制订以及失业问题与经济增长、通货膨胀之间的关系等等。萨缪尔森认为,"劳动不仅是抽象的生产要素。工人们想得到高薪职位,是为了购买他们需要和向往的东西。劳动者需要吃饭,但他们也有情感,所以他们很自然地既关心工作的数量又关心工作的质量。"②这表明,他对劳动就业问题的思考蕴含了深厚的人文情怀,这也使得其就业理论具有独特的伦理考量。

---

① 〔美〕保罗·萨缪尔森、诺德豪斯:《微观经济学》,萧琛译,北京:人民邮电出版社,2008年,第258页。
② 〔美〕保罗·萨缪尔森、诺德豪斯:《宏观经济学》,萧琛译,北京:人民邮电出版社,2008年,第265页。

一、充分就业目标的道德意蕴

在萨缪尔森的经济学中,充分就业是现代政府的宏观经济政策目标之一。充分就业指在现有工资水平下,愿意就业的人都能找到工作。萨缪尔森把失业分为摩擦性失业、结构性失业和周期性失业,其中摩擦性失业是一种自愿失业,结构性失业和周期性失业则是非自愿失业,充分就业的主要目标是减少非自愿失业。在他看来,周期性的衰退和扩张是市场经济持续特征之一。在衰退期,失业率急剧上升;在扩张期,失业率迅速下降。高失业率意味着巨大的资源浪费,包括宝贵的人力资源以及失业人员原本可以生产的商品与服务。"高失业时期的经济损失是现代经济中有据可查的最大损失。它们比微观经济中由于垄断而引起的效率损失或关税和配额所引起的效率损失都要大许多倍。"①当然,萨缪尔森认为,充分就业目标不仅是一个经济效率问题,更是一个社会伦理问题,其中包含着深刻的伦理内涵。

1.充分就业是维护个人尊严的前提条件

在现代社会,一个人要想过上有尊严的生活,就需要通过劳动来获取收入,借以维持基本的生存需求。充分就业首先就是要保障人们的劳动权利。在人类历史上,劳动不仅是一种谋生的手段,而且表征着人的存在方式和文明生态。人类考古学表明,劳动是人的基本存在活动,通过采摘、渔牧、耕种和商工

---

① 〔美〕保罗·萨缪尔森、诺德豪斯:《宏观经济学》,萧琛译,北京:人民邮电出版社,2008年,第270页。

等劳动方式,人不仅维系了自身的延续,而且也创造了丰富的劳动成果,这些创造性成果标示着人类文明的进步。可以说,人类怎么样劳动,也就怎么样生存,也就有什么样的文明形态。正是从这个意义上来说,"劳动本身具有人类生存权利的绝对价值,在某种意义上甚至可以说,劳动是人类最基本的生存权。"[1]所以,《世界人权宣言》(1948年)第23条(一)规定:"人人有权工作、自由选择职业、享受公正和合适的工作条件并享受免于失业的保障。"[2]

其次,就业还是人们对自身人格尊严进行自我确证的一种方式。正如前文所述,萨缪尔森认为劳动是一种特殊的生产要素。人们付出自己的劳动力,绝不仅仅是为了获取一定的商品与服务,而且更希望通过劳动来体现个人之于家庭和社会的价值,进而而赢得亲友与同事的尊重,从而在内心深处产生自我满足的成就感和幸福感,完成对自身人格尊严的道德自证。他认为,在竞争性市场环境中,失业所造成的创伤绝不亚于亲友的离世与学业的失败。失业不仅会破坏家庭成员之间的伦理关系,还会引发对自身价值的质疑[3]。

最后,充分就业还意味着对特定劳动群体人格尊严的保护。根据现代社会就业法规,就业权利的享有者应该是具有一

---

[1] 万俊人:《道德之维——现代经济伦理导论》,广州:广东人民出版社,2000年,第233页。

[2] 董云虎、刘武萍编:《世界人权约法总览》,成都:四川人民出版社,1990年,第963页。

[3] 〔美〕保罗·萨缪尔森、诺德豪斯:《宏观经济学》,萧琛译,北京:人民邮电出版社,2008年,第272页。

定劳动资格的个人,其中包括必要的体能、智力、技能以及年龄等方面的限制性条件。其中,年龄限制表明,基于对未成年人生理和身心成长给予必要保护的道德考量,充分就业并没有将未成年人纳入合法的就业人群。而且,就业法规还通过税收优惠等手段鼓励雇主积极采取适当措施优先吸纳老、弱、病残等弱势就业群体,让他们能够从就业而非救济中获得更多的成就感和尊严感。

2.充分就业是形塑职业道德的有效途径

萨缪尔森认为,充分就业不仅有利于人们在某个行业积累和传承经验,获得高水平技能,而且会形成相应的职业道德。换言之,无论是在传统社会,还是在市场经济条件下,人们总是在从事某个具体职业中形成特有的道德品质的。古希腊时期,劳动者、武士和治国者是希腊城邦的三大主要阶层,他们各司其职,并根据各自职责的需要,逐步形成了节制、勇敢与智慧等主要德性。进入罗马时期后,军人在开疆扩土的进程中发挥越来越重要的作用,也逐步形成了英勇尚武、纪律性强以及珍视荣誉等道德品质。中世纪的欧洲是一个君权与教权二元对立的社会,骑士精神集中体现了当时的道德风尚。骑士们具有双重身份,即虔诚的基督徒和王权的护卫者,他们既要信守基督徒应有的信、望、爱三大主德,又要保持对世俗政权的热爱与忠诚,因此也形成了特有的道德品质,诸如谦卑、诚实、怜悯、英勇、公正、荣誉至上等等①。

---

① 参见靳凤林:《制度伦理与官员道德——当代中国政治伦理结构性转型研究》,北京:人民出版社,2011年,第26—36页。

近代以来,随着市场经济的发展,劳动分工进一步细化,现代企业管理制度也随之发展,人们也只有在工作中才能逐步形成诸如遵纪守时、竞争协作以及社会责任感等基本的现代职业道德准则。首先,萨缪尔森认为现代工厂必须具有最低限度的规模,才能获得专业化和劳动分工的优势。而这种规模经济往往要求从业人员根据生产设备的设计能够在较短时间内完成更多简单和重复性劳动,例如企业管理史上著名的福特主义和泰勒制,这种管理模式就需要他们具有很强的时间观念与纪律观念,进而塑造了就业者遵纪守时的道德品质。

其次,市场经济讲究自由竞争,劳动作为一种生产要素,也受到供求规律的影响,人们在不同产业的不同职位中进行自由竞争。同时,市场经济也是一种卖者与买者共同决定价格并交换商品与服务的机制,在国际分工和知识经济的背景下,单凭一己之力完成产业升级或者技术创新已经不太可能,劳动分工是为了更有效率地合作。就业者在这种既讲究自由竞争又重视分工协作的市场机制中逐步孕育出竞争协作的伦理精神。

最后,在市场经济中,人们需要通过就业来发挥自己的聪明才智,来为社会创造财富,进而将个人价值与社会责任有机结合起来。其中,萨缪尔森最为推崇现代市场经济孕育出来的企业家精神。在美国早期镀金时代,垄断者们通过各种不道德、欺诈等手段积累大量财富。例如美国石油大亨约翰·洛克菲勒凭借敏锐的商业嗅觉和精明的托拉斯方案控制了全国95%的石油供应与炼油市场。虽然镀金时代的垄断者破坏了市场公平,却创造了极大的财富,更为重要的是,他们在实现自己的个人价值之后,将大量财富用于修建博物馆、创办大学、收集艺术品以及设立各种慈善基金,至今还在影响美国的艺术、科学和教育①。

3.充分就业是促进社会正义的重要手段

萨缪尔森认为,充分就业不仅意味着让人们获得劳动权利,进而培养他们的职业道德,而且有利于促进社会正义。从积极意义上来看,在现代市场经济中,要素市场的供求机制决定着要素价格,进而也影响国民收入的分配,劳动是最重要也是最有活力的生产要素,充分就业正是让人们通过劳动获取应有的分配收入。虽然,竞争性市场根据劳动者的生产率而不是某种道德标准来分配工资和利润。但这些工资和利润毕竟是人们获得收入的最基本方式。如果政府不能承担起促进就业的职责,大量失业人员就失去了参与这种初次分配的权利。虽然政府可以采用财税政策来进行第二次分配,但也必须以第一次要素分配为前提条件。正是基于这一点,萨缪尔森认为充分就业是促进分配正义的基础性前提。

从消极意义上来看,在经济衰退时期,许多失业者长期游离于主流社会之外,其边缘化处境往往会破坏失业者既有的社会正义感,让他们产生焦虑、不满甚至自暴自弃的消极心理,从而很容易滋生反社会情绪,直至走向犯罪道路,进而破坏正常的社会秩序。要言之,高失业率会使整个社会的道德水平急剧下降,进而影响整个社会的公平正义。显然,实现充分就业可以尽量减少这种现象的发生频率。

---

① 〔美〕保罗·萨缪尔森、诺德豪斯:《微观经济学》,萧琛译,北京:人民邮电出版社,2008年,第157页。

二、保障充分就业的伦理路径

萨缪尔森认为：“最有价值的经济资源，即劳动，不能像私人财产那样成为可以买卖的商品……你只能在某个工资价位上将自己租借出去。”[1]在他看来，劳动是一种特殊的生产要素：作为要素之一，它必须能够在劳动市场中自由流动，遵循竞争性市场的一般规律，借以充分激励人们劳动的活力和创造力，提高资源配置效率，提供更多的商品和服务；同时，劳动的拥有者也是这些商品和服务的享用者。劳动是人们借以维护人格尊严、实现社会价值、推动人类文明的重要方式，因而具有终极性的道德价值。这表明，为了实现充分就业的目标，我们不仅要尊重要素市场的一般规律，也要遵循劳动市场所特有的伦理路径。

1.公平的就业机会

自由竞争是市场经济的最显著特征，它可以让劳动、资本和土地等要素充分自由流动，从而最有效率地生产出更多的商品与服务。为了保证劳动在要素市场的自由流动，就必须确保人们享有公平的就业机会。

首先，就业公平需要建立自由竞争的劳动市场秩序。“粘性工资和非自愿失业理论认为，工资的缓慢调整会给个别劳动市场带来过剩或短缺，因此劳动市场在短期内是非出清的。”[2]这

---

[1] 〔美〕保罗·萨缪尔森、诺德豪斯：《微观经济学》，萧琛译，北京：人民邮电出版社，2008年，第29页。

[2] 〔美〕保罗·萨缪尔森、诺德豪斯：《宏观经济学》，萧琛译，北京：人民邮电出版社，2008年，第276页。

就是说,工资缺乏弹性,不能如股市般上下浮动,进而及时反映劳动供给的需求变化,以便让劳工市场在较短时间内达到出清水平。萨缪尔森认为工资缺乏弹性有一个主要原因:劳动市场工会化。

在美国工会史上,冈珀斯发挥了重要作用,他制定了所谓的经济工会主义,即为工会成员争取更好的工资和福利。为了达到这个目标,工会通过取得对某个产业劳动供给的合法垄断,进而利用这种垄断性力量迫使企业签订一揽子集体协议,给工会成员提供高于竞争性水平的工资和福利。根据这些协议,企业会承诺不向非工会成员企业转包合同,也不雇佣非工会成员。总之,要确保这些产业工会在本行业的垄断地位不受削弱。如,在阿拉巴马州,同样都是管道工,工会成员的时薪是30美元,而非工会成员就只有20美元。这说明,工会运动争取的高收益并不是来自于资本方,而是以非工会成员工资的损失为代价的。而且如果工会力量足够强大,将实际工资推进到人为的高水平,就会造成古典失业,即由于实际工资高于竞争性水平而造成的劳动供给过剩。比如,工会成员可能会宁愿失业也不愿意去从事其他产业的低报酬工作,而是等待重回原有岗位。正是基于以上分析,萨缪尔森认为就业公平需要建立一个自由竞争的劳工市场,尽量减少诸如工会这样可以阻碍自由竞争、合理流动的垄断性力量,让劳动市场的供求规律来决定工资和福利水平,进而提高工资弹性的合理性,从而尽量减少非自愿失业。

其次,就业公平需要减少劳工市场的歧视性偏好。萨缪尔森认为:"有史以来,种族、民族和性别歧视一直是人类社会普遍的特征。"①尽管美国很早就颁布了许多禁止就业歧视的法规,但在劳动市场中,歧视仍然通过某些隐性方式存在,包括排斥性歧视和统计性歧视。排斥性歧视指在就业和居住方面对某些群体进行排斥。尽管黑人在法律上是自由的,他们的劳动也遵循供求规律,但黑人工资比白人要少很多。这是因为他们受到教育背景、工会力量、地方法规以及伦理习俗等因素的影响,进而将他们排斥在待遇优厚、体面的工作之外,只能从事那些卑微、技术含量低的职业。统计性歧视指个体情况按其所述群体的平均情况来加以处理,最典型的统计性歧视是雇主会将求职者所毕业的大学作为挑选雇员的标准。其实,一些不太有名的大学毕业生也可能是优秀的工作者。由此,萨缪尔森主张要通过强化立法和平权措施来消除明目张胆的歧视行为,并鼓励企业采取特别措施以安置和雇佣妇女和少数族群。

最后,就业公平需要发挥劳工移民的积极作用。在美国,有很多学者将高失业率归因于近年以来的大量移民。萨缪尔森通过数据分析发现,移民对美国的就业影响远没有想象中那么大。原因有二:第一,近些年来,美国提高了移民门槛,很多亚裔移民都属于技术或投资移民,他们进入美国社会后往往会创造新的工作岗位;第二,虽然有些拉美移民受教育程度有限、技能水平低,但他们会很快根据市场需求找到合适的工作,而这些职位往往是许多美国人不愿意从事的行业。所以,劳动移民既有可能缓解美国某些行业的劳工荒,也有可能创造新的岗位。

---

① 〔美〕保罗·萨缪尔森、诺德豪斯:《微观经济学》,萧琛译,北京:人民邮电出版社,2008年,第29页。

当然,如果移民中大部分都是低端层次的求职者,也会对国内少数族群的就业造成冲击。就这个角度而言,就业公平既需要对移民一视同仁,也要重视、引导并发挥劳工移民的积极作用。

2.完善的劳动保障

保障充分就业并不仅仅是解决人们就业问题,它具有更深层次的伦理意义:正如上文所指出的那样,人们的劳动力不能随意买卖,它在要素市场的流动最多只能算是一种租赁行为。雇主在租赁就业者的劳动力时,不能像对待机器那样任意处置,机器损毁了可以重新购置,而劳动力一旦损毁,会给就业者及其家人带来毁灭性打击。所以,萨缪尔森认为,保障充分就业还需要提高劳动市场服务水平,建立更加完善合理的劳动保障体系。

其一,提升和完善劳动市场的服务水平。萨缪尔森把失业类型分为摩擦性失业、结构性失业和周期性失业。其中,摩擦性失业指人们在各个地区之间、各种职位之间或者不同年龄阶段中变动工作而造成的失业。结构性失业指由于劳动力的供给和需求不匹配而造成的失业。在这两种失业中,劳动市场的信息匹配至关重要,我们可以通过提高和完善劳动市场的服务水平,诸如及时发布各种职位需求信息动态,培育劳动市场的中介服务力量等措施,来保障就业者的劳动权利,进而减少这两种类型的失业人员。

其二,建立公平合理的薪酬标准和劳动保障制度。首先,对某些特殊行业实行补偿性薪酬标准。有些工种风险很高,或者需要就业者承担较大的生理或心理压力,包括高强度的体力活、沉闷的工作、社会地位低的职业、临时性工作、季节性或者高危性行业。这些就业者有权获得相应的额外报酬或者特殊职业保险作为补偿性收入或保障。其次，针对那些凭借个人独特"租金"获取的惊人收入，例如软件领袖比尔·盖茨、投资天才沃伦·巴菲特以及篮球巨星沙奎尔·奥尼尔，政府可以通过累进税、再分配等措施将他们的部分财富用以提高弱势就业群体的劳动保障水平。最后，政府必须通过立法等强制性措施保障就业者的基本权益，包括设定最低工资水平、标准工作时间、强制性失业保险与养老金、基本医疗与意外伤残保险、法定节假日以及其他公共福利。

3.系统的教育培训

保障充分就业的关键还在于对失业人员进行职业培训，提高他们的就业技能。"对收入和教育的经济学研究表明，人力资本一般说来是一项好的投资。"①萨缪尔森认为，即使在一个充分竞争的劳动市场，在短期内也会出现结构性失业。因为人们先天的智力、教养、后天所接受的教育和培训以及工作经验等方面的不同，就业者的劳动质量具有很大的差异，从而很容易形成就业"壁垒"，将劳动市场分割成非竞争性群体。如果该行业出现比较大的供求变动，这些从业者会发现自己很难在短时间内进入其他行业而失去工作。因此，政府应该承担起对这些失业者进行职业培训的任务。

此外，在高失业人群中，第一次找工作的青少年以及少数民族青年占据很大比例，这也与他们受教育水平低、面试机会

---

① 〔美〕保罗·萨缪尔森、诺德豪斯：《微观经济学》，萧琛译，北京：人民邮电出版社，2008年，第218页。

少、缺乏职前培训有关。大多数失业青年都是没有技术或者技能较低的人,但他们具有年龄上的优势,对新技术感兴趣,接受能力快。政府、企业或者私人提供的岗位培训计划能够让这些失业者获得较高技术能力,以便在某些新兴产业谋取更好的职位。这样,政府不仅让这些失业青年自食其力,而且还能将转移支付的资金投入更需要的失业者手中(如老年人)。

三、政府就业政策的价值抉择

在《经济学》中,萨缪尔森详细分析了美国劳工市场问题、失业统计数据以及应对政策。他认为,有效需求理论只揭示了造成失业的部分原因。在短期内,货币紧缩或消费者支出下降的确会引起总需求下降,进而影响产出和就业减少,但在长期的古典情况下,工资和价格会随之变动,总需求并不影响产出和就业,价格机制能够发挥强有力的平衡器作用,从而保持经济增长并恢复到接近充分就业水平,而且短期的货币干预政策还容易引起通货膨胀。通过比较美国与欧洲的失业现象,萨缪尔森认为欧洲的高失业率与其高福利政策有关,正是高福利导致了大量的结构性失业,而且还引发了欧债危机。总之,这些分析表明,现代政府在确定就业政策时不得不面临就业与经济增长、通货膨胀、政府债务以及社会福利之间的价值抉择问题。

1.就业与经济增长

经济衰退总是伴随着产出下降, 厂商的劳动需求量下降,于是进行大幅度裁员, 越来越多的人加入失业队伍。1981—1982 年衰退期即将结束时,美国劳动力中大约有十分之一的人处于失业状态。萨缪尔森从美国历次经济衰退时期的失业数据分析中印证了奥肯的观点:"在商业周期中,失业与产出之间存在着反向变动的关系。"[1]这表明,政府在解决就业问题上,必须认真考量经济增长问题,力图在经济增长中扩大就业机会。

最早发现产出与就业之间关系的是奥肯。"奥肯法则"指出,相对于潜在 GDP,GDP 每下降 2 个百分点,失业率就大约会上升 1 个百分点。这就意味着,如果早期 GDP 是潜在 GDP 的100%,然后实际 GDP 下降到后者的 80%,失业率就会上升 1%。所以为了防止失业率上升,实际 GDP 必须与潜在 GDP 增长速度保持一致,这就意味着 GDP 必须持续增长才能保证失业率与原来持平。如果想让失业率下降 1%,实际 GDP 的增长必须两倍于潜在 GDP 的增长速度。

由此,萨缪尔森把经济增长作为现代政府宏观经济政策的首要职能,失业问题只能在不断的经济增长中得到缓解。这样,才能创造更多就业机会,有效控制和降低失业率。

2.就业与通货膨胀

萨缪尔森还认为,就业问题与通货膨胀也密切相关。菲利普斯曲线就显示了这种关系。该曲线表明:当一个国家产出高、失业率低的时候,货币工资和价格就趋于快速上升[2]。理由是:失业率低表明劳动力短缺和较高的劳动总需求水平,于是企业主竞相提高薪酬吸引工人,工资快速增长。同时,产出高意味着

---

① 〔美〕保罗·萨缪尔森、诺德豪斯:《宏观经济学》,萧琛译,北京:人民邮电出版社,2008 年,第 272 页。

② 同上,第 294 页。

商品与服务的总需求水平高,企业主也更容易提高商品和服务的销售价格。如此一来,就会出现所谓的成本推动型通货膨胀。反之亦然,高失业率则会降低通货膨胀率。这表明,"在失业与通货膨胀之间存在着此长彼消、此起彼伏的关系。"[1]

根据短期菲利普斯曲线,萨缪尔森找出"工资—价格"的算术逻辑,即:通货膨胀=工资增长率−生产增长率。这样,他就给现代政府解决失业问题找到了一个重要的理论工具,即将失业率控制在非加速通货膨胀的失业率水平上。所谓非加速通货膨胀的失业率指与稳定的通货膨胀率相一致的失业率。大多数经济学家认为,这个失业率大概是5%上下。但是,如果在长期内,要想失业率低于或者高于这个水平,通货膨胀率就会保持不断上升或者下降的势头。

那么,现代政府通过减少产出和提高失业率来降低惯性通货膨胀率的代价有多大呢?萨缪尔森将奥肯法则与菲律普斯曲线联系起来,给我们提供了一个清晰的价值菜单以供抉择。根据美国有关数据统计分析表明,当失业率在一年内高于非加速通货膨胀的失业率的1%时,要想重新恢复到原有水平,通货膨胀率大约会下降1%。根据奥肯法则,当失业率高于非加速通货膨胀的失业率的2%时,实际GDP将比潜在GDP下降4%。因此,"若要使通货膨胀率降低整整1个百分点,失业率就须在一年内持续地高于非加速通货膨胀的失业率2个百分点。"[2]

---

① 厉以宁、吴世泰:《西方就业理论的演变》,北京:华夏出版社,1988年,第48页。

② 〔美〕保罗·萨缪尔森、诺德豪斯:《宏观经济学》,萧琛译,北京:人民邮电出版社,2008年,第300页。

基于以上考量,萨缪尔森认为,劳动市场存在溢出效应或外部性。例如,企业雇主不会承担失业成本,包括失业保险、医疗费用、家庭贫困等等。从某种意义来说,失业具有外部性成本,非加速通货膨胀的失业率有可能高于理想水平,以致于不能够实现经济福利最大化。现代政府必须致力于降低通货膨胀率,才能真正有效地减少高失业率成本,进而增加该国的净福利。

3.就业与政府债务

约翰·肯尼迪曾经说:"稳定经济的任务,要求我们能够控制住经济,使之不至于偏离持续高就业之路太远。就业率过高将导致通货膨胀,而过低则又意味着衰退。灵活审慎的财政政策和货币政策,能够帮助我们在这两条路中间穿行出一条'狭窄的通道'。"[1]萨缪尔森也认为:"对于增加就业机会和降低失业率来说,关税和进口保护都不是有效率的做法。一种更有效的增加就业的途径是运用国内的货币政策和财政政策。"[2]他不仅继承了凯恩斯关于通过积极的货币政策来扩大就业的思想,而且还支持现代政府运用积极的财税政策来降低失业率,从而形成了新古典综合学派在就业理论上新的突破:综合运用财税政策与货币政策来解决就业问题。其中,财税手段就涉及财政赤字和政府债务的问题。

财政政策指对税收和公共支出进行规划,以帮助抑制商业周期的波动,保持经济的持续增长和高就业,避免过高的或剧

---

① 〔美〕保罗·萨缪尔森、诺德豪斯:《宏观经济学》,萧琛译,北京:人民邮电出版社,2008 年,第 322 页。

② 〔美〕保罗·萨缪尔森、诺德豪斯:《微观经济学》,萧琛译,北京:人民邮电出版社,2008 年,第 271 页。

烈的通货膨胀①。为了实现充分就业,现代政府往往需要通过扩大财政赤字来满足公共支出的巨大需求,凯恩斯学派就认为较高的预算赤字可以刺激总需求,从而可以减少失业和摆脱衰退。但是根据罗伯特·巴罗提出的财政政策的李嘉图法则,长期来看,税率变化对消费支出是没有影响的:如果政府在减税的同时扩大投资,政府赤字随之扩大,在未来某个节点上,政府还是会通过增加税收来偿还债务。

因此,萨缪尔森认为,短期内,在就业不足条件下,削减税收或增加政府支出而产生的结构性赤字可以刺激总需求,进而提高产出和减少失业,但是随着金融市场利率提高和本币升值,也会抑制或挤出本国投资和外国投资,从而使得财政政策的扩张效应随之减弱,乃至最终消失;长期看,巨额政府债务意味着将大量国家资源投资到了政府债券,而不是资本领域,往往会降低潜在产出的增长、减少工资和个人消费,引发政府债务危机。例如,日本政府迫于国内高失业率的压力,采取了积极的财政政策,但经济却又长期处于衰退状态,从而陷入了一种怪圈:高债务导致高债务服务,而高债务服务又反过来进一步提升债务水平。现在,欧洲债务危机更是给我们敲响了警钟:在处理就业问题上,现代政府需要谨慎对待财政赤字和政府债务问题。

4.就业与社会福利

根据对美国和欧洲失业率的成因分析,萨缪尔森提出了就

---

① 〔美〕保罗·萨缪尔森、诺德豪斯:《宏观经济学》,萧琛译,北京:人民邮电出版社,2008 年,第 324 页。

业与社会福利之间的价值冲突问题。数据表明,现代政府提供
了许多旨在保护人们免受失业和贫困之苦的福利措施,但这些
措施往往会降低失业者再就业的积极性。例如,欧洲是福利国
家的发源地,德、法以及北欧国家都制定了慷慨的法定福利计
划、最低工资、失业保险以及对工作环境的保护措施。这些措施
一方面提高了工人在集体协议中的议价能力,使他们很容易提
高劳动报酬、缩短工作时间甚至将大部分时间花在宠物和日光
浴上。欧洲就有很多失业者根本不出去找工作,却依然享受着
各种福利与失业津贴。

但是,美国的经济学家坚信:"失业率有时候必须高于该国
社会性最优水平以保证价格稳定。"①在过去的二十年里,美国
政府大力削减了收入保障计划,包括各种健康、残疾人和社会
保障等福利项目,进而调动了人们参加工作的积极性。在萨缪
尔森看来,美国在解决失业问题的政策抉择上显然技高一筹。

第三节　萨缪尔森货币伦理思想

在现代社会,货币已如空气,成为维系人类生存的必需品。
在市场经济中,货币不仅是交换媒介,而且是生产要素。一旦货
币成为资本,就会遵循趋利原则,既能优化资源配置,造福人类

---

① 〔美〕保罗·萨缪尔森、诺德豪斯:《宏观经济学》,萧琛译,北京:人民邮电出版社,
2008 年,第 302 页。

社会,也会释放人性贪欲,引发经济危机。通货膨胀作为市场经济的伴生物,往往会成为引发经济危机的导火索。由此,对通货膨胀进行伦理分析就成为萨缪尔森经济伦理思想重要组成部分。通货就是钱,膨胀就是多,换言之,通货膨胀就是相对于市场需求,货币的发行量过多。货币本真的伦理意义是什么?通货膨胀是否,以及如何违背了这些货币伦理价值?让货币回归其伦理维度,我们需要在通货膨胀与就业、经济增长之间进行怎样的道德抉择?萨缪尔森就货币生成的伦理意义、通货膨胀造成的伦理风险以及消除通胀需要进行的道德抉择进行了深度剖析。

一、现代货币生成的伦理意义

货币作为价值尺度和流通手段,诞生于五千多年前,但由于货币一直受制于权力(神权或者王权),并没有成为推动个人发展和社会进步的力量,真正意义上的现代货币则是在它成为资本之后。资本不仅从权力中独立出来,而且成为制约权力的重要力量,进而极大地推动了现代经济增长和社会发展。近现代主流经济学家显然对货币的这种力量有着丰富而深刻的认识。弗里德曼通过对美国近百年时间里货币存量的实证分析,告诉世人:只有货币是重要的。西美尔则分析了货币的本质和作用,认为它是体验现代文明的根源。无论是实证分析,还是形上论证,都凸显了货币在推动现代社会发展,塑造现代价值理念的巨大作用。萨缪尔森认为货币发展史表明,现代货币对于人类生活具有以下三个方面的伦理意义。

1.现代货币生成使人类自由得以可能

卢梭说:"人是生而自由的,但却无往不在枷锁之中。"①这枷锁就是君权神授的国家机器。在"朕即国家"理念下,国家可以随时侵犯私权,人民无法拥有完整的生命权和财产权。没有财产权,就缺乏保证生命权的物质力量。所以黑格尔说:"从自由的角度看,财产是自由最初的定在,它本身是本质的目的。"②作为财产权的重要物质载体,货币如果依附于权力,自由意志就无法申张,也就不能释放推动社会进步的力量。古希腊的著名改革家梭伦就看到了这种力量。他主张废除奴隶制,减免债务,鼓励公民创造财富,从而培育新的权力阶层,维护社会稳定。他第一次运用货币的力量而不是通过战争和暴力来解决社会矛盾。这也是货币力量第一次解放人身自由的尝试。

萨缪尔森认为货币力量的第一次独立运动发生在意大利文艺复兴时期。无论在古希腊罗马时期,还是在中世纪,利息都是一种罪恶。而15世纪佛罗伦萨美第奇家族的巨额财富就是来自于货币利息。为了消除这种罪恶感,科西莫·美第奇开始资助文化艺术发展,直接推动了文艺复兴的兴起。保护人权就是捍卫神的尊严,生命权和财产权是人权的核心,货币不再是贪婪与自私的象征,而是勤劳和智慧的果实。货币利息先后获得神权和王权的认可,货币第一次在权力面前显示了它的力量,极大地拓展了人类在经济活动中的自由空间。

1688年,英国爆发"光荣革命",第一次避免暴力与流血,实

---

① 〔法〕卢梭:《社会契约论》,何兆武译,北京:商务印书馆,2010年,第4页。
② 〔德〕黑格尔:《法哲学原理》,范扬、张企泰译,北京:商务印书馆,2010年,第54页。

现了国家政权的更迭。革命成功后颁布的《权利法案》,明确了
税权归议会所有,货币力量真正获得了独立,并成为权力的制
衡力量,成为推动人类政治自由的力量之一。在萨缪尔森看来,
现代国际金融市场的联系日益密切,货币更是成为深化人类自
由空间的关键力量,正是看到货币的这种力量,罗伯特·蒙代尔
才提出了建构欧元区的设想。为了共建一个自由繁荣的欧洲,
货币再次发挥了它的神奇力量,1999 年 1 月 1 日, 欧元成为欧
共体 12 国的唯一合法货币, 后来欧元区扩大到 17 个国家,再
次证明货币在推动人类自由事业发展的巨大力量。要言之,正
是因为有了货币力量的驱动,人类才逐步获得身份、经济以及
政治上的自由。

2.现代货币生成拓展人类平等的维度

自古以来,平等就是人类孜孜以求的价值理想,也是维持
社会稳定的基本伦理准则。一个极端不平等的社会必然会走向
灭亡。但这种平等诉求绝不是原始社会的财产共有,而是体现
在获得财富的机会平等上。财富的积累可以通过两种方式:掠
夺或者生产。前者靠他人的财富寄生,显然不能长存。生产就成
为创造财富的重要方式。"不仅生产对人类的生存和繁荣至关
重要,交换也同样如此。"①商品交换基于交易双方平等自愿的
选择,而非暴力或者强权。萨缪尔森认为,商品交换不仅孕育了
货币,而且形成了最原始的平等观,货币则成为这种平等观的
物质载体,它向人们宣示:人人都可以通过劳动生产、自愿交换

---

① 〔美〕穆瑞·罗德巴斯:《自由的伦理》,吕炳斌、周欣、韩永强、朱健飞译,上海:复
旦大学出版社,2008 年,第 83 页。

以及货币积累来获得自己的财产权。但这种平等观还停留在经济层面上。例如亚里士多德就认为有些人天生就是奴隶，"是一种能离开所有者而行动的工具"①，显然这些工具是无法享受到这种平等待遇的。政治上的不平等钳制了货币文化的发展。

中世纪，人们生活在教权—王权二元对立的政治体系之中②。经过宗教改革，新教徒因信称义，不仅打破了教会和教士对通往天堂之路的垄断，真正实现了在上帝面前人人平等，而且把财富的获取看成是荣耀上帝的手段，极大地推动了所在国家和地区的经济发展，货币的力量开始挑战西欧传统的政治体系。经过三十年战争，《威斯特伐利亚和约》不仅承认了新教徒国家荷兰和瑞士的独立，而且确立了新教徒的政治地位。这两个国家之一——荷兰很快成为世界上最发达的经济体，货币力量加快了人类政治平等的历程。货币文化的核心就是契约精神，而这种契约精神更是直接孕育了霍布斯、洛克以及卢梭等思想家的契约理论，推动了主权在民、契约立国的政治学说，推动了英国、法国、美国等西方国家先后通过宪法的形式确保了人人都享有平等的政治权利。

在经济一体、文化多元的全球背景下，如何超越国家、种族、性别、宗教、文化的差异，真正实现人类的平等与和谐，货币同样为我们提供了可供借鉴的思路。萨缪尔森强调，各国通过不同汇率制度，实现了不同国家的经济交往。货币不仅是经济

---

① 〔古希腊〕亚里士多德：《政治学》，颜一、秦典华译，北京：中国人民大学出版社，2003年，第7页。
② 靳凤林：《中世纪二元对立型社会治理模式与基督教信念伦理》，《伦理学研究》，2007年第6期。

发展的工具,同样可以成为不同国家文化交流的手段。例如既可以通过各种国际组织开展经济援助,也可通过资助各种公益活动和非政府组织,增进不同肤色、不同语言、不同种族之间的了解和互信。可以预见,货币文化的发展不仅有利于实现人类经济政治的平等愿景,也必将助推全人类之间的人格平等。

3.现代货币生成奠定社会诚信的基石

萨缪尔森还认为,货币自诞生起就意味着交易双方对彼此之间的承诺与信任,是信用的载体。从发生学角度来看,信任也有一个历史发展的过程,在原始社会,它可能局限于家庭、氏族成员之间。随着交往活动范围的扩大以及商品交换的需要,经过长时间的冲突与妥协, 这种信任关系逐渐突破了血缘的纽带,扩展到周边其他部落。货币就是在这种信任关系不断扩张的过程中形成的。人类把这种信任注入货币这种特定物质之中,并通过它极大地提高了人类交往活动的效率,深化了人类社会的诚信意识。唯有货币,才能培育出超越血缘、地缘和业缘的诚信理念。

正是在这种理念下,现代企业制度才能得以建立。通过股票交易,形成法人资本;通过人力资源交易,寻找合适的经理人;通过股东大会授权,董事会获得处分法人资本的代理权,这样一个股份公司就形成了使用权、法人产权和经营权三权分立的制度安排,构成了现代企业制度的核心。且不说股票自身就是一种信用货币,无论是将经营权委托给职业经理人,还是把法人资本处分权授予董事会,都能看见信任理念的力量。现代企业制度远非形成于一朝一夕,它也是在货币力量的推动下,才得以突破血缘信任,取代家族企业,登上现代市场经济的舞台。

不仅如此,现代货币还代表着国家的公信力。"光荣革命"之后,英国议会取得了征税权,议会体制逐步确立了后期称为"无代表,不纳税"宪政原则。这极大地提高了国家政权的公信力。1694年7月27日,英格兰议会授权成立世界第一家中央银行,在创建12天之内,英格兰银行就筹集到了120万英镑的资金,然后作为国债提供给英国政府,其中一半用于重建海军。从1700年到1815年,英国政府的国债从1200万英镑增长到8.5亿英镑,这些巨额国债对英国工业革命和海外扩张起到了重要作用。继英国之后,美国形成了更加完备成熟的现代经济诚信体系,为金融市场的发展与繁荣提供了强大的伦理支撑,金融服务业一跃成为美国最大的产业,从1950年到2007年,美国金融从业人员增长76%,金融业创造的产值从79亿美元增长到1.1万亿美元。金融业的繁荣奠定了美国经济的霸主地位。在现代国家,作为政府宏观控制手段,驱动经济发展的三大动力系统——税收、货币和国债,都离不开货币力量建立起来的诚信理念。

在萨缪尔森看来,货币如天平,既成为人们追求自由的物质载体,也为人们提供了平等的价值尺度,它是人类社会公平正义的化身,也正因为如此,货币也为人类社会奠定了诚信的基石。《圣经》上说,人类原初操同一种语言,为了上天堂,准备修建通天之塔。耶和华认为此举违背了人与神的约定,就让人类分散到世界各地,并说不同语言。有了纷争,巴别塔计划失败了。现在人类创造了另一种语言——货币,货币不仅将人类重新联系在一起,而且超越了语言,成为沟通的最佳途径。但一旦将货币奉为神灵,人类就可能会重蹈巴别塔的覆辙。

二、通货膨胀的伦理风险

自货币诞生之日起,通货膨胀就如幽灵一般如影随形。但是,萨缪尔森认为,真正出现大规模通胀,造成严重恶果的时代是在纸币诞生之时。历史上就多次出现过恶性通货膨胀,例如美国南北战争时期的南方联邦以及 20 世纪的德意志魏玛共和国。恶性通货膨胀会让市场经济变得一无是处。"当通货膨胀来临时,货币实际价值每月都产生巨大波动,所有构成资本主义坚实基础的、存在于债权人和债务人之间的永恒关系, 都变得混乱不堪甚至几乎完全失去意义,获得财富的途径退化到依靠赌博和运气的境地。"[①]

萨缪尔森的论敌弗里德曼曾经举例说明通货膨胀只会给政客带来好处:政府想修建一条铁路,但没有资金,于是选择印刷钞票来支付,铁路修建好之后,基建工人、原材料供应商、沿线的商业与地产都等都从中获得收入与升值, 公众收入增加,当地官员也获得政绩,但是很快人民会发现,由于物价上涨,收入增加只是个虚幻的假象,真正的获利者是政府官员。但萨缪尔森认为通货膨胀有一定必要性。一个国家经济增长会出现成本推动型通货膨胀,而且通货膨胀在短期内的确能够推动经济增长,在一定程度上缓解失业压力。"一个可以预期的缓慢上升的价格水平看来还是能为经济的健康成长提供最好的环境。"[②]

---

① 〔美〕保罗·萨缪尔森、诺德豪斯:《宏观经济学》,萧琛译,北京:人民邮电出版社,2008 年,第 288 页。

② 〔美〕保罗·萨缪尔森、诺德豪斯:《宏观经济学》,萧琛译,北京:人民邮电出版社,2008 年,第 291 页。

正因为如此，萨缪尔森认为现代政府不仅要掌握货币发行权，而且主张采纳凯恩斯主义，选择稳健的货币政策刺激经济增长和扩大就业。但是，现代政府在运用货币政策时，必须充分认识通货膨胀有可能会给现代社会带来的伦理风险。

1.通货膨胀会扭曲现代公民的财富观

人类对于财富的认识有一个逐步发展的过程。随着货币文化的发展，人类的财富观发生了变化。在资本主义早期，不少经济学家就什么是财富进行了深入的思考，例如，法国的重农主义学派就认为货币不是财富，财富的来源在生产，农业才真正创造了物质产品；亚当·斯密则进一步对重商主义财富观进行了系统批判，认为劳动创造了财富，"一国国民每年的劳动，本来就是供给他们每年消费的一切生活必需品和便利品的源泉。"[1]

但是，市场经济极易导致金钱拜物教的广泛流行和人类价值观的不断物化[2]。通货膨胀则成为这种趋势的幕后推手。政府希望通过货币力量来刺激消费，推动经济发展，自身就体现了对这种力量的崇拜，与"金钱万能观"如出一辙。正如西美尔在《货币哲学》中指出，货币原本只是实现人类福祉的手段，但货币经济会让人产生一种幻觉："货币的量即为货币的质。"[3]货币的量化会让人产生一种满足感，量成为决定货币意义的唯一要

---

① 〔英〕亚当·斯密：《国民财富的性质和原因的研究（上）》，郭大力、王亚南译，北京：商务印书馆，2010年，第1页。

② 靳凤林：《市场经济的道德合理性及其价值限度》，《理论视野》，2011第10期。

③ 〔德〕西美尔：《货币哲学》，陈戎女等译，北京：华夏出版社，2002年，第188页。

素。货币通过这种力量,改变了现代人的价值序列,由手段成为目的,货币占据了现代人价值序列的制高点,欲望成为人类精神的主宰。

其次,在通货膨胀的压力下,市场主体往往发现,从事生产性经济活动面临着巨大的投资风险,于是会转向金融业或者房地产等可以保值的行业,而且在刺激消费的政策导引下,人们不再依靠诚实劳动来创造财富, 而是依赖廉价信贷来挥霍度日。这样,只会让实体经济日益衰败,虚拟经济畸形繁荣。这种经济环境会导致投机盛行,加剧现代公民财富观的异化。在过去十年时间内, 世界各主要工业国的房地产价格都翻了一番,从 1997 年到 2010 年上半年, 澳大利亚的房价上涨了 2.11 倍,英国上涨了 1.85 倍,瑞典上涨了 1.65 倍,法国上涨了 1.33 倍,美国上涨了 0.71 倍。西方国家财富观异化,消费主义畸形发展在一定程度上诱导了美国金融危机以及欧债危机的爆发。

2.通货膨胀会动摇市场经济的道德合法性

市场经济是现代社会生成与发展的基础性动力因素。价格信号则是市场机制优化资源配置的晴雨表。这张晴雨表反映了货币与商品的动态平衡。通货膨胀实质上是政府通过外来压力,人为向市场投放过量货币引起的。它必然会打破这种动态平衡,造成价格信号的扭曲,进而引发市场不灵。在一个严重通货膨胀的经济环境中,消费者很难区分相对价格与整体价格的变化,商品价格会频频上涨,价格混乱,令人无所适从。同样,生产商也无法预期产品的价格与收益。这种由信息不完全引起的市场不灵既会引起消费者对产品的怀疑,也会造成生产者对市场交换的质疑,进而导致整个市场诚信体系的危机。诚信体系的危机会增加交易成本,影响资源的最佳配置,从而失去了市场经济特有的效率优势。这会直接引发对市场经济的价值质疑。

而且,在正常的市场经济中,人们只要能捕获商机,合法经营,就能获取收益,超越了以往自然经济时代依靠出身、门第、等级、亲缘关系来获取社会财富的局限,具有原始分配的客观公正性。但是,通货膨胀则扭曲了市场机制,失去了这种初次分配的公正性,让富人更富,让穷人更穷,让投机者获利,让劳动者吃亏,显然也损害了市场经济的道德合法性。

具体而言,通货膨胀对市场经济的道德合法性有三个方面的消极影响:首先,在通货膨胀时期,货币的实际利率为负,人们往往会更愿意持有实际资源而减少货币持有量,于是会浪费大量时间进出银行,造成所谓的"皮鞋成本"。企业也会无心进行生产投资,不得不将主要精力用来设计各种现金管理计划来适应不断变化的货币尺度。其次,通货膨胀还会造成对税收的扭曲。例如,美国很多税法都是以美元计价。当物价上涨时,这部分税收的实际价值就呈现下降趋势。因此,从 20 世纪 80 年代起,有些税收法案开始实行指数化税收标准。此外,在通货膨胀时期,名义收入如果维持既有水平或者略有提高,那么实际收益可能是持平甚至减少。但是很多税收都与个人的名义收入直接挂钩,并不区分哪些属于实际收益和哪些仅仅是用来抵消通胀的收益,这样的税收就会违背公正原则,有变相加重税负之嫌。最后,通货膨胀还会增加各种"菜单成本"。由于价格变动频繁,公司或企业不得不消耗部分资源来调整价格,包括饭店需要不断更新菜单、邮购公司需要及时更新价格目录、出租车需要升级计价器以及超市需要更换价格标签等等。

3.通货膨胀会危及现代社会的公平正义

许尔斯曼认为：货币的投放也是一种生产，同样需要道德的评估与伦理的规范，通货膨胀就是现代政府垄断法定货币生产的产物，会严重影响社会的公平正义[①]。首先，通货膨胀会造成对公民财产权的侵犯。政府向市场投放过多货币，就意味着市场的货币普遍贬值，无形之中，人们的货币资产就缩水了。财产权是公民自由意志的物质载体，侵犯它就是损害了公民的自由。所以，萨缪尔森认为现代政府在制订货币政策时，应该以公共利益为依归，提供公共品是政府的职能之一。从某种意义上来说，稳健的货币市场就是一种金融公共品。但如果政府以发展经济为名，行彰显政绩，甚至变相窃取公民财产之实，显然突破了一个现代政府职能的伦理底线。

其次，通货膨胀会加剧现代社会财富的分配不公。萨缪尔森认为，现代政府向市场投放过多货币，必然会导致某些行业，尤其是金融业、房地产的畸形发展。为了规避货币贬值的风险，人们往往会选择相对保值的产品，例如房产、期货、股票或者基金，来进行风险对冲。这种风险就如击鼓传花，鼓声一停，最后一个往往就是最大的受害者。在市场经济体系中，最不具备这种风险规避能力的往往是弱势产业和弱势群体，比如农业、农民和工薪阶层。因为农产品的生产弹性较小，无法通过扩大产能来抵御通胀风险，农产品价格有限上涨带来的利润空间也会受农资产品腾贵而抵消甚至出现亏损，这会直接导致农民收入

---

① 参见〔德〕约尔格·吉多·许尔斯曼：《货币生产的伦理》，董子云译，杭州：浙江大学出版社，2011年，导论第1—4页。

变相减少。工薪阶层主要是依靠工资过活,也很少有其他财产性收入,由于工资具有粘性,通胀来临,工资自然相对贬值,收入就减少了。这无疑会进一步拉大社会的贫富差距。

最后,通货膨胀会削弱现代政府的德性基础。罗尔斯申言:"正义是社会制度的第一美德,如同真理之为思想的第一美德。"[1]现代社会制度安排的目标就在于维护人类两大基本需求:安全和幸福。正义则是体现这种制度安排是否符合这种目标的道德标准。很难想象,在一个私人财产随时有可能被剥夺(即便是运用通货膨胀这种隐蔽的手段)的社会,其成员会有安全感;显而易见,在一个劫贫济富的社会里,其成员也绝不会感到幸福。正因为如此,罗尔斯提出构建一个"作为公平的正义"社会。在他看来, 自由平等原则不能成为一个正义社会的必要充分条件,还需要差别原则来为弱势群体设立一条伦理底线。在机会平等的条件下,政府应该给予最小受惠者最大利益,唯如此,才能获得"社会普遍道义论的正当性论证和支持"[2],所以,萨缪尔森支持现代政府通过提高退休金、救济金与最低工资水平,来缓解通货膨胀带给穷人的痛苦。

质言之,萨缪尔森认为通货膨胀违背了货币生成的伦理意义。在货币受个人权力控制时,通货膨胀成为皇权或者王权满足私利的工具。在市场经济条件下,货币受到政府控制,同样有可能成为政客粉饰政绩的手段,不仅会扭曲现代公民应有的财

---

[1] Rawls, John, *A Theory of Justice*, Cambridge, Mass.: The Belknap Press of Harvard University Press, 1971, pp.3–4.

[2] 万俊人:《论正义之为社会制度的第一美德》,《哲学研究》,2009 年第 2 期。

富观、损害市场经济的道德基础,而且会危及一个现代社会赖以为继的公平正义。

三、控制通货膨胀的道德抉择

"据说列宁曾断言,摧毁资本主义制度的最有效办法就是破坏它的货币。不断地借助通货膨胀,政府就可以秘而不宣地没收其公民的大部分财富。"①货币政策蕴含着巨大的道德风险,如何准确地在货币政策与缓解失业、经济增长等经济目标之间进行平衡,尽量控制通货膨胀,或者以较小代价解决关系民生的就业问题,就成为考验政治家们道德智慧的试金石。萨缪尔森认为,控制通货膨胀,需要对通货膨胀会带来的道德风险进行全面评估,明确现代政府维护社会正义的伦理定位,并遵循民生优先的价值原则,逐步建构公平正义的货币财税制度。

1.控制通货膨胀关键在于政府职能的伦理定位

在萨缪尔森看来,之所以现代社会通货膨胀频发,而且危害性也越来越大,正是政府掌握着货币的发行权,尤其是脱离金本位制约束的纸币出现后,货币生产就如脱离伦理羁绊的野马,给人类不断带来深重的灾难。货币是市场的产物,其生产自然也应该遵循自由竞争的市场规律。政府垄断纸币的发行权,显然违背了这一规律。2008 年美国次贷危机和欧债危机都催生了人们对现代金融体系的反思,很多地方都开始自行发行区域

---

① 转引自〔美〕保罗·萨缪尔森、诺德豪斯:《宏观经济学》,萧琛译,北京:人民邮电出版社,2008 年,第 384 页。

性货币,来缓解本国法币通货膨胀对当地的负面影响,例如意大利菲力亭诺小镇就印发了流通于本镇的货币,2011 年，美国犹他州宣布，金银为本州的法定货币，英国布里斯托尔市在 2012 年 9 月 19 日发行布里斯托尔镑。这些无奈的选择充分反映了人们对当今现代政府货币政策的不满,也暴露了现代政府对自身的伦理定位的缺失。这种定位就在于以维护社会的公平正义与提高人们生活福祉为依归。

不可否认,现代货币体系在推动现代经济发展、拓展人类自由平等发挥了至关重要的作用,是人类文明进程中的伟大创举之一,其中,一个强有力的中央银行系统是维护货币稳定与公平,进行国内外贸易的制度保障,重回市场经济以前的自由货币经济是不现实的。如何让货币发挥自身的伦理价值,维护金融体系的公平正义,就成为现代政府需要面对的问题。厘清政府在货币体系中的职能边界,限制政客对货币政策的消极影响,代表最大多数人民,尤其是弱势群体的利益,维护社会的公平正义或许是现代政府应有的伦理定位。

2.控制通货膨胀需要遵循民生优先的价值原则

经济者,经世济民也。萨缪尔森认为,经济学的根本宗旨始终都是为了人类社会福利与幸福,政府在制订货币政策时必须根据这个原则来解决通货膨胀与就业、经济增长之间的关系。根据菲利普斯曲线,若要使通货膨胀率降低整整 1 个百分点,失业率就须在一年内持续地高于非加速通货膨胀的失业率 2 个百分点。而根据奥肯法则,当失业率高于非加速通货膨胀的失业率 2 个百分点时，实际 GDP 就将比潜在的 GDP 水平下降

4个百分点①。换言之,消除通货膨胀必然要以牺牲就业率和经济增长为代价。而持续经济增长对扩大就业又有着重要意义。如此一来,对于制订财政货币政策的决策者来说,价格稳定和低失业率就成为鱼与熊掌不可兼得的伦理困境。这就需要对失业与通货膨胀受害者状况进行分析,尽管失业受害者只是部分人,而通货膨胀则波及大多数人。但是,在遭受通货膨胀时,失业者承受的痛苦要远远超过有工资收入的人群。而且,从政府应对失业与通胀可用是政策手段来看,一旦出现急剧或恶性通货膨胀,政府可以采取临时性物价管制、强行调整工资水平以及其他财税货币政策来解决;但如果出现大规模失业人群,在较短时间内,想要解决这些人的就业问题,政府可供使用的手段是乏善可陈的。因此,政府在制订宏观经济政策时,需要"就业优先,兼顾物价基本稳定"②。

3.控制通货膨胀必须建构公平正义的货币财税制度

在现代西方经济学界,曾经在控制通货膨胀发挥重要影响的理论主要包括货币主义和现代凯恩斯主义。萨缪尔森对这两个流派的通货膨胀理论进行了比较,认为现代政府有必要汲取两种流派的理论优势,采取货币和财税两种手段,建构一个公平正义的货币管理机制和财税制度。

一方面,建立松紧搭配的货币管理机制。根据货币主义理论,货币供给应该维持固定的增长率,通过严格定量的货币管

---

① 〔美〕保罗·萨缪尔森、诺德豪斯:《宏观经济学》,萧琛译,北京:人民邮电出版社,2008年,第300页。

② 厉以宁:《经济学的伦理问题》,北京:生活·读书·新知三联出版社,1995年,第96页。

理可以充分抑制总需求,减缓工资和价格增长,以及抑制公众对通货膨胀的预期。萨缪尔森认为,紧缩货币政策的确能够挤出经济中的通货膨胀,但也会增加失业和带来金融市场的不稳定。1979年,美联储主席保罗·沃尔克进行了"货币主义者的实验",他放弃了以利率为中心,而且尽量使银行储备和货币供给遵循事先确定的增长路径。正当货币主义实验成功根除美国经济中的通货膨胀时,高利率激发了金融创新,货币周转率也变得极不稳定。萨缪尔森认为这种不稳定性就是过度重视货币总量造成的。因此,现代政府需要根据经济运行情况,适时实施松紧搭配的货币政策。

另一方面,现代政府需要确保财税制度的公正性。萨缪尔森指出,为了刺激经济发展,凯恩斯主义不仅主张货币宽松政策,而且积极支持扩张性财税政策,在造成巨额财政赤字的同时,也埋下了通货膨胀的重大隐患。根据严重程度不同,通货膨胀可分为三种类型:低通货膨胀、急剧通货膨胀和恶性通货膨胀;根据引发通胀的原因不同,又区分为三种类型:惯性通货膨胀、需求拉动型通货膨胀和成本推动型通货膨胀[①]。财税政策和货币政策需要把通货膨胀控制在低通胀率范围之内,抑制急剧通货膨胀和避免恶性通货膨胀。因此,萨缪尔森主张各国政府应该将有限的财政支出用于支持优势产业、高新产业以及民生工程,让公共财政开支更具公正合理性。

综上所述,萨缪尔森认为货币作为市场经济的产物,其自

---

① 参见〔美〕保罗·萨缪尔森、诺德豪斯著:《宏观经济学》,萧琛译,北京:人民邮电出版社,2008年,第285—292页。

身并没有原罪,而且在拓展人类自由空间、推动人类平等等方面发挥了极其重要的作用,成为人类维护社会公平正义的伟大创举。通货膨胀是人类私欲的恶果,它摧毁了现代社会的正义之维,削弱了市场经济的道德合法性,扭曲了现代公民的财富观。为了将通货膨胀的消极影响最小化,必须明确现代政府维护社会正义的伦理定位,并遵循民生优先的价值原则,逐步建构公平正义的货币财税制度,才能确保货币发挥其本真的伦理意义,促进人类福祉。

第六章　萨缪尔森经济伦理思想的 价值解析

克鲁格曼曾经说,世界上的学者可以分为两种:一种像狐狸,有许多好主意,但都不是什么大主意;一种像刺猬,只有一个好主意。而萨缪尔森则既像狐狸,又像刺猬,竟然有许多好主意。正因如此,萨缪尔森被誉为经济学界的最后一位通才。所谓通才,不仅仅指称他在经济学众多领域所开创的奠基性学术成就,而且表达了对这个伟大经济学家的赞誉与敬仰,这种赞誉与敬仰源于他对人类福祉的魂牵梦绕。这种关切从萨缪尔森的人生经历中可以寻觅到一些蛛丝马迹。在接受记者采访时,萨缪尔森经常会回忆起两个生活片段:一个是儿童时期在加里小镇的一段时光;另一个是哈佛大学毕业之后的就业抉择。在他小时候,受益于"一战"的订单需求,加里这个钢铁小镇一度非常繁荣,然而好景不长,加里很快也卷入到大萧条之中,此时的小镇一片凋敝,人们找不到工作,生活在贫困与绝望之中;在哈佛毕业之后,萨缪尔森作为当时最优秀的毕业生,却未能如愿留在母校,不得不去了麻省理工学院。此时的美国,麦卡锡主义甚嚣尘上,桀骜不驯的犹太人显然会受制于这种意识形态的影响。当然,萨缪尔森也会感到一丝庆幸,可以设想,如果此时的他身处大西洋彼岸的苏联,或许等待他的将不仅仅是择业的烦恼了。如果说,儿时记忆中的这种贫困与绝望动摇了萨缪尔森对自由市场的信念,那么,青年时期的择业烦恼则埋下了他对专制政府的恐惧。这两个场景在萨缪尔森的脑海里挥之不去,终于凝聚成了叩其一生的问题:如何处理市场与政府之间的伦理关系,在经济效率与社会正义之间达至一种动态平衡?为了解决这个问题,萨缪尔森始终秉持一种中庸理念,既反对市场原教旨主义,又向计划经济宣战,力图厘清市场与政府的伦理边界:有效竞争的市场经济与有限干预的责任政府。因此,他主张对自由放任市场理念进行批判,这样才能重新回归古典竞争理论的伦理意义,进而让政府真正发挥其在市场经济中的伦理职责,即在不损害经济效率的前提下维护社会正义。

第一节　萨缪尔森经济伦理思想的理论意义

一、竞争性市场是否可能

在竞争性市场均衡理论中,价格居于中心位置,对于生产者来说,价格是经济稀缺性的信号;对于消费者来说,价格是社会效用的标志。最早将价格均衡概念引入经济学的是英国古典经济学家马歇尔。他的价格均衡理论是一种局部静态分析。萨缪尔森显然吸收了这种分析方法,并将之用以扩展到对市场的整体分析。但是,他总是刻意保持与马歇尔的距离:在理论渊源上,他把自己的体系称为新古典综合或者主流经济学,以区别于以马歇尔为首的古典经济学；在经济体系中，他在论述其一般均衡理论和微观经济学理论时，对斯密赞赏有加，甚至把弗里德曼和哈耶克奉为经济自由之守护神，却只字不提马歇尔。前者可以从萨缪尔森继承了凯恩斯理论找到原因，马歇尔在其《经济学原理》中甚少提及政府在经济生活中的作用，他是一个经济自由拥趸者或者说至少是个反对政府干预论的经济学家。萨缪尔森却认为现代政府在经济生活中不可或缺，在他的《经济学》中，竞争性市场均衡理论只是一个逻辑起点和分析工具，但理论焦点是市场的价值缺陷以及政府理应承担的伦理职责；但为何他在遭受来自制度经济学派以及公共选择学派等诸多理论指摘的情况下，依然坚持竞争性市场均衡理论，却对马歇尔的价格均衡理论不予置评呢？这是否预示萨缪尔森对竞争性市场均衡理论存在着某种独特的道德考量，并将之视为捍卫其学术精神的中流砥柱呢？我们需要通过分析其他学派对市场均衡理论的攻击以及萨缪尔森对此的回应来梳理其中蕴含的价值冲突，进而厘清萨缪尔森对竞争性市场均衡理论的道德考量。

在萨缪尔森的经济体系中，竞争性市场均衡理论得以成立的核心在于完全竞争的先验预设。在该预设前提下，价格才能够充分反应市场供求信息，形成一种动态性市场均衡。但是这个先验预设遭受了许多西方经济学派的质疑与抨击。仅以新自由主义、公共选择学派与制度经济学为例，哈耶克认为，参与市场的任何一个，无论是消费者还是生产者，都不可能掌握和拥有完全的市场信息与相关的知识储备。如果按照完全竞争的假设条件，生产者应该知道所有消费者的偏好以及预期购买价格,同理,消费者也能了解各种产品与服务的生产成本,而这些信息与知识显然是需要在市场竞争过程中才得以呈现与获得的。如此一来,从知识学的角度来看,"'完全'或'完善'竞争实际上意味着一切竞争活动的不存在。"①布坎南则指出,如果按照完全竞争的假设,"在既定的'市场规律'下,完全竞争模型产生一个'最优'解或者'均衡',在帕累托曲线上就只有一点。但是,我们要指出,如果说这就是经济学的原理,经济学就没有社会科学的意义了。"②科斯则把这种理论称为"黑板经济学",完全竞争市场营造了一个虚拟的"有效市场",从而推导出"市场失灵",并顺理成章地引入了政府干预。而他在《社会成本问题》中指出,所谓市场外部性和公共品与市场是否失灵无关,而是因为企业生产成本与社会成本存在差异造成的。如果明晰产权,将外部效应内化即通过管制与法律手段让企业生产成本接近或等于社会成本,就不存在市场失灵,政府干预也就没必要了③。

二、萨缪尔森对自由放任的道德批判

萨缪尔森认为,这些观点都折射出自由放任的市场理念。该理念有以下三个特点:第一,建立在个人主义的理性"经济

---

① 〔英〕F.A.哈耶克:《个人主义与经济秩序》,邓正来译,北京:生活·读书·新知三联书店,2003 年,第 143 页。

② 〔美〕詹姆斯·M.布坎南:《经济学家应该做什么》,罗根基、雷家端译,成都:西南财经大学出版社,1988 年,第 12 页。

③ See Ronald H. Coase, *The Problem of Social Cost, the Journal of Law and Economics*, Vol. 3, No. 2 (Oct., 1960), pp.1–44.

人"假设之上。市场中的参与者都是原子式的个人或企业法人，这些参与者才是最清楚并最关切自己利益的个体，所以他们能够知道自身利益之所在并力图追求个人利益的最大化。而且在"经济人"假设下，理性逐利的个人行为还能在"无形之手"的指引下，促进公共利益。第二，将经济学视为一门有关资源配置的选择科学。这种观点最早可以追溯到莱昂内尔·罗宾斯，他认为，"经济科学研究的是人类行为在配置稀缺手段时所表现的形式。"①既然资源是有限的，就需要配置，就必须进行选择。如何才能实现最优选择呢？竞争，就成为达成这个目标的最佳形式。在自由竞争与博弈演化中，"经济人"能够做出最佳选择，从而实现资源的优化配置。第三，强烈反对政府干预市场机制的运行。在这些经济学家看来，市场与政府都是资源配置的手段。哪种手段是最可取的呢？这得取决于成本—收益分析。例如，科斯就专门撰文研究灯塔问题，通过对英格兰和威尔士灯塔史的研究，他认为在产权明晰的条件下，灯塔服务也是可以通过私人经营的②。言外之意，市场不仅可以解决外部性问题，还能成功地提供公共品，而政府职能仅限于降低交易成本，主要措施包括提供必要的司法体系、制定强制性行业标准以及实施有效的市场监管。

　　萨缪尔森认为，自由放任是市场经济的一种意识形态，它强调市场的自我调节，反对政府的直接干预，并且因为其乌托

---

　　① 〔英〕莱昂内尔·罗宾斯：《经济科学的性质和意义》，朱泱译，北京：商务印书馆，2000年，第19页。

　　② See Ronald H. Coase, *The Lighthouse in Economics*, the Journal of Law and Economics, Vol. 17, No. 2 (Oct., 1974), pp. 357–376.

邦性质而始终能够占据自我辩护的道德高地。由于自由放任要求一个国家的政府全面退出市场，主张完全依靠市场自发调节的力量来组织经济生活，就必定要迫使这个社会经历一个异常艰难的转型时期，产生一系列的经济问题，例如产能下降、高失业率、经济波动等等。这些代价的承受者主要是工人和农民，由于没有政府的福利支持，他们被要求降低自己的生活水平并熬到经济有所好转。在这种条件下，这些代价承受者往往会采取激进的政治行动，迫使政府介入经济活动，加大其干预力度。实际上，即便是在一个比较成熟的市场经济体中，由于经济波动无法完全避免，而这种周期性波动会破坏银行体系，此时，就连资本家也会希望出现一个强有力的中央银行来维护国内的信贷稳定。要言之，没有一个社会能够真正地实行市场的全盘自发调节，这就意味着自由放任的信条永远也无法为历史经验所证伪，所以该信条的吹鼓者总是具有无懈可击的辩护理由。

这种情况已经在拉美、苏联等国家先后上演：20世纪80年代以来，在国际货币基金组织、世界银行和美国财政部的主导下，美国与拉美国家代表达成了一个关于以新自由主义学说为理论依据的"华盛顿共识"。该共识旨在为发展中国家提供经济改革方案与对策，主要措施包括财政紧缩、私有化、自由市场和自由贸易等等。自华盛顿共识以来，虽然这些对策早期的确给拉美国家带来了快速的经济增长，但也遗留了许多严重的经济问题，诸如高通胀率，经济衰退以及收入分配的严重不平等。这些问题让阿根廷和巴西等拉美国家不得不放弃经济自由化的意识形态，走上一条政府与市场共同参与的混合经济之路。同样基于华盛顿共识,俄罗斯在经济转型中引入了"休克疗法",试图通过开放物价、紧缩货币和财政,全盘私有化等措施来充分发挥市场机制的调节作用。很快,随之而来的通货膨胀、高失业率、寡头经济等一系列问题让俄罗斯陷入长期的混乱与衰退之中,迫使俄罗斯也很快否弃了所谓的"休克疗法"。尽管华盛顿共识和休克疗法给这些国家带来的灾难,足以宣告自由放任的市场教条是失败的,然而,该信条的吹鼓者仍然将这些失败归咎于政府无能,声称如果政客们能够顶住这种政治压下,彻底贯彻自由放任的市场原则,自发调节的市场机制一定能够发挥作用,给所在国带来社会经济的发展和繁荣。

有鉴于此,萨缪尔森对这种意识形态保持着异常谨慎和清醒的认识。他认为自由放任的市场信条基于对竞争的误读。一方面,该教条认为竞争是工业革命以来促进经济发展的最佳方式。在他们看来,近代西方经济发展史就是一部自由竞争史。只有竞争才是最有效率的经济组织方式,才能确保物尽其用,人尽其才。由此,新自由主义经济学家特别看重竞争在市场机制中的作用,并将现实经济社会中的种种问题归结于没有实行充分竞争的结果。为何没有实行充分竞争呢?罪魁祸首就是政府对市场经济的介入,所以他们否认市场失灵,认为政府干预破坏了公平竞争的经济秩序,才会出现所谓市场失灵的现象。如此一来,竞争成为新自由主义经济学家们孜孜以求的魔术棒。弗里德曼就宣称政府不必对教育进行经费资助,大量公立学校的存在只会相对减少家长和学生的选择机会。只要在完全私有化条件下,大学之间的激烈竞争会迫使其面向市场不断调整教学目标,从而提高教学质量以及保证较高的就业率。而且,他还进一步提出，即便是在解决教育公平问题上，通过市场化的方式例如发放教育券也能更好地达到目的①。

另一方面，该教条极易僭越自由竞争的边界，用经济领域中的竞争逻辑去重构其他社会价值尤其是自由的价值，认为经济上的自由放任就是实现了自由的最大化。例如，在科斯经济学中，市场会受到交易费用的约束，企业则可以减少这种交易成本，但是企业也存在组织成本，当该企业的组织成本高于市场的交易成本时，就面临着解体的危险。所以，企业在降低交易成本上的作用是受其组织成本所限的，它还需要法律、规则、传统和习俗来界定产权和协商价格，政府恰好能够通过明晰产权、制订法规进而在其中起到积极的作用。计划经济虽然降低了交易成本，却需要消耗计划、权威和命令等庞大的组织成本。如此一来，政府与企业就不存在太大区别，都是在交易成本与组织成本之间抉择的结果，都是资源配置的手段。在这里，科斯将自由竞争的逻辑拓展到制度层面，政府也是为市场的自由逻辑服务的，它的职责就是为自由竞争的市场经济制订一个明晰的游戏规则。萨缪尔森认可科斯对现代市场经济运行理论的制度分析，但不赞成其将交易费用看成考量市场与政府有效性的唯一标准，这种观点的深层次逻辑仍然是效率至上主义，它会否认市场失灵的存在，进而推崇自由放任的意识形态。其实，奈特早就警告经济学家们不要把自由与自由竞争混为一谈，在其《竞争的伦理》一文中，他就雄辩地指出，从伦理角度来说，自由

---

① 参见〔美〕米尔顿·弗里德曼：《资本主义与自由》，张瑞玉译，北京：商务印书馆，2006年，第93—118页。

竞争具有天然的价值缺陷,主要集中在个人主义、非理性行为、商品与服务的流动性、完全信息、要素分配、知识有限性、人性预设以及评价标准等 12 个方面, 竞争只是人类生活的组织方式之一,通过竞争的方式来满足个人偏好不仅仅是一个效率问题,仅就偏好而言就涉及社会正义以及文化价值等问题,仅仅依靠达尔文主义的竞争法则来企图组织人类社会的各个层面是不道德的。他认为,"经济活动以及其他的人类活动总是需要用一切可能的方式组织起来的,问题是如何找到个人主义与社会主义的合适比例以及知晓二者之间的不同区别,然后将这两种方式置于合适的位置并加以利用。"①

三、萨缪尔森对古典竞争的伦理诠释

萨缪尔森认为完全竞争只是一种理想境界,现实生活中的自由市场总是处于一种不完全竞争状态。所以,构建一个公平有效的市场机制是政府的伦理职责。而在自由放任的理念中,市场机制总是有效的,所谓出现市场失灵、外部性以及分配不公等问题,要么是政府干预太多,要么是制度失效或者缺失而造成的。在他看来,厘清对竞争的误读,必须回溯到近代经济学的历史脉络之中。

最早提倡自由竞争理论的当数近代经济学开山鼻祖亚当·

---

① Frank H. Knight, The Ethics of Competition, *the Quarterly Journal of Economics* ,37 (August 1923)pp.579–624; reprinted in *The Ethics of Competition and Other Essays*, New York: Harper&Brother, 1935,pp.41–75.

斯密。他是从批判重商主义和重农主义的基础上提出其自由竞争思想的。他认为这两种学说都倾向于鼓励某些特殊行业,这是违背自然法原则的,如果强迫资本集中于某个特定产业,往往会适得其反。自由竞争可以促进社会分工,提高生产效率。所以他说:"一切特惠或限制的制度,一经完全废除,最明白最单纯的自然自由制度就会树立起来。每一个人,在他不违反正义的法律时,都应听其完全自由,让他采用自己的方法,追求自己的利益,以其劳动及资本和任何其他人或其他阶级相竞争。"①因此,他把政府的职责确立为三个方面:进行国防建设以保护自由社会不受侵犯;设立司法机关以保护个人自由不受侵害;建设公共事业以增进国民福利。

但是,萨缪尔森认为他关于自由竞争是有着明确的伦理指向的。根据重商主义的富国策略,英国执行奖励输出和阻抑输入的贸易政策。通过对英国历年以来的退税、奖励金、通商条约以及殖民地等方面的数据分析,斯密指责重商主义造成了不可推卸的道德灾难:一方面,"重商主义所要奖励的产业,都是有钱有势的人所经营的产业。至于为贫苦人民的利益而经营的产业,却往往被忽视、被压抑。"②另一方面,"在重商主义下,消费者的利益,几乎都是为着生产者的利益被牺牲了;这种主义似乎不把消费者看作一切工商业的终极目的,而把生产看作工商

---

① 〔英〕亚当·斯密:《国民财富的性质和原因的研究(下)》,郭大力、王亚南译,北京:商务印书馆,2010 年,第 253 页。

② 同上,第 212 页。

业的终极目的。"①重农主义更是将农业视为唯一的财富来源，并根据其对财富——土地的年产物所作出的贡献将社会分为三个阶级：土地所有者阶级；耕作者、农业家和农村劳动者等生产阶级；工匠、制造者和商人等不生产阶级。在这种原则下，农业生产者收益的增加是建立在对其他两个阶级的压迫之上的，这种政策同样违背了产业公平发展的原则。他认为，"完全正义、完全自由、完全平等的确立，是这三阶级同臻于最高繁荣的最简单而又最有效的秘诀。"②

　　在斯密的经济思想中，自由竞争是针对不公平的市场秩序而言，是受到一定伦理规则指引的。萨缪尔森认为这种观点在古典经济学集大成者穆勒的《政治经济学原理》中得到了更为充分的论述。在该书中，穆勒专门用一章的篇幅论述了竞争与习惯在产品分配中的作用。他认为，"在私有制的支配下，产品的分配是两个决定性力量——竞争和习惯所造成的结果。"③如果假定竞争是经济活动的唯一调节者，就可以决定地租、利润、工资以及价格，厘清这些要素之间的关系，进而制订具有普遍意义和科学精确性的各种原理。从方法论的角度来看，重视竞争是可取的。"但是，如果认为竞争具有这种无限制的支配力，这是对人类事务实际进程的一种很大的误解。……事实上，只是在较近时期内，竞争才在相当大的程度上成为契约的指导原

---

　　① 〔英〕亚当·斯密：《国民财富的性质和原因的研究（下）》，郭大力、王亚南译，北京：商务印书馆，2010 年，第 227—228 页。

　　② 同上，第 236 页。

　　③ 〔英〕约翰·穆勒：《政治经济学原理及其在社会哲学上的若干应用（上卷）》，赵荣潜、桑炳彦、朱泱、胡企林译，胡企林、朱泱校，北京：商务印书馆，2005 年，第 270 页。

则。"①至于习惯,穆勒认为,它在人类的经济活动中有着持久而深远的影响。而且离我们时代越久远,这种影响越大。在法律与政府皆不存在的地方或时代,习俗成为弱者的唯一保护者。虽然法律最早是由最强者制订的,但无限制地滥用法律也不符合强者的利益,因此,法律也需要向习俗妥协,进而产生了权利意识。通过对亚洲社会的佃农与近代欧洲的佃农以及分益佃农制的分析,穆勒发现这些佃户的权利和义务"是由当地的习俗或法律决定的,不是由竞争决定的……国家的惯例成为普遍的规则。没有人想提高或降低地租,或在不同于惯例的条件下租种土地。作为地租调节者的竞争并不存在"②。通过对英国各种市场的分析,穆勒发现在很多行业中,交易条件往往都是在行业内部决定的。在自由竞争条件下,价格比地租更早地受到竞争的影响以及更为普遍的制约,"但即令在目前的商业竞争活动中,这种影响也决不像人们有时想象的那样绝对。"③质言之,萨缪尔森非常赞同穆勒的以下观点:自由竞争在经济学中具有一定的方法论意义,但在分配领域,它的作用是有限的,在很大程度上必须受到伦理习俗的影响,竞争不能也无法成为主导人类经济事务的唯一准则。

由上可见,在古典经济学思想中,竞争的价值不仅在于可以提高生产效率,更在于它是促进人类社会公平正义的重要手

---

① 〔英〕约翰·穆勒:《政治经济学原理及其在社会哲学上的若干应用(上卷)》,赵荣潜、桑炳彦、朱泱、胡企林译,胡企林、朱泱校,北京:商务印书馆,2005年,第270页。

② 同上,第273—274页。

③ 同上,第274页。

段。但这种以竞争促进公平的观点在新古典经济学理论中却为之一变,从中我们可见萨缪尔森与马歇尔在竞争性市场均衡理论上的分歧。马歇尔是新古典经济学派的代表性人物,他成功地综合了古典经济学中的供求论、生产费用论以及边际效用论,用生产费用论分析供给,用边际效用论论证需求规律,并引入力学中的均衡概念来建立自己的均衡价格理论。该理论认为,在经济自由的条件下,通过价格信号调节供求关系,市场经济总是能够达至均衡状态。萨缪尔森继承了马歇尔的供求均衡理论,并将之视为现代微观经济学的理论基础。但是,在如何看待竞争与经济自由的观点上,他与马歇尔出现了原则性分歧,认为其《经济学原理》正是自由放任意识形态的滥觞之作。

在《经济学原理》绪论中,马歇尔开篇就论述了竞争在描述近代经济发展特征的局限性,主要可以概括为以下几个方面:首先,他认为"经济自由"一词更能准确地概括近代产业与企业所特有的诸如自由、自力更生以及未雨绸缪等现代性特征。在马歇尔看来,竞争只是近代产业基本特征带来的次要甚至是偶然的结果。近代产业呈现某种趋向于共同所有和共同活动的特征,但这种特征既不是风俗习惯的结果,也不是被动联合的产物,而是个人经过慎重考虑作出的自由选择。事实上,这种选择更趋向于联合或者合作的道路。"竞争可以是建设性的,也可以是破坏性的:即当建设性的时候,竞争也没有合作那样有利。"①其次,马歇尔认为人们赋予竞争这个词某些不道德的意味,例如自私、冷漠、欺诈等等,而这些涵义往往会扭曲人们对近代经

---

① 〔英〕马歇尔:《经济学原理》,朱志泰译,北京:商务印书馆,2010年,第26—27页。

济发展的观点。实际上,马歇尔认为近代经济的行为特征是精明而非自私。例如,在近代社会中,对家庭的责任感更强了,对陌生人更有同情心了,乘人之危的短视商人少了,抵抗欺诈的诚信意识增加了,忠于职守的职业伦理出现了,文明程度也更高了。竞争已经无法涵盖和不足以表述这些构成近代文明进步的力量。最后,马歇尔出于恶毒攻击社会主义的目的,专门论述了竞争在社会主义经济发展中的作用。他认为除非有宗教信仰的支撑,普通人是无法长期奉行纯粹利人主义的。"如将竞争与为了公众利益而无私工作的有力的合作对比的话,那么,即使是最好形式的竞争也是相对地有害的;至于它的较为苛刻和卑鄙的形式简直是可恨了。在一个人人都十分善良的世界里,竞争就不会存在,不过,私有财产与各种形式的私人权利也都不会存在了。"[1]

基于以上理由,马歇尔抛出了自己的惊人见解:"我们需要这样一个名词,它不含有任何好的还是坏的道德品质的意味,而只是说明这样一个无可争辩的事实:近代企业和产业的特征是较能自力更生的习惯、较有远见和较为审慎和自由的选择。"[2]在他看来,"经济自由"正好符合这个目的。在这里,经济自由成为一个中性词,经济学自此的确向所谓的科学挺进了一大步,但也自此放弃了竞争所指涉的伦理目标。马歇尔巧妙地为经济学解套了,使之摆脱了伦理学的羁绊。所以在面对经济危机与大量失业时,新古典经济学家恪守萨伊定律,认为这是

---

[1]〔英〕马歇尔:《经济学原理》,朱志泰译,北京:商务印书馆,2010年,第30页。

[2]同上,第31页。

一种正常的周期性现象,如潮汐一般不可避免,人们能做的事情就是在经济低谷时煎熬与坚持,等待下一个经济高峰的到来。

正是在这一点上,萨缪尔森与马歇尔决裂了。他不仅重视竞争在达至一般市场均衡的作用,而且努力让竞争回归到古典经济学的伦理意义上去。"我们赖以生存的经济社会之所以会存在突出的问题,一方面是由于不能提供充分就业,另一方面则是因为武断而又不公平的财富和收入分配。"①萨缪尔森在凯恩斯主义中找到了努力的方向。基于对1929年西方资本主义经济大危机的反思,凯恩斯摒弃了认其老师马歇尔为首的新古典经济学传统,失业与分配问题成为其宏观经济学理论的核心关切。他最早承认并指出:在自由放任的理念下,由于有效需求不足,市场机制无法完成自我调节,即便能够,也必须付出惨痛的代价:在相当长时间内,大量失业与生产过剩并存,这将会给社会底层人员带来难以忍受的灾难与痛苦。萨缪尔森认为,凯恩斯在失业这个问题上,提出了两个极具创造性的洞见:"其一,市场经济中高失业率和未被完全利用的生产能力有可能长期并存;其次,认定政府的财政政策和货币政策能够影响产出,从而能够降低失业率并缩短经济衰退。"②换言之,新古典经济学无法解决失业与经济危机,主要是因为自由放任过于迷信市场机制的神话,没有意识到自由竞争是为了促进社会的公平正义。只有将自由市场的有效竞争与财富收入的公平分配结合起

①〔美〕保罗·萨缪尔森、诺德豪斯:《宏观经济学》,萧琛译,北京:人民邮电出版社,2008年,第124页。

②同上,第59页。

来,方可找到能够真正解决失业的有效途径。

进入 20 世纪 70 年代之后,美国出现了滞涨问题,经济学家们对凯恩斯主义的质疑甚嚣尘上,科斯就是其中代表性人物之一。但是,萨缪尔森认为,交易成本理论忽视了市场参与者对制度演化中的路径依赖。因为根据交易费用定理,一旦产权能够确保并实现自愿交易,就能够建立效率最优的经济组织。该理论从某种程度上没有考虑到产权确立的市场结构是否具有道德合理性(例如财富分配是否差距过大)。"市场与任何其他的交易系统一样,是建立在道德选择基础上的。看不见的手不是自然的馈赠,而是对财产权的公平选择。"①

四、萨缪尔森对社会正义的理性思辨

既然自由放任的市场理念有难以克服的伦理缺陷,而自由竞争的伦理指向是为了促进社会的公平正义,那么,在萨缪尔森看来,一个竞争性市场不仅意味着公正有序的法治环境,而且不能违背公平正义的伦理宗旨。为了达到这些目标,我们需要政府对市场进行适当干预,以便让市场机制能够在有效竞争中发挥最大的效率优势,把社会财富的蛋糕做大,并惠及每一个社会成员。因此,萨缪尔森将现代政府的经济职能定义为三项:通过促进自由竞争、控制负外部性以及提供公共品等活动来提高经济效率;通过财政税收和预算手段进行收入再分配,

---

① 〔英〕安德里斯·R.普林多、比莫·普罗德安主编:《金融领域中的伦理冲突》,韦正翔译,北京:中国社会科学出版社,2002 年,第 8 页。

从而增进社会公平;通过财政政策和货币政策促进宏观经济的稳定和增长,同时减少失业和降低通货膨胀。

在这里,我们看到,萨缪尔森将维护社会正义视为现代政府的主要职责。但是,如何才能确保政府会维护社会正义呢?由于受到公共选择学派的影响,他对政府能否履行这一伦理职责是存疑的。一方面,他认为自由市场的力量可以有效遏制政府的权力膨胀,坚决支持市场机制在资源配置中的决定性作用;另一方面,他又主张通过政治辩论和民主选举来影响政府决策,进而确保各项经济政策有利于维护社会的公平正义。应该说,萨缪尔森看到了人性私欲可能会带来的严重后果。在西方文明中,早期的古希腊罗马以及中世纪时期,个人私欲主要受制于理性或神性,但这种私欲是不能彻底根除的,它往往需要通过某些渠道加以疏导和升华,例如荣誉、财富或权力等等。在近代意义上的市场经济出现之前,这些社会资源的分配主要基于权力或者暴力,由此,在传统西方社会中,私欲膨胀引发的利益冲突往往只能通过激烈的政治斗争甚至发动战争来解决,例如伯罗奔尼撒战争,马其顿、古罗马等帝国的疆域扩张,以及中世纪王权与教权的生死搏斗。

文艺复兴之后,西方社会开始迅速世俗化和理性化,人们的私欲在市场经济和现代政府中进一步获得了道德正当性,市场经济允许人们自由地追求个人利益,民主政治则成为表达和维护这种利益诉求的协调机制。萨缪尔森认为,市场经济可以有效释放人们的私欲,进而提高经济效率,促进财富增长,当出现严重的利益冲突时,又可以通过民主政治进行协调和解决,从而维护社会的公平正义,人类第一次找到了和平解决利益冲突的生活方式和制度安排。巨额财富不再是贵族和君主的标志，现代社会的最显著标志就是富裕的国家都享有高度自由，经济发展与政治自由密切相关，市场经济与民主政府成为维护社会正义和拓展人类自由的不二抉择。

但问题是，市场经济自身就有危害社会正义的不道德基因：在产品市场上，现实经济中的几乎所有领域都存在着不同程度的垄断，都是由一个或者几个寡头占有垄断性市场份额，它们完全可以利用这种市场力量来操纵产品价格，打压竞争对手，进而获取超额利润。由于法治的滞后性与缺漏性，它们还可以通过产业转移或者国际分工的方式来逃避厂商所在地区或国家的法律监管，从而破坏当地的生态环境，甚至直接威胁到当地居民的饮食起居。在要素市场上，连萨缪尔森自己也承认，市场经济中按要素进行的收入分配是一个异常复杂的问题。要素价格不仅仅取决于该要素的供求关系，而且会受到其他可替代要素的影响，各种生产要素之间具有相互依赖性，我们很难对劳动、土地与资本在一个国家产出中的贡献进行量化比较，每种生产要素的分配比例是由其相互依赖的边际产品同时决定的。在市场经济中，土地、资本和劳动，都是主要的生产要素，都必须能够像其他商品一样可以自由流动，并根据供求规律进行市场交易。

正如波兰尼所指出，土地、资本和劳动都是一种虚拟的商品。"劳动力仅仅是与生俱来的人类活动的另外一个名称而已，就其本身而言，它不是为了出售，而是出于完全不同的原因而存在的，并且这种活动也不能分离于生活的其他部分而被转移或存储；土地不过是自然的另一个名称，它并非人类的创造；最后,实际的货币,仅仅是购买力的象征,一般而言,根本就不是生产出来的,而是经由银行或者国家金融机制形成的。三者之中没有一个是为了出售而生产出来的。"①如果让市场供求机制来主宰人赖以生存的自然环境、购买力的数量与用途甚至人的命运时,就会将人类社会置于赤裸裸的金钱交易中,自然界化约为各种生产要素的分布图景,起源于血缘、地缘以及业缘的人际关系将不复存在,劳动也不再是人类生命存在的表征,只是一种待售的生产要素而已。当人们在劳动力市场求职时,市场机制不会考虑这个人的生存境遇、心理状况以及精神需求等等,而是将之视为一个单一维度、可以量化的生产工具,与自然界一样,人类社会也会成为市场体系的附属品。

因此,萨缪尔森始终强调在制订涉及价值判断和伦理信条的经济政策时,不能仅仅依靠经济分析来解决,还需要人们进行政治辩论和理性决策。这里,他实际上隐含了一个重要前提:市场与政府的分工合作与良性互动需要人们广泛参与经济政策的论辩。人们如何来参与这种论辩呢?显然,在现代社会中,市民社会是最有可能达至这个目标的有效途径。萨缪尔森身处美国,是西方主流社会的精英之一,而西方发达国家经过数百年的发展与建构,都已经形成了比较成熟的市民社会。他是一个经济学家,在无意识中将市民社会视为论述其经济理论的背景性前提就不足为奇了。黑格尔是最早系统阐述市民社会理论的思想家之一。他认为,市民社会居于家庭与国家的中间,包含

① 〔美〕卡尔·波兰尼:《大转型:我们时代的政治与经济起源》,冯刚、刘阳译,杭州:浙江人民出版社,2007年,第63页。

三个环节:需要体系、司法保护以及共同利益。需要体系指通过个人或他人的劳动与需求，并以此为中介来实现所有人的需求;司法保护指对作为自由现实性的所有权的保护;共同利益指通过警察和行业工会让个人的特殊性需求获得普遍性的形式,即在满足他人福利的同时,也满足自己的需求①。这就是说,在市场经济中,人们一般都会追求个人私欲,通过工作和消费,在满足自己欲望的同时也满足他人的需求。当然,这个过程离不开法律对个人私权的有力保护,正是通过这种方式,个人的特殊性甚至是非理性需求经过冲突、融合以及理性化的过程,成为代表整个社会正义的公共利益。萨缪尔森所推崇的政治辩论和理性决策正是通过市民社会这一平台来实现的,在他的经济伦理体系中,市场经济、市民社会和民主政治构成一个三位一体的社会格局,个人、社会和国家辩证统一起来,进而形成一个公平正义的现代社会。

五、萨缪尔森经济伦理思想的启蒙意义

如果将萨缪尔森经济伦理思想置于近代经济学的变迁史中进行考察,我们会发现,他对市场与政府之间伦理关系的思考,可以视为近代西方启蒙运动的一部分。一般而言,现代意义上的市场经济应该诞生于资本主义初期。在民族主义和重商主义的指导思想下,英国最早形成了全国统一的土地市场、资本

---

① 参见〔德〕黑格尔:《法哲学原理》,范扬、张企泰译,北京:商务印书馆,2010年版,第197—203页。

市场和劳动力市场。然而市场经济的出现也带来了一系列社会问题,包括大量失地农民不得不涌入城市成为失业者,工人劳动权益的保护以及城市贫民的救济问题等等。为了解决这些问题,英国政府先后出台了一系列政策与法案,其中济贫法最为典型。许多思想家都围绕济贫法进行了激烈的交锋,他们论辩的主题实际上就是萨缪尔森所思考问题的雏形:如何处理市场与政府之间的伦理关系。此时的市场经济,正如波兰尼所说,还没有完全从社会中脱嵌出来,仍然受到传统习俗和政府权力的限制与干预。

最早发现并系统阐述市场魔力的人当数近代经济学鼻祖亚当·斯密,而他正是苏格兰启蒙运动的代表性人物之一。启蒙,就其本质而言,是人类思想认识领域的一场自我革命。在康德看来,人类的大部分历史都处于蒙昧状态,即若不经他人指引,就缺乏足够勇气和决心去运用自己的理智,启蒙就是人类脱离这种自加于身的不成熟状态,进入一种自我清明的人生状态,进而建构真正符合人类福祉的社会生活。18世纪前后发生的启蒙运动极大地推动了人类的自我认识,包括对自然的世界、人的世界和精神的世界的认识,并确立了人类在这些领域的中心地位和应有的自信与尊严。作为这场运动的重要参与者,斯密沿着经验主义和情感主义的理论路径,确立了人在道德生活和经济事务中的中心地位,尤其是他提出的自由主义经济学理论,更是从根本上改进了人类的经济制度,进而促进了生产率的提高与技术变革,从而奠定了通往人类幸福生活的物质基础。因而,斯密的《国富论》在经济学领域具有知识性启蒙的意义。

　　值得注意的是,这场知识性启蒙不仅局限于学科意义上的独立,而且加快了经济学理论的理性化进程。这种理性化进程体现在两个方面:一方面,斯密主张理性在人类经济事务中的主导地位,"看不见的手"就是理性取代上帝的一种表征,它不仅指导人们把握自身言行的"合宜性",从而建构一种自我清明的、据之于德的世俗生活。而且,它还指导人们在追逐私利的过程中促进社会财富的增加。当然,苏格兰启蒙运动的"文人们莫不用整体的视角通盘思考学术问题"①。斯密遵循苏格兰的学术传统,将经济学视为庞大的道德哲学体系中的一个部分,经济学更多的只是谋划人类幸福生活的技艺之一。

　　另一方面,斯密在高扬理性力量的同时,也造成了伦理学与经济学之间的紧张与分离。既然经济学是一门规划人类经济生活的技艺,其发展轨迹自然会呈现一种去伦理学和日益科学化的特征。这种特征在斯密体系中已初现端倪:尽管他反复强调个人德性的重要性,但在经济学中,他还是表现出对市场机制自我调节的某种崇拜,进而强烈反对政府(权力)对人类经济事务的干预。而从历史上来看,启蒙运动之前,人类的经济生活在很大程度上需要伦理习俗和政府(宗教)权力的调节与干预。可以这样说,斯密从传统社会中发现了市场,进而论证了市场经济的道德合理性,但也将政府权力视为市场的对立性存在,成为推崇自由放任市场理念的第一人,新古典主义以及后来的新自由主义经济学都继承了这种市场理念,极

---

　　① 〔英〕亚历山大·布罗迪编:《苏格兰启蒙运动》,贾宁译,杭州:浙江大学出版社,2010 年,第 5 页。

大地削弱了传统伦理习俗和政府(权力)在人类经济事务中的价值导向作用。这种趋势一直延续到凯恩斯革命。大萧条的出现动摇了人们对自由市场理论的崇拜与信仰，凯恩斯开始重新正视政府(权力)在经济活动中的应有作用,但他仍然没有超越萨伊定律的框架,将大萧条视为市场非均衡的一种表现,仍然坚持认为政府(权力)对经济活动的干预只是让市场复归均衡的权宜之计。

市场真的不需要政府(权力)干预吗?萨缪尔森认为,无论是从理论上还是在实践中，市场经济不能没有政府的有效管理。在理论上,市场经济自身就存在不完全竞争、外部性以及分配不公等诸多问题;在实践中,严格意义上自由放任的市场经济只在美国成立初期才短暂存在过,其他国家和地区的几乎都是先有主权国家再才出现市场经济,这就意味着市场经济不可能脱离政府(权力)的引导和管理。斯密对现代经济学具有知识性启蒙的意义就在于他将市场从传统社会中分离出来,确立了人在经济社会中的主体性地位,但却忽视了传统社会的伦理习俗和政府(权力)对市场的伦理导向作用。或者说,他也发现了这个问题,但只是将该问题的解答寄托于脆弱的人性论,即认为人性不仅有自利的一面,也有利他的一面,通过人性的自利与互利,也就是所谓的"经济人"与"道德人"的完美结合,就可以有效地夯实市场经济赖以为继的道德基础。然而,事实表明,这种人性论的预设终究是一种幻想,失去政府(权力)的有效制约,市场就会从社会中脱嵌出来,进而有计划地对社会实现全方位的控制,形成所谓的"市场社会"。在"市场社会"中,市场机制要求将所有社会资源纳入价格机制之中,整个社会都成为市场的从属品,金钱成为衡量一切价值的标准,人的生命、尊严以及社会的公平正义将不复存在。

如何才能避免"市场社会"的出现呢?作为与萨缪尔森同时代的思想家,波兰尼将维护社会正义的希望寄托于社会的"保护主义反运动"。在他看来,土地是人类栖居的自然环境,劳动是人的生存方式,货币也是人为的交易工具,这些东西都不具备商品的特质。但市场经济却要求土地、货币,尤其是劳动力,与其他商品一样,在所谓的要素市场中进行买卖,这显然触犯了人类生存的伦理底线,人们必然会通过各种方式自发组织起来,抵抗市场的侵犯和控制,维护社会的公平正义。例如,包括英国在内的很多欧洲国家在推行一定时期的自由贸易政策之后,都会出现各种政府干预政策与法规:包括公共卫生、社会保险、工会结社以及公共设施等等法案。至于"二战"之后出现的工人运动、劳动保护法规、绿党政治以及环保行动,都可视为对社会正义的一种自我保护。市场脱嵌的运动就像一根绷紧的橡皮筋。橡皮筋绷得越紧,意味着市场自我调节的力量越大,社会"保护主义反运动"也随之会越激烈,直至橡皮筋绷断或者恢复原状。这也意味着社会的解体或者市场重新回嵌到社会之中。

如果说斯密从传统社会中发现了市场,进而奠定了现代社会的物质基础,那么,波兰尼则论证了市场经济秩序的不稳定性,它需要伦理习俗和政府(权力)的干预。同时,波兰尼也指出,市场与社会的力量是相互并存的,它们一起左右政府(权力)的决策,当代表市场的力量占优势时,国家权力就会"通过治国术和压制来把市场逻辑及其所伴随的风险强加给普通大众"①。正是在这一点上,萨缪尔森意识到了现代政府在人类经济生活中的伦理导向作用,进而开始将政府与市场之间的伦理关系视为现代经济学需要认真对待的核心问题。但他也看到,波兰尼将抵抗市场社会的力量寄托于社会的自我保护运动是远远不够的。市场经济发展到今天,资本已经成为主导政府决策的重要因素,它正在侵蚀人与人之间的关系,甚至会导致整个社会伦理关系的崩溃。在不少拉美国家中,长期的高失业率、持续的严重不平等以及无处不在的污染与贫困,给这些国家的社会整合带来了灾难性影响,成为暴力、骚乱与犯罪的助推剂。现代社会的市场经济不仅需要社会各个阶层的自我保护,更需要建构一个真正代表各方民意、维护公平正义的权力机构。唯如此,才能够有效遏制资本的贪婪,维护劳动阶层和弱势群体的利益。

市场经济自诞生以来,就以其无与伦比的效率优势,迅速成为主导全球经济发展的基础性制度,并深刻地影响和塑造着人类的生活方式、伦理习俗、文化样态乃至政治结构。在此期间,斯密、波兰尼和萨缪尔森,先后成为诠释市场经济的启蒙思想家,他们分别从市场、社会以及政府的角度深化了人们对市场经济认知的深度与广度。然而,这场对市场经济的启蒙运动尚未完成,这不仅与他们知识背景、分析视角有关,而且关乎他们的理论预设与阶级立场。

在介绍凯恩斯的《通论》时,萨缪尔森曾经如此说道,"或许

---

① 〔美〕卡尔·波兰尼:《大转型:我们时代的政治与经济起源》,冯钢、刘阳译,杭州:浙江人民出版社,2007年,导言,第18页。

最重要的是,长远来看,凯恩斯的分析思路已经开始渗透到基础性教科书;而众所周知,一旦某种思想写进这种书籍中以后,无论它有可能多么不正确,都几乎会变为不朽的。"[①]这表明,萨缪尔森编写《经济学》教材并不完全是学术兴趣使然,他也希望自己的思想能够"不朽"。为了达至这个目的,萨缪尔森在综合新古典经济学理论与凯恩斯主义的基础上,煞费苦心地建构了所谓"新古典综合"经济体系。该体系试图调和自由市场理论和政府干预主义,重回古典经济学的伦理框架,进而完成近代经济学的知识性启蒙。然而,他的这套体系仍然建构在理性"经济人"的假设之上,而且将资本主义私有制视为天然永恒的社会存在,这些都直接导致了这次知识性启蒙的失败。这次谋划失败的原因在于:理性"经济人"忽略了现实中个人自由发展的社会伦理维度,将经济学局限于资源配置领域,在资本主义私有制条件下,这种局限性必然会导致人的异化、社会关系的物化以及对国家伦理的价值扭曲。在马克思看来,只有通过对理性"经济人"假设和商品拜物教的道德批判,并消除私有制、重塑国家理念,才能真正重建经济学的伦理维度,实现人的自由全面发展。

---

① Paul A. Samuelson, *The General Theory, In The collected Scientific Papers of Paul A.Samuelson*,vol.2 p.1519., Ed. by Merton, RC. Cambridge, Mass: The MIT Press, 1966.

第二节　萨缪尔森经济伦理思想的价值批判

如果说文艺复兴源自对人性的追问和彰显,那么,启蒙运动则开启了对人性的理性化进程。作为苏格兰启蒙运动的一个理论成果,经济学同样也将理性视为人性的重要特征,并将理性逐利的"经济人"作为其理论预设与逻辑起点。萨缪尔森继承了斯密的"看不见的手"原理,并将"经济人"假设视为其经济理论的先验命题。该命题包含三层内涵:首先,自利是驱使人参与经济活动的根本动机;其次,"经济人"是理性的,因而最了解自身利益之所在,并能够根据市场行情和自我处境追求个人私利的最大化。最后,在一个优良法治的市场经济中,"经济人"追求个人利益最大化可以于无意识中增进整个社会的公共利益。萨缪尔森对这种理论预设的思想主要体现在其微观经济理论中,主要包括如下:在产品市场中,厂商会通过精确的成本—收益分析确定产品的生产与销售,进而追求利润的最大化,消费者则根据个人偏好、收入状况以及边际效用来选择确定自己的消费品组合,从而获得个人欲望的最大满足。在要素市场,土地所有者、资本家和劳动者都会根据市场需求进行生产要素的投资与交易,冀以最大限度地扩大该要素在市场分配中的份额。此外,萨缪尔森在博弈论、国际贸易以及政府理论中都隐含了理性"经济人"假设。

然而,在现实经济活动中,人们在追求自身利益时,还会追求许多其他社会价值。阿马蒂亚·森就认为把自利最大化作为定义理性的方法是经不起道德追问的，为什么一个人唯有追求个人私利才能视为理性行为呢？自利能否成为人类行为的唯一动机？"一个自由市场经济的成功根本不可能告诉我们，在这样的经济中，潜伏在经济行为主体背后的行为动机到底是什么。"[①]而且，马克斯·韦伯在《新教伦理和资本主义精神》中也论证了新教徒积累财富并不是完全供个人享受，更多地是为了荣耀上帝。这说明，"资本主义市场经济条件下也有不同价值观和伦理动机的存活空间。"[②]

一、市场经济主体的反伦理特征

在马克思看来，"经济人"假设对人性的价值预设不仅过于单质化和片面化，而且会导致市场经济主体的反伦理特征：异化劳动。萨缪尔森将私有制作为自然前提，认为工人通过劳动将土地与资本转化为社会财富，因此财富有三个来源：土地提供地租、资本创造利润以及劳动获得工资。如此一来，"'一般劳动'本是财富的主体本质的科学规定反而表现为经济主体的伦理特质的异化状态。"[③]这种异化劳动的反伦理特征在萨缪尔森

---

① 〔美〕阿马蒂亚·森：《伦理学与经济学》，王宇、王文玉译，北京：商务印书馆，2000年，第 24 页。

② 侯惠勤、肖玲：《马克思主义经济伦理与当代市场经济实践》，《江海学刊》，2003年第 6 期。

③ 吴兵：《马克思经济伦理思想及其当代价值》，成都：四川大学出版社，2012 年，第11 页。

的经济学体系中随处可见：在一般市场均衡理论中，萨缪尔森用所谓的效用理论来作为其价值理论的基础，认为商品的价值源于对个人欲求的满足，刻意抹杀了劳动创造价值这一颠扑不破的真理；在产品市场中，萨缪尔森将资本家打扮成道貌岸然的企业主，认为他们孜孜以求的利润来自资本投资或管理技能，却故意抹杀了这种雇佣关系包含的剥削关系。

众所周知，在私有制条件下，利润来自于工人的劳动剩余价值，资本家正是通过占有生产资料才能够实现对工人的剥削。由此，萨缪尔森对马克思的异化理论和劳动价值论进行有意识地歪曲和污蔑。他说："年轻的卡尔·马克思，当他仍然处于新黑格尔主义者的阶段，还没有研究过政治经济学的时候，有预见地觉察到了现代工业所引起的非人道的（以及非人性的！）厌倦感。在他思想成熟以后，虽然他强调的方面有所改变，但是，却从未忘怀于厌倦感。"①如此一来，萨缪尔森就把马克思主义仅仅归结为异化问题，而且还企图把这种异化问题仅仅归因于工人由于变成异化的机器零件而产生的对劳动的厌倦感。在《马克思剥削概念的理解问题》中，萨缪尔森指责马克思的价值概念是不必要的迂回道路，认为通过纯粹数学的分析手法就可以解决所谓的"从价值向生产价格的转化问题。"②

萨缪尔森用来对抗马克思劳动价值论的是传统庸俗经济学的均衡价格论。他说："马克思想在劳动上找到一个表示价值

---

① 〔美〕保罗·萨缪尔森：《经济学（上册）》，北京：商务印书馆，1979 年，第 78 页。

② 转引自商务印书馆编辑部编：《西方经济思想评论——评萨缪尔森的经济学说》，北京：商务印书馆，1984 年，第 193 页。

的共同标准。现代的观点是:在解释两种物品——例如亚当·斯密所举的著名例子:鹿和海狸——的相对价值或相对价格时,只要指出下面一点就够了:'供给(取决于生产的困难程度)和需求(取决于爱好和财富)相互发生作用来决定我们在市场上所观察到的交换或价格比例。'①此外,萨缪尔森还对工人的自我保护运动组织——工会,进行了不遗余力的攻击,他认为由于工会的存在,不仅分割了劳动市场,而且增加了工资粘性,这样会阻碍劳动力要素的自由流动和推动成本型通货膨胀。

马克思坚持以历史的、现实的或社会的人作为其经济理论分析的前提,认为新古典经济学失败的根本原因在于它预设了一种非历史、片面化的"经济人"人性观。他们将经济人视为一种超越历史环境的享乐主义者,忽视了不同历史阶段、不同社会制度下人的本质抽象的差异。历史地看,自利并不是人的永恒本性。在原始社会,生产力不发达,生活资料极度匮乏,如果人人都谋求自利最大化,原始公社制度就无法存续。"经济人"是伴随着商品交换和私有制的产生而出现的,"人的自利性是随着社会分工和商品交换的发展而发展的,到了资本主义社会才表现出其最明显、最突出的特征。"②

根据不同社会历史发展阶段生产率水平的不同,马克思把人类社会划分为三个阶段:"人的依赖关系、物的依赖关系、自由个性。人的依赖是在原始社会人与人之间受自身物质条件所

①〔美〕保罗·萨缪尔森:《经济学(下册)》,北京:商务印书馆,1982年,第317页。

②吴易风主编:《马克思主义经济学与西方经济学比较研究(第1卷)》,北京:中国人民大学出版社,2009年,第195页。

限自发产生的；物的依赖是在私有制产生以后但物质生产还未极度发达的漫长社会中人的独立性的基础；建立在个人全面发展和他们共同的社会生产能力成为他们的社会财富这一基础上的自由个性，是第三个阶段。"[1]在最后一个阶段，人类生活的终极目标是由自由人联合而成的伦理共同体，自由人扬弃了一切抽象性、主观性与内在性，是灵肉兼备，并生活于具体文化传统与生产方式中的人，是在社会的三大形态即人对人的依赖、人对物的依赖、人的全面发展的依次更迭和顺序展开中呈现其自由本性的人。在这个伦理共同体中，自由人真正克服并超越了经济人与道德人之间的对立。这种对立的抽象预设只不过是现代社会对人片面发展的理论表达。自由人要求超越这种抽象性，复归于生活，从实践出发，重构历史与现实。如果说，异化、物化是自然经济的"天命"，那么同样，超越现代性、扬弃异化是商品经济、市场经济的"天命"[2]。

二、市场经济伦理关系的物化

在资本主义生产方式条件下，私有制不仅会造成劳动异化，而且这种生产领域的异化还会造成一切社会关系的物化。在生产劳动中，劳动者本应是生产资料的主人，但在整个资本主义生产过程中，人与其他生产要素一样，成为生产机器的附

---

① 马克思恩格斯列宁斯大林著作编译局编译：《马克思恩格斯全集》（第46卷），北京：人民出版社，1972年，第104页。

② 王明芳：《"经济人"范畴的历史反思》，《理论导刊》，2003年第2期。

属物,发挥着与物同样的作用。资本家是资本的人格化,整个资本主义生产过程只是资本自我增值的价值运动。在这个运动中,社会化大生产将人纳入其中,标准化、抽象化、统一化、体系化的物化标准成为人生存伦理的唯一尺度。马克思强调,人是社会关系的总和。在这种物化的社会关系中,货币成为最高的善。人们不得不依赖于这种物化的关系网而存在,物化意识逐步渗透到人们的感性欲望、理性思维甚至成为一种精神需求,产生对商品、货币和资本的崇拜。

在萨缪尔森的经济体系里,商品交换是市场均衡理论的核心。在他看来,通过价格机制,市场经济可以在完全竞争的状态下达到供给与需求的一般均衡。而价格机制正是通过市场的商品交换得以实现的。在商品交换中,人们不得不通过市场来让渡各自产品,这就需要统一的价值尺度即货币,遵循价值规律来完成市场交易。这样,人与人之间内在而直接的交换劳动的生产关系只能颠倒地表现为商品与商品的物与物的外在而间接的关系,从而使这些商品"充满形而上的微妙和神学的怪诞⋯⋯在商品世界里,人手的产物也是这样。我把它叫拜物教。劳动产品一旦作为商品来生产,就带上拜物教性质,因此拜物教是同商品生产分不开的"[①]。但是,商品拜物教只是历史的产物而非永恒的存在,"只有当社会生活过程即物质生产过程的形态,作为自由联合的人产物,处于人的有意识有计划地控制

---

① 马克思恩格斯列宁斯大林著作编译局编译:《马克思恩格斯全集》(第1卷),北京:人民出版社,1975年,第88—89页。

之下的时候,它才会把自己神秘的纱幕揭掉。"①

资本主义社会生产方式不仅会让人们产生对商品的崇拜,而且会引发人们对货币的狂热追求。在萨缪尔森《宏观经济学》中, 他不仅用很大篇幅来阐述金融市场与货币的特殊形态、中央银行与货币政策、汇率与国际金融体系以及保持价格稳定,而且他将货币政策视为政府对市场进行宏观调控的重要手段。在西方主流经济学诸如货币主义等流派中也同样高度重视和依赖货币政策。这样一种理论格局和价值取向体现了萨缪尔森所代表的西方主流经济学家在潜意识中的一种货币拜物教思想。资本主义社会是一个金钱世界,"一切东西,不论是不是商品,都可以变成货币。一切东西都可以买卖。流通成了巨大的社会蒸馏器。一切东西抛到里面去,再出来时都成为货币的结晶。连圣徒有遗骨也不能抗拒这种炼金术;更不用说那些人间交易范围之外的不那么粗陋的圣物了。"②货币拜物教的发展既是对封建社会伦理关系的颠覆,也代表了崇拜财富的资本主义经济伦理观的形成。

如果说人们对商品和货币的崇拜还只是一般商品经济社会的共有现象,那么,资本拜物教则是资本主义社会所独有的反伦理特质。萨缪尔森完全继承了近代西方经济学中的三位一体的公式:资本—利润、土地—地租和劳动—工资,并将这个公式当作颠扑不破的真理。在《作为经济学的马克思经济学》中公

---

① 马克思恩格斯列宁斯大林著作编译局编译:《马克思恩格斯全集》(第44卷),北京:人民出版社,2001年,第97页。

② 刘琳:《资本论的经济伦理思想研究》,合肥:安徽大学出版社,2008年,第152页。

然宣称他不仅反对马克思的劳动价值理论和剩余价值理论,而且反对马克思的资本积累理论①。他用所谓的资本深化理论来偷换马克思的资本有机构成提高的科学概念,认为西方主要资本主义国家出现资本深化是因为人口增长速度大大落后于资本增长速度的结果。由此,萨缪尔森否认了产业后备军是资本积累的必然结果,他认为,"如果马克思主义基本上是正确的,那么,经济制度会下降到穷人处于完全贫困化的 Z 点(从而,流血革命必然是不可避免的。)"。②

马克思通过对剩余价值来源问题的科学揭示,一针见血地指出,在这个"表示价值和财富一般的各个成分和它的各个源泉的联系的经济三位一体中,资本主义生产方式的神秘化,社会关系的物化、物质生产关系和它的历史社会性质直接合而为一的现象是已经完成了。这是一个荒唐的、颠倒的、倒立的世界。"③在这个世界里,"收入的形式和收入的源泉以最富有拜物教性质的形式表现了资本主义生产关系。"④实际上,在萨缪尔森的所谓自由流动的要素市场中,只有作为吸血鬼的资本家和等待被剥皮的工人。"作为资本家,他只是人格化的资本。他的

---

① 〔美〕保罗·萨缪尔森:《作为经济学的马克思经济学》,《美国经济评论》,1967 年第 2 期。

② 〔美〕保罗·萨缪尔森:《经济学(下册)》,北京:商务印书馆,1982 年,第 228 页。这里的 Z 点是萨缪尔森所绘图形中表示中低收入阶层的收入最低点,用以表示"完全贫困化"。

③ 马克思恩格斯列宁斯大林著作编译局编译:《马克思恩格斯全集》(第 3 卷),北京:人民出版社,1975 年,第 975 页。

④ 马克思恩格斯列宁斯大林著作编译局编译:《马克思恩格斯全集》(第 26 卷),北京:人民出版社,1972 年,第 499 页。

灵魂就是资本的灵魂。而资本只有一种生活本能,这就是增值自身,获取剩余价值,用自己的不变部分即生产资料吮吸尽可能多的剩余劳动。资本是死劳动,它像吸血鬼一样,只有吮吸活劳动,才有生命,吮吸的活劳动越多,它的生命就越旺盛⋯⋯资本由于无限度地盲目追逐剩余劳动,像狼一般地贪求剩余劳动,不仅突破了工作日的道德极限,而且突破了工作日的纯粹身体的极限。"①

在萨缪尔森建构的要素市场理论中,明明是工人通过劳动养活了资本家,可现象却表现为资本家通过发工资养活了工人;明明是劳动创造了社会财富,却颠倒为资本能够"生出钱来"。以这种所谓"能生出钱来的钱"的神力,资本成为资本主义社会的真正的主人。这就是资本拜物教的秘密。在对资本的这种宗教式崇拜下,资本主义社会把一切关系外化为金钱关系,粗暴践踏人类既有的、共享的道德价值,将以个人主义为基础的拜金主义视为建构整个社会生活的基本道德原则。

三、资本主义国家理论的价值扭曲

在资本主义社会,无论是劳动的异化还是对资本的崇拜,都与私有制密切相关。根据契约论的观点,人们为了确保生命和财产安全,通过契约方式让渡部分个人权利,建立国家政权。由此可见,资本主义国家理论是建立在保护私有产权的基础之

---

① 马克思恩格斯列宁斯大林著作编译局编译:《马克思恩格斯全集》(第 1 卷),北京:人民出版社,1975 年,第 260—295 页。

上的,私有制是体现这种国家理念的经济制度形式。萨缪尔森认为现在社会历史发展进入到了一个新阶段,即"可以比过去时代的资本主义和共产主义发展得更好的混合经济"①。究竟什么才是混合经济呢?他说:"我们的制度在两种含义上是混合的:政府限制私人的主动性;垄断的成分限制完全竞争的作用。"②前者是指国家和私人垄断资本的结合;后者是指垄断并没有消除竞争,而是垄断和竞争并存。由之,所谓混合经济,"原来就是垄断资本主义和国家垄断资本主义,就是资本主义的最高和最后的阶段,而不是什么社会发展的新阶段。"③

混合经济是萨缪尔森的国家理论的核心要义,具体而言,还体现于他对现代政府经济职能的界定上。他认为现代政府的经济职能仅限于三个方面:提高经济效率、增进社会公平和促进宏观经济的稳定与增长。提高经济效率是要求政府为市场提供一个公平竞争的市场秩序,而增进社会公平是为了减少贫困、刺激有效需求以及维护社会稳定。至于促进宏观经济的稳定与增长,则是糅合了古典经济学的"经济人"假设、凯恩斯主义的国家干预论、产权论和交易费用理论等西方庸俗经济学理论的大杂烩,是为了维护资本主义制度而不得不进行的一种调整与改良。

在这一点上,萨缪尔森继承了贡当斯的自由观。贡当斯将自由分为两种:古代自由与现代自由。古代自由源自亚里士多

---

① 〔美〕保罗·萨缪尔森:《经济学(下册)》,北京:商务印书馆,1979年,第124页。

② 〔美〕保罗·萨缪尔森:《经济学(上册)》,北京:商务印书馆,1979年,第82页。

③ 吴易风主编:《马克思主义经济学与西方经济学比较研究》(第1卷),北京:中国人民大学出版社,2009年,第303页。

德的观点,认为人是政治的动物,从而把自由主要界定为公民参与公共政治生活,即政治参与的自由。现代自由首先强调的是私人生活的自由和个人权利的保障。贡当斯指出,古代自由有以公共政治生活吞没私人空间的危险,而现代自由的危险在于人们过于沉浸于享受私人生活和追求特殊私利,而轻易地放弃了分享政治权力。换言之,现代社会需求警惕和预防两种社会风险,即社会生活的"过度政治化"和"过度私人化"。

因而,萨缪尔森主张,第一,作为国家权力的代表,现代政府的核心职能就是维护个人自由和私人产权神圣不可侵犯;第二,作为维护和拓展私人自由的制度性安排,市场经济可以作为制约国家权力之恶的有效手段,防止社会生活的"过度政治化";第三,根据"经济人"假设,现代政府是一种必要的恶,个人自由和私人产权必须以政治自由为保障,如果公民过于沉溺于私人生活而不参与政治决策,即"过度私人化",从而放弃对这种恶的有效制约,这种现代自由是难以得到保障的。因此,萨缪尔森认为所谓私人生活的自由与政治参与的自由不是非此即彼的对立关系,重要的是通过市场与政府的制度建构把这两种自由有效结合起来。

然而,萨缪尔森的国家观与西方近代以来资本主义思想家的国家理念是一脉相承的,终究是为了维护资本家的垄断利益,终究是为了维护资本主义制度而作出的妥协与修正。他所炮制的混合经济虽然可以暂时延缓资本主义的生命,但资本主义私有制和社会化大生产的基本矛盾依然存在,并且会随着社会发展更加激化,必将为社会主义所扬弃和取代,并最终逐步走向共产主义。

与萨缪尔森一样,马克思也认为资本主义国家是一种必要的恶。但这种恶是历史的,有一个从异化到扬弃的过程。马克思继承了亚里士多德的国家观,认为国家原初是一个代表全体公民利益的伦理共同体,原始社会就是这样一个共同体。随着生产力水平的提高,剩余产品逐步丰富,私有制随之出现,国家异化为统治阶级利益的代表,"国家是统治阶级的各个个人借以实现其共同利益的形式,是该时代的整个市民社会获得集中表现的形式。"[①]由于社会内部各个集团的利益并不一致,甚至是互相冲突的,因此,"国家必然会成为某个阶级的统治工具,并协调各个集团的利益,从而避免社会的解体。"[②]根据统治阶级的不同,马克思认为人类历史先后出现奴隶制国家、封建国家和资产阶级国家。这些国家机器分别代表了奴隶主、地主和资本家的统治利益,在人类历史上也曾经促进社会经济的发展,但也会被代表新的先进生产力的国家类型所替代。在这样一个螺旋式上升的过程中,国家机器作为一种必要的恶而存在,在积累物质财富、推动经济发展中发挥积极作用,并随着生产力的发展逐步,扬弃其暴力统治的政治性质,演化为维护社会公共利益的管理机构,建立一个自由人组成的伦理共同体。

---

① 马克思恩格斯列宁斯大林著作编译局编译:《马克思恩格斯全集》(第1卷),北京:人民出版社,1995年,第294页。

② 冯新舟、何自力:《马克思国家理论与新制度经济学国家学说》,《社会科学》,2010年第9期。

第三节　萨缪尔森经济伦理思想的当代价值

在中国共产党的领导下,中国人民自觉地选择了马克思主义,并历经九十多年的浴血奋战,最终建立了社会主义新中国。水能载舟,亦能覆舟。历史的抉择建立在深刻的逻辑必然性之上。正是因为中国共产党代表了最广大人民根本利益,顺应了民心之所向,全国各族人民才得以连接成一个命运共同体,近代中国这艘古老文明之舟才得以历久弥新,扬帆前行。新中国成立之后,在党的领导下,政治协商制度、人民代表大会制度和民族区域自治制度先后确立,中华民族这个命运共同体从此完成了政治参与、利益协调的制度性安排,具有了伦理共同体的特质。

但这种伦理共同体过于强调政治统帅性,进而吞噬了社会生活的私人空间,在政治上以"文化大革命"的极端形式出现,在经济上则实行了高度统一的计划经济体制。改革开放之后,中国逐步建立和完善了以公有制为主体、多种所有制共同发展的社会主义市场经济体制,极大地激发了人们的积极性和创造力,进一步解放和发展了社会生产力,并取得了巨大成功,一跃成为世界第二大经济体,人们的生活水平也普遍提高。实践表明,坚持公有制为基础的社会主义市场经济制度不仅可以提高资源配置效率,而且能够拓展人们的自由空间。

然而21世纪以来,随着中国从传统农业社会向现代工业社会以及从计划经济体制向市场经济体制的双重变革,中国的经济体制、社会结构、利益格局以及思想观念也在经历深刻转型。这种史无前例的社会变革也激发和积累了许多利益冲突与社会风险。这些冲突和风险往往与市场体系不完善、政府干预过多和监管不到位有关。由于市场经济与政府权力的伦理边界定位不明晰,中国也出现了各种侵犯劳动权利、崇拜资本逻辑以及权力腐败盛行等道德失范现象。

应该说中国已经建构了优越于西方社会的制度性安排,包括确保公民政治参与的选举制度和协商制度以及以公有制为主体的多种所有制形式。但在马克思看来,只要存在市场经济、私有经济成分和货币等金融工具,劳动异化、社会伦理关系的物化以及资本与权力的勾结等问题就不可避免。由之,如何理顺和处理好劳动、资本与权力之间的伦理关系,让劳动成为人自由发展的本质力量,让资本祛除魔力并得到有效监管,让权力真正做到为民所用,是中国经济发展中亟需解决的重大理论课题。其中,这里涉及个体道德和制度伦理两个层面,笔者拟仅从制度伦理的视角来分析并寻求解决这个问题的答案。

一、建构保护劳动权益的长效机制

在中国,工农联盟是统一战线和人民民主专政的基础。所以,1949年以来,党和政府就高度重视维护工人与农民劳动权益:在计划经济时期,国家对劳动力实行统一的计划与管理,虽然也存在隐性的城乡差距,但劳动力自由流动性不大,各种工资薪酬和农产品收益也有比较均等化的制度性保障,劳动权益问题并不突出;自改革开放以来,中国开始向市场经济转型,劳动力市场也逐步形成,国企改革遗留下来的下岗工人和数量庞大的进城农民工加入就业大军,失业、歧视、恶意拖欠工资,甚至限制人身自由以及肆意压榨残疾人劳动价值等诸多侵犯劳动者权益的事件引起全社会的广泛关注。这些事件本质上是市场经济中劳动异化的表现形式。为了抑制这些异化现象,党和政府先后出台和建构了一系列保护劳动权益的法规和制度,包括减少就业歧视,制定保护劳动权益的法律规范、劳动合同制度、最低工资制度、基本社会保障制度、监督保护制度以及权利救济制度等。

但是,真正让这些良好制度能够落到实处、发挥作用,还必须着力解决以下几个问题:首先,劳动者自身素质仍需提高。随着中国经济的迅猛发展,资本积累的力量已经远胜于劳动者的力量。在"强资本,弱劳工"的社会背景下,普通劳动者文化素质偏低、劳动技能缺乏、群体意识不足以及维权意识不够等因素让劳动者更加处于弱势地位。其次,城乡二元结构成为阻碍劳动权益保护的制度性障碍。在这个二元结构下,农民工无法获得与所在城市居民同等的就业机会、工资待遇、社会保障以及子女接受教育的权利。最后,政府权力的某些不作为也会影响保护劳动权益长效机制的建立。有些地方政府盲目崇拜 GDP增长,忽视了对农民工劳动权益的保护。此外,一些地方政府监管不力,"运动式"执法等现象也日益严重。

为了尽量减少中国市场经济中业已出现的劳动异化现象,让劳动能够成为人类实现自由发展的本质力量,进而建立劳动权益保护长效机制,需要实现以下三个转变:其一,在理念上,要实现从劳动市场化到劳动权益保护的转向。改革开放初期，"为了配合国有企业改革和市场经济体制的建立，国家在劳动就业、劳动用工、劳动报酬、社会保险与福利及劳动关系等领域进行了改革，颁布了一系列相关的劳动政策。"① 1994 年至 2001 年，社会主义市场经济体制开始建立，现代企业制度逐步建立，私营经济蓬勃发展，劳动力真正开始市场化。进入新世纪以后，随着东部产业链向中西部的延伸和转移以及京津冀、长三角和珠三角区域经济向内地的辐射效应增强，全国统一的劳动力大市场已经初步形成。劳动市场的形成意味着劳动异化现象有可能大量出现，并引发社会的自我保护运动。中国的劳动就业政策不能再局限于缓解就业压力和促进劳工自由流动等领域，而应该把握主动权，进而转向对劳动者权益的保护。

其二，在体制上，要实现从个体权益的保护转向集体权益的保护。在劳动市场逐步形成的过程中，中国有关部门也先后出台了许多保护劳动权益的法律法规和政策文件，涉及安全生产、促进就业、劳动合同、工伤保险、劳动仲裁以及卫生培训等方面的内容。但这些内容主要集中于保护劳动者个体权益，而忽视了集体权益的保护。在强大的资本集团面前，如果集体权益得不到有效保障，仅凭政府权力的有限干预，是难以抵抗资本侵犯的。只有落实劳动者的团结权、罢工权以及谈判权，才能真正发挥工会对劳动者集体权益的制度保障作用。

其三，在监管上，政府对劳动权益的保护要从事后查办向

---

① 吴清军、刘宇：《劳动关系市场化与劳工权益保护——中国劳动关系政策的发展路径与策略》，《中国人民大学学报》，2013 年第 1 期。

事前干预、从静态管理向动态管理,从运动式执法向常态化和制度化执法转变,真正扮演好劳动权益保护制度制定者与执行者的双重角色,才能切实有效地保护劳动者权益。

二、完善规范资本运营的市场伦理

"资本一出现,就标志着社会生产过程的一个新时代。"①现代社会的本质特征是市场经济条件下资本运营的扩展过程。在这个过程中,资本极大地提高了生产力,创造了巨量的社会财富,进而让人类生活发生翻天覆地的变化。如何评价资本运营这种经济形式的善与恶,大致可以分为三类观点。

传统伦理观持道义论立场,对资本运营基本上持否定态度,即所谓"资本罪恶论":逐利是资本的本质属性,是人性自利和贪婪的充分体现,也是其扩张的原始动机与运行逻辑。资本扩张必然是一个侵犯他人权益、导致社会矛盾的过程。即便资本运营可以促进生产力发展,积累大量社会财富和推动人类文明的进步,也只是资本运营的结果,与其自身无关;近代功利主义则认为,正是因为资本运营充分体现了人的自利和贪婪本性,从而极大地调动了人的生产积极性,进而推动了人类社会经济的发展与繁荣。如果否定资本,就等同于否定人类生产的基本动力,经济发展与社会繁荣便无从谈起;马克思则从历史唯物主义的视角来辩证分析资本运营的善与恶。他认为,资本

---

① 马克思恩格斯列宁斯大林著作编译局编译:《马克思恩格斯全集》(第 2 卷),北京:人民出版社,1995 年,第 172 页。

运营虽然为资本家的自利心所驱使，但也会出现两种经济行为：掠夺他人财富或者创造社会财富。前者是分配性活动，不能增加新的社会财富，是一种纯粹的恶；后者是一种生产性活动，虽然它来自于工人的剩余价值，但就整个人类社会发展而言，这是一种必要的恶。换言之，资本运营本质上不是纯粹只有欺骗和掠夺，它的确能够推动人类生产力的发展。

马克思对资本运营的道德评价显然更具有深刻性和科学性，这可以从西方近百年的资本运营史中找到证明。"贪得无厌绝对不等于资本主义，更不等于资本主义精神。"①自市场经济在西方社会诞生起，资本运营中的欺骗和掠夺行为就受到严格的伦理制约。这种制约通过法律和道德两种形式来实现。就法律制约而言，主要包括两类：保护劳动权益的法律和资本运营参与者权益的法律。前者已经在上文中已有涉及，这里只强调关于对资本运营参与者权益的保护，其主要措施是逐步建立和完善了产权制度。就道德而言，主要包括两种：新教伦理与企业伦理。

"清教的约束和新教伦理扼制了经济冲动力的任意行事。当时人们工作是因为负有天职义务，或为了遵守群体的契约。"②在新教禁欲观和天职观的影响下，资本主义精神表现为理性逐利活动，从而有效制约欺骗和掠夺行为，实现"私利即公益"的伦理目标。随着资本主义的发展，新教伦理对资本运营的制约

①〔德〕马克斯·韦伯：《新教伦理与资本主义精神》，北京：三联书店，1987年，第8页。

②〔美〕丹尼尔·贝尔：《资本主义文化矛盾》，赵一凡等译，北京：三联书店，1989年，第67页。

作用日益式微,欧美开始兴起对企业伦理的探讨,认为企业是实现社会发展的有机组成部分,需要承担对社会以及利益相关者的责任,也是员工实现个人价值和肩负历史使命的特殊社会组织。"这样的企业伦理和管理思想,如今已成为国内外优秀企业的资本运营方式,有效地抑制了资本运营中潜伏的恶。"①

为了有效规范资本运营,防止资本拜物教,结合中国社会主义市场经济的特点,我们既要保护资本运营者的正当权益,也要遏制资本对劳动者权益的侵犯和损害。具体而言,可以从两个方面入手:首先,规范资本运营必须引导和塑造现代企业员工的道德责任感和企业伦理建设。通过法律约束、制度监管以及舆论宣传等措施和手段激励和约束企业的经济活动,并将社会责任感融入企业的共同愿景之中,增进员工的道德共识和自我成就感。其次,规范资本运营必须建立和完善现代产权伦理体系。萨缪尔森认为,产权伦理就是指人们在现代市场交易中调节这些财产权利关系的价值观念、伦理规范和道德意识的总和。遵循产权伦理可以明确界定交易主体的利益、风险和责任,使得市场交易活动的外部性尽可能内化,让交易者的个人收益与社会的福利增进相接近,有利于让交易者更多地追求长远利益,克服短期投机冲动,积极进行产品创新和技术变革;建构产权伦理体系还有利于保护市场交易各方的正当权益,进一步为等价交易和降低交易成本提供制度伦理的支撑。

---

① 徐大建:《资本的运用与伦理限制》,《哲学研究》,2007年第6期。

三、强化制约权力运行的监督体系

　　无论是保护劳动权益,还是规范资本运营,都需要政府权力的参与。在资本主义社会,政府权力是为资本服务的,所以萨缪尔森坚决反对美国工会的存在, 认为工会组织阻碍了劳动力的自由流动, 分割了劳动力市场, 而且会不断推动工资水平的上涨,进而引发成本型通货膨胀。中国是社会主义国家,工农联盟是中国共产党的执政基础。这种政府权力的权源属性决定了中国政府应该代表最广大人民根本利益,应该将维护劳动权益、促进公平正义、增进人民福祉视为权力运行的伦理宗旨。然而,历史经验表明,权力一旦失去制约和监督,成为一种绝对权力,就会与资本勾结起来,导致绝对腐败,败坏社会道德。"历史并不是由道德上无辜的一双双手所编织的一张网, 在所有使人类腐化堕落和道德败坏的因素中, 权力是出现频率最多和最活跃的因素。"①因此,强化制约权力运行的监督体系,成为规范资本运营、克服政府权力之恶,尤其是保护劳动权益的关键性因素。
　　首先,坚持以法律制约权力。只有坚持依法治国,经由法治手段规范权力运行, 才能有效防止公共权力的蜕变与滥用,维护社会公平与正义。萨缪尔森强调法治环境是市场经济得以健康运行的重要前提条件。"要建立和维持一个健康的经济环境,政府的作用至关重要。政府必须推崇法治,强调合同的有效性,

---

　　①〔英〕阿克顿:《自由与权力》,侯健、范亚峰译,冯克利校,北京:商务印书馆,2001年,第342页。

并使其管制有利于竞争和创新。"①中国发展社会主义市场经济,更应该强调权为民所系的本质属性,运用法律手段有效防止权力的蜕变和滥用,强化法律对权力的运行过程的监督和制约,主要包括严格财政管理体制、规范市场投资体制、深化行政审批制度、完善建设过程招标投标体制、规范经营性土地使用权出让以及产权交易和政府采购制度等领域。要言之,既要防范权力行为的非正常干预,充分发挥市场在资源配置中的决定性作用,又要切实保护最广大人民群众的切身利益。

其次,坚持以权利制约权力。"权利是一定社会中人的规范性行为的自由度, 它体现着作为社会化了的人的自主性和主体地位。"②人的自由、幸福、尊严以及全面发展,都是公共权力不可动摇的价值取向。现代政治文明的核心,就是通过民主法治的手段不断对权力进行规范,以保障人的各项基本权利。萨缪尔森认为,市场经济的发展与民主政治的程度密切相关,一个国家民主水平越高,市场经济发展越好。然而,马克思早就指出,资本来到世间,从头到脚,每个毛孔都滴着血和肮脏的东西。资本主义的发展史,就是资本剥削劳动、列强掠夺弱国的历史。在人民当家做主的社会主义中国,公民权利是防止资本与权力合谋、制约权力的重要力量。

需要特别注意的是,以权利制约权力的关键在于依法保障公民在市场经济发展中对涉及自身权益的经济行为享有及时

---

① 〔美〕保罗·萨缪尔森、诺德豪斯:《微观经济学》,萧琛译,北京:人民邮电出版社,2008 年,第 214 页。

② 闫德民:《权力制约范式论析》,《社会科学》,2009 年第 7 期。

充分的知情权、参与权、表达权和监督权。只有通过这种方式，才能最大限度地确保各项社会政策的公共性，避免各种利益集团的干扰。萨缪尔森非常看重科技研发在推动市场经济中的作用，但他忽视了科技研发本身具有价值中立的特征，而资本却是根据利润最大化原则来对科技进行吸纳和利用的。如果政府运行权力偏离公平正义的价值取向，就会让资本具有操纵政府决策的途径和能力，从而在制订和实施政策时谋求资本利润的最大化，甚至出现经济越发达，社会就越趋向不公正的现象。最近这些年来，中国的 GDP 突飞猛进，而基尼系数也急剧攀升，但是政府在涉及民生的医疗、住房、教育以及生态等领域的财政投入增幅更是远远落后于经济的增长速度。只有以权利制约权力运行，让政府在经济调节、市场监管、社会治理、公共服务以及环境保护等方面发挥主导性作用，才能保障政府决策的公共性，维护社会的公平正义。

总体而言，西方经济学的发展先后经历了传统社会—发现市场—重回政府—社会复归的逻辑进路，萨缪尔森正是这种理论发展的集大成者，他努力在市场与政府之间寻求平衡，并将社会正义作为阐述其经济伦理思想的背景性理念，达至一个市场、社会与政府三位一体、合作分工与良性互动的理想世界。但是，由于知识背景、分析视角、理论预设以及阶级立场等因素的遮蔽，他并没有摆脱古典经济学以来的窠臼，大萧条的历史悲剧也没能动摇他对资本主义制度的崇拜与迷信。我们只有坚持马克思主义，才能正确把握市场经济条件下有可能出现的反伦理特征、经济伦理关系的物化以及权力与资本的勾结等问题的本质所在，进而为发展社会主义市场经济伦理提供批判性理论资源,并从建构保护劳动权益的长效机制、完善规范资本运营的市场伦理以及强化制约权力运行的监督体系入手,为实现中国市场、社会与政府和谐发展提供学理依据和伦理论证。

参考文献

一、专著类

1. 马克思恩格斯列宁斯大林著作编译局编译:《马克思恩格斯全集》,北京:人民出版社,1956 年。

2. 〔英〕约翰·密尔:《论自由》,许宝骙译,北京:商务印书馆,1959 年。

3. 北京大学哲学系外国哲学教研室编:《古希腊罗马哲学》,北京:商务印书馆,1961 年。

4. 〔法〕让·雅克·卢梭:《论人类不平等的起源和基础》,李常山译,东林校,北京:商务印书馆,1962 年。

5. 〔美〕康芒斯:《制度经济学(上、下)》,于树生译,北京:商务印书馆,1962 年。

6. 〔英〕罗素:《西方哲学史(上、下卷)》,何兆武、李约瑟译,北京:商务印书馆,1963 年。

7. 〔美〕克拉克:《财富的分配》,陈福生、陈振骅译,北京:商务印书馆,1981 年。

8. 〔英〕休谟:《人性论》,关文运译,北京:商务印书馆,

1981 年。

    9. 商务印书馆编辑部编:《西方经济思想评论(第一辑)——评萨缪尔森的经济学说》,北京:商务印书馆,1984 年。

    10. 〔德〕马克斯·韦伯:《新教伦理与资本主义精神》,于晓、陈维刚等译,北京:生活·读书·新知三联书店,1987 年。

    11. 〔法〕托克维尔:《论美国的民主(上、下)》,董果良译,北京:商务印书馆,1988 年。

    12. 〔美〕约翰·罗尔斯:《正义论》,何怀宏、何包钢、廖申白译,北京:中国社会科学出版社,1988 年。

    13. 〔英〕J.L.汉森:《货币理论与实践》,陈国庆译,北京:中国金融出版社,1988 年。

    14. 〔法〕路易·加迪等:《文化与时间》,郑乐平、胡建平译,杭州:浙江人民出版社,1988 年。

    15. 〔美〕丹尼尔·贝尔:《资本主义文化矛盾》,赵一凡等译,北京:生活·读书·新知三联书店,1989 年。

    16. 〔美〕詹姆斯·M.布坎南:《自由、市场与国家——80 年代的政治经济学》,平新乔、莫扶民译,上海:生活·读书·新知三联书店上海分店,1989 年。

    17. 董云虎、刘武萍编:《世界人权约法总览》,成都:四川人民出版社,1990 年。

    18. 〔德〕康德:《历史理性批判文集》,何兆武译,北京:商务印书馆,1991 年。

    19. 〔美〕诺齐克:《无政府、国家与乌托邦》,何怀宏等译,北京:中国社会科学出版社,1991 年。

    20. 〔美〕保罗·萨缪尔森、诺德豪斯:《经济学(第 12 版)》,

高鸿业译,北京:中国发展出版社,1992年。

21.〔美〕马克·林德:《反萨缪尔森论(上、下)》,梁小民译,上海:三联出版社,1992年。

22.〔美〕戴安娜·拉维奇编:《美国读本——感动过一个国家的文字》,林本椿等译,许崇信校,北京:生活·读书·新知三联书店,1995年。

23.厉以宁:《经济学的伦理问题》,北京:生活·读书·新知三联出版社,1995年。

24.〔德〕P.科斯洛夫斯基:《资本主义的伦理学》,王彤中译,北京:中国社会科学出版社,1996年。

25.〔英〕洛克:《论宗教宽容——致友人的一封信》,吴贵云译,北京:商务印书馆,1996年。

26.〔英〕霍布豪斯:《自由主义》,朱曾汶译,北京:商务印书馆,1996年。

27.〔英〕弗里德曼·冯·哈耶克:《自由秩序原理(上、下)》,邓正来译,北京:生活·读书·新知三联书店,1997年。

28.王广谦:《经济发展中金融的贡献与效率》,北京:中国人民大学出版社,1997年。

29.陈波:《奎因哲学研究——从逻辑和语言的观点看》,北京:生活·读书·新知三联书店,1998年。

30.〔美〕弗兰西斯·福山:《信任——社会道德与繁荣的创造》,李宛蓉译,北京:远方出版社,1998年。

31.李强:《自由主义》,北京:中国社会科学出版社,1998年。

32.厉以宁、吴世泰:《西方就业理论的演变》,北京:华夏出版社,1988年。

33. 张卓元主编:《政治经济学大辞典》,北京:经济科学出版社,1998 年。

34. 〔美〕保罗·萨缪尔森:《宏观经济学》(第 16 版),萧琛译,北京:华夏出版社,1999 年。

35. 〔德〕维尔纳·桑巴特:《奢侈与资本主义》,王燕平、侯小河译,刘北成校,上海:上海人民出版社,2000 年。

36. 〔美〕阿玛蒂亚·森:《伦理学与经济学》,王宇、王文玉译,北京:商务印书馆,2000 年。

37. 〔美〕保罗·萨缪尔森:《中间道路经济学》,何宝玉译,北京:首都经济贸易大学出版社,2000 年。

38. 乔洪武:《正义谋利——近代西方经济伦理研究》,北京:商务印书馆,2000 年。

39. 万俊人:《道德之维——现代经济伦理导论》,广州:广东人民出版社,2000 年。

40. 〔美〕弗里德曼:《弗里德曼文萃(上、下)》,胡雪峰、武玉宁译,胡雪峰校,北京:首都经济贸易大学出版社,2001 年。

41. 〔美〕迈克尔·曾伯格:《经济学大师的人生哲学》,侯玲等译,北京:商务印书馆,2001 年。

42. 〔美〕沃尔泽:《正义诸领域》,褚松燕译,南京:译林出版社,2002 年。

43. 〔美〕博特赖特:《金融伦理学》,静也译,北京:北京大学出版社,2002 年。

44. 〔英〕约翰·格雷:《自由主义的两张面孔》,顾爱彬、李瑞华译,南京:江苏人民出版社,2002 年。

45. 〔英〕安德里斯·R.普林多、比莫·普罗德安:《金融领域中的伦理冲突》,韦正翔译,北京:中国社会科学出版社,2002 年。

46. 〔美〕阿马蒂亚·森:《以自由看待发展》,任赜、于真译,北京:中国人民大学出版社,2002 年。

47. 刘绪贻主编:《美国通史第 6 卷:战后美国史,1945–2000》,北京:人民出版社,2002 年。

48. 韩德强:《萨缪尔森〈经济学〉批判:竞争经济学》,北京:经济科学出版社,2002 年。

49. 王雅林、东鸿扬:《构建生活美——中外城市生活方式比较》,南京:东南大学出版社,2003 年。

50. 万俊人:《义利之间》,北京:团结出版社,2003 年。

51. 〔古希腊〕亚里士多德:《政治学》,颜一、秦典华译,北京:中国人民大学出版社,2003 年。

52. 〔美〕罗伯特·J.希勒:《金融新秩序》,北京:中国人民大学出版社,2004 年。

53. 〔英〕安东尼·阿巴拉斯特:《西方自由主义的兴衰》,曹海军译,吉林:吉林人民出版社,2004 年。

54. 范家骧:《一部世界性的经济学教科书:解读萨缪尔森〈经济学〉》,济南:山东人民出版社,2004 年。

55. 何建华:《经济正义论》,上海:上海人民出版社,2004 年。

56. 林聚任、刘玉安主编:《社会科学研究方法》,济南:山东人民出版社,2004 年。

57. 罗能生:《产权的伦理维度》,北京:人民出版社,2004 年。

58. 曾康霖、蒙宇:《核心竞争力与金融企业文化研究》,成都:西南财经大学出版社,2004 年。

59. 金黛如:《经济伦理、公司治理与和谐社会》,上海:上海社会科学院出版社,2005 年。

60. 赵艳:《萨缪尔森经济理论研究》,北京:首都经济贸易大学出版社,2005 年。

61. 〔英〕约翰·格雷:《自由主义》,曹海军、刘训练译,吉林:吉林人民出版社,2005 年。

62. 〔英〕约翰·穆勒:《政治经济学原理及其在社会哲学上的若干应用(上、下)》,赵荣潜、桑炳彦、朱泱、胡企林译,胡企林、朱泱校,北京:商务印书馆,2005 年。

63. 〔美〕曼瑟·奥尔森:《权力与繁荣》,苏长和、嵇飞译,上海:上海人民出版社,2005 年。

64. 〔法〕让·波德里亚:《消费社会》,刘成富、全志刚译,南京:南京大学出版社,2006 年。

65. 〔美〕阿玛蒂亚·森:《论经济不平等 & 不平等之再考察》,王利文、于占杰译,北京:社会科学文献出版社,2006 年。

66. 〔美〕鲍伊:《经济伦理学——康德的观点》,夏镇平译,上海:上海译文出版社,2006 年。

67. 〔美〕米尔顿·弗里德曼:《资本主义与自由》,张瑞玉译,北京:商务印书馆,2006 年。

68. 〔德〕西美尔:《货币哲学》,陈戎女等译,北京:华夏出版社,2007 年。

69. 何顺果:《美国历史十五讲》,北京:北京大学出版社,2007 年。

70. 〔古希腊〕亚里士多德:《尼各马可伦理学》,廖申白译注,北京:商务印书馆,2008 年。

71. 〔美〕保罗·萨缪尔森、诺德豪斯:《宏观经济学》,萧琛译,北京:人民邮电出版社,2008年。

72.〔美〕保罗·萨缪尔森、诺德豪斯:《微观经济学》,萧琛译,北京:人民邮电出版社,2008年。

73.〔美〕穆瑞·罗德巴斯:《自由的伦理》,吕炳斌、周欣、韩永强、朱健飞译,上海:复旦大学出版社,2008年。

74.〔美〕斯坦利·L·恩格尔曼、罗伯特·E·高尔曼主编:《剑桥美国经济史(第三卷):20世纪》,高德步、王珏总校译,蔡挺、张林、李雅菁本卷主译,北京:中国人民大学出版社,2008年。

75.〔美〕恩格尔曼,《剑桥美国经济史(第二卷):漫长的19世纪》,高德步等译,北京:中国人民大学出版社,2008年。

76.〔英〕约翰·穆勒:《功利主义》,徐大建译,上海:上海人民出版社,2008年。

77. 何顺果:《美利坚文明论——美国文明与历史研究》,北京:北京大学出版社,2008年。

78. 丁瑞莲:《现代金融的伦理维度》,北京:人民出版社,2009年。

79. 王小锡:《道德资本与经济伦理》,北京:人民出版社,2009年。

80. 徐新:《现代社会的消费伦理》,北京:人民出版社,2009年。

81. 杨伯峻编:《左传注》,北京:中华书局,2009年。

82. 周瑾平:《机会平等与分配正义》,北京:人民出版社,2009年。

83.〔英〕亚当·斯密:《国民财富的性质和原因的研究(上、下)》,郭大力、王亚南译,北京:商务印书馆,2010年。

84.〔美〕乔治·索罗斯:《超越金融:索罗斯的哲学》,宋嘉译,北京:中信出版社,2010年。

85.〔法〕卢梭:《社会契约论》,何兆武译,北京:商务印书馆,2010 年。

86.〔美〕阿瑟·奥肯:《平等与效率》,王奔洲译,北京:华夏出版社,2010 年。

87.〔英〕马歇尔:《经济学原理》,朱志泰译,北京:商务印书馆,2010 年。

88. 任学安主编:《公司的力量》, 太原: 山西教育出版社,2010 年。

89.〔德〕黑格尔:《法哲学原理》,范扬、张企泰译,北京:商务印书馆,2010 年。

90.〔古希腊〕柏拉图:《理想国》,郭斌和、张竹明译,北京:商务印书馆,2011 年。

91.〔美〕普塔斯瓦马哈:《萨缪尔森与现代经济学基础》,曲亮、陈宇峰等译,北京:华夏出版社,2011 年。

92.〔美〕乔治·恩德勒等主编:《经济伦理学大辞典》,李兆荣、陈泽环译,上海:上海人民出版社,2001 年。

93.〔美〕乔治·萨拜因:《政治学说史(上、下卷)》,托马斯·索尔森修订,邓正来译,上海:上海人民出版社,2011 年。

94.〔英〕洛克:《政府论(下)》,叶启芳、瞿菊农译,北京:商务印书馆,2011 年。

95.〔英〕亚当·斯密:《道德情操论》,蒋自强等译,北京:商务印书馆,2011 年。

96. 靳凤林:《制度伦理与官员道德——当代中国政治伦理结构性转型研究》,北京:人民出版社,2011 年。

97. 王曙光:《金融伦理学》,北京:北京大学出版社,2011 年。

98. 万俊人:《现代西方伦理学史(上、下)》,北京:中国人民大学出版社,2011年。

99.〔美〕约翰·罗尔斯:《政治自由主义(增订版)》,万俊人译,南京:译林出版社,2011年。

100.〔英〕约翰·梅纳德·凯恩斯:《就业、利息和货币通论》,高鸿业译,北京:商务印书馆,2011年。

101.〔德〕约尔格·吉多·许尔斯曼:《货币生产的伦理》,董子云译,杭州:浙江大学出版社,2011年。

102.〔美〕安德鲁·肖特:《自由市场经济学——一个批判性的考察》,叶柱政、莫远君译,北京:中国人民出版社,2012年。

103.〔美〕保罗·萨缪尔森、威廉·诺德豪斯:《萨缪尔森谈效率、公平与混合经济》,萧琛主译,北京:商务印书馆,2012年。

104.〔美〕迈克尔·森伯格、阿隆·戈特斯曼、拉尔·拉姆拉坦:《保罗·萨缪尔森小传:经济学家成长之路》,刘庆林、徐荣丽译,北京:人民邮电出版社,2012年。

105.〔美〕保罗·萨缪尔森、诺德豪斯:《萨缪尔森谈金融、贸易与开放经济》,萧琛译,北京:商务印书馆,2012年。

106.〔美〕保罗·萨缪尔森、诺德豪斯:《经济学》,萧琛译,北京:商务印书馆,2013年。

二、论文类

1. 黄云明:"试论犹太教的经济伦理思想",《河北大学学报》(哲学社会科学版),1999年第3期。

2. 李世洞:"《五月花公约》考实",《学术界》,2000年第2期。

3. 胡代光:"漫谈萨缪尔森的《经济学》最新版中文译本问

世",宏观经济研究,2000年第5期。

4. 傅耀:"试析萨缪尔森与弗里德曼的经济学方法论之争",《内蒙古师范大学学报》(哲学社会科学版),2003年第1期。

5. 赵艳:"萨缪尔森经济学方法论评介",《政治经济学评论》,2004年第1期。

6. 萧琛:"经济学的昨天、今天和明天",《经济学动态》,2004年第4期。

7. 刘威:"萨缪尔森的效率与公平观探析",《经济与管理研究》,2004年第6期。

8. 韦正翔:"萨缪尔森微观经济理论的伦理分析",《首都经济贸易大学学报》,2006年第5期。

9. 靳凤林:"中世纪二元对立型社会治理模式与基督教信念伦理",《伦理学研究》,2007年第6期。

10. 孙春晨:"符号消费与身份伦理",《道德与文明》,2008年第1期。

11. 尹伯成:"'综合''折中'与经济学的创新——以约·斯·穆勒、阿·马歇尔和保罗·萨缪尔逊为例",《江海学刊》,2008年第5期。

12. 靳凤林:"西方宗教经济伦理与资本主义发展",《理论视野》,2008年第7期。

13. J.R.波因特:"社会和贫困——英国济贫思想1795–1834年",转引自郭家宏《工业革命与英国贫困观念的变化》,《史学月刊》,2009年第7期。

14. 梁小民:"萨缪尔森与中国",《中国企业家》,2009年第24期。

15.林纯洁："天职观与马丁·路德的世界重构"，《历史教学》（高教版），2009 年第 22 期。

16. 刘涛："像萨缪尔森那样关注弱者"，《广州日报》，2009 年第 12、15 期。

17. 孙立坚："萨缪尔森的大师风范"，《光明日报》，2009 年第 12、22 期。

18. 万俊人："论正义之为社会制度的第一美德"，《哲学研究，2009 年第 2 期。

19. 马光远："我们都是萨缪尔森的信徒"，《经济参考报》，2009 年 12 月第 16 期。

20. 肖仲华、沈昊驹："萨缪尔森经济伦理思想述评"，《金融教学与研究》，2010 年第 1 期。

21. 陈平："论保罗·萨缪尔逊对数理经济学和经济学变革的贡献——纪念经济科学家保罗·萨缪尔逊"，《经济学动态》，2010 年第 2 期。

22. 萧琛："多彩的人生不朽的著作"，《社会观察》，2010 年第 7 期。

23. 张露："萨缪尔森《经济学》的经济伦理解读"，《伦理学研究》，2011 年第 1 期。

24. 靳凤林："市场经济的道德合理性及其价值限度"，《理论视野》，2011 年 10 期。

25.〔美〕斯蒂格利茨："1%的'民有、民治、民享'"，宋丽丹译，《中共中央党校学报》，2011 年第 12 期。

26. 许爱军："《五月花号公约》和美国精神"，《国际关系学院学报》，2012 年第 1 期。

27. 茅于轼:"为什么要建立人文经济学？",英国《金融时报》中文网,2013 年。

三、外文类

1. T,H.green: *Lectures on the Principles of Political Obligation,Longmans*, 1924.

2. Kenneth Arrow, *Individual Choice and Social Vale, 2nd ed.*, New York: Wiley, 1963.

3. Samuelson, P.A.（1964）,*Theory and Realism: A Reply, In The collected Scientific Papers of Paul A.Samuelson,vol.3,* Ed. by Merton, RC. Cambridge, Mass: The MIT Press.1966.

4. Samuelson, P.A.（1964）,*Optimal Compacts for Redistribution,In The collected Scientific Papers of Paul A.Samuelson,vol.4,* Ed. by Merton, RC. Cambridge, Mass: The MIT Press.1966.

5. Amartya Sen, *Collective Choice and Social Welfare, San Francisco*: Holden Day, 1970.

6. The Nobel Memorial Prize in Economics 1970, the official announcement of the Royal Academy of Sciences, *The Swedish Journal of Economics*, Vol.72, No.4, December 1970.

7. Rawls, John, *A Theory of Justice*, Cambridge, Mass.: The Belknap Press of Harvard University Press, 1971.

8. Okun, *M. Equality And Efficiency: The Big Tradeoff*, The Brookings Institution, USA, 1975.

9. Ewen Stuart, *Captains of Consciousness: Advertising and*

the Social Roots of the Consumer Culture. 1st McGraw–Hill paperbacked. New York: McGraw–Hill, 1976.

10. Richard Posner, *Antitrust Law: An Economic Perspective,* Chicago: University of Chicago Press, 1976.

11. Paul Samuelson. in Sobel, Robert, *The Worldly Economists,* The Free Fes, 1980.

12. Robert Solomon, *The International monetary system, 1945— 1981: An Insider's View* , New York:Harper & Row, 1982.

13. Samuelson,Paul A., *Economics in a Golden Age: A Personal Memoir,* in Brown, cary E. and Solow, Robert M., Edited, Paul Samuelson and Modern Economics Theory, McGraw –Hill Book Company, 1983.

14. William Julius Wilson, *Cycles of Deprivation and the Underclass Debate, Social Service Review,* December 1985.

15. Paul Krugman, *The Age of Diminished Expectations,* Cambridge, Mass.: MIT Press, 1990.

16. Samuelson, Paul A., *My Life Philosophy: Policy Credos and Working Ways, in Szenberg, Micheal, Eminent Economists: Their Life Philosophies,* Cambridge:Cambridge University Press, 1992.

17. Jeffrey Sachs and Andrew Warner, Economic Reform and the Process of Globe Integration, *Brookings Papers on Economic Activity,* no.1, 1995.

18. Kaku R. The Path of Kyosei, *Harvard Business Review,* 75(4):1997.

19. John E. Roemer, *Equality of Opportunity,* Cambridge, Mass.:

Harvard University Press, 1998.

20. William Breit And Barry T. Hirsch, *Lives Of The Laureates Eighteen Nobel Economists*, Mass.: The MIT Press, 2004.

21. William Breit, Roger W. Spencer edited, *Paul A. Samuelson: Economics in My Time, lives of the Laureates——Eighteen Nobel Economists*, Mass.: The MIT Press, 2004.

22. George R. Feiwel, *Samuelson and Neoclassical Economics, Kluwer Nijhoff Pub, 1981.Lall Ramrattan and Aron A. Gottesman, Samuelsonian Economics and theTwenty -First Century*, London: Oxford University Press, 2006.

23. Paul A. Samuelson and William A. Barnett, *INSIDE THE ECONOMIST'S MIND: Conversations with Eminent Economists*, Blackwell Publishing,2007.

24. Karen Ilse Horn, *Roads to wisdom, conversations with ten Nobel Laureates in economics*, Mass.: Edward Elgar Publishing Limited, 2009.

25. Joseph E.Stiglitz, *The Price of Inequality：How Today´s Divided Society Endangers Our Future*, W.W.Norton & Company, 2012.